本书受中南财经政法大学出版基金资助

中南财经政法大学
青年学术文库

企业非市场战略
与市场战略的整合模式
及其行为互动研究

A Study on Integrative Interactions of
Corporate Non-market Strategy and Market Strategy

樊 帅◎著

中 国 出 版 集 团
世界图书出版公司
广州·上海·西安·北京

图书在版编目（CIP）数据

企业非市场战略与市场战略的整合模式及其行为互动
研究 / 樊帅著 . — 广州：世界图书出版广东有限公司，
2016.9

ISBN 978-7-5192-1838-6

Ⅰ . ①企… Ⅱ . ①樊… Ⅲ . ①企业战略—研究—中国
Ⅳ . ① F279.23

中国版本图书馆 CIP 数据核字（2016）第 215930 号

企业非市场战略与市场战略的整合模式及其行为互动研究

责任编辑　孔令钢

出版发行　世界图书出版广东有限公司

地　　址　广州市新港西路大江冲 25 号

http:// www.gdst.com.cn

印　　刷　北京振兴源印务有限公司

规　　格　710mm×1000mm　　1/16

印　　张　15.75

字　　数　272 千

版　　次　2016 年 9 月第 1 版　2016 年 9 月第 1 次印刷

ISBN　978-7-5192-1838-6 / F・0229

定　　价　48.00 元

摘　　要

　　本著作基于深度访谈的案例研究和企业数据的内容分析等研究方法，从理论和实践层面上阐述了中国转型经济背景下企业非市场战略与市场战略整合的战略管理模式，以及在这种模式下非市场行为与市场行为的互动规律。一直以来，经典的战略管理理论所强调的是企业如何通过市场战略影响市场环境进而获取持续性竞争优势。事实上，对许多公司来说，市场的成功不仅仅只是依赖于它们的产品及服务、管理绩效、内部组织结构、供应链、分销渠道及联盟网络，还依赖于它们如何有效地面对政府、媒体、公益组织、公众及其他利益群体。这些非市场力量能阻止企业进入新的市场、增加企业的竞争成本，同时也能帮助企业开启新的市场机会、降低行业管制程度（Baron，1995b；Meznar & Nigh，1993）。也即是说，在企业经营运作的环境中，企业面临的非市场因素像市场因素一样对企业的成败有着显著影响。与此同时，在当今社会中，企业也不再只是被动地适应环境，而是积极地通过非市场活动（如社会责任行为、政治行为等）影响或改变外部环境以求得更有利的生存空间。因此，企业如何将这样的非市场活动及其决策纳入到企业战略管理层面进行管理，如何通过整合实施非市场战略与市场战略以提高企业的竞争力就成为一个亟待研究的问题。本著作的研究既拓展了有关中国企业非市场环境与非市场战略研究的领域，也从理论上拓展了以市场为核心的经典战略管理理论。

　　首先，为了在传统的战略管理活动中融入非市场因素的相关分析，本著作从事项管理的视角出发，通过中国典型企业的案例研究，清晰地对存在于企业外部非市场环境中并显著影响企业战略管理及经营实践的非市场事项进行了描述与分类，并进一步地归纳了企业应对各层环境及各类非市场事项影响而采取的相应的 12 种非市场战略及 69 种具体行为方式。这类战略行为在本著作的研究中被统称为非市场事项战略（issues-oriented corporate nonmarket strategies）。最后，本著作基于资源理论、制度理论及企业战略选择理论，探讨了企业将非市场环境分析以及非市场战略融入战略管理过程的必要性及可行性，进而对中国企业整合非市场战略与市场战略的管理模式进行了概括与总结，即必须从战略分析、战略选择与战略实施三个层面融入到经典战略管理理论，从而提出了一个战略整合的管理模式。

其次，本著作采用结构内容分析法，以中国主要房地产企业为例，从资源观与竞争观整合的角度实证地探讨了企业市场行为及非市场行为在竞争中的整合实施及互动规律。研究结果显示出，现代企业的竞争领域不仅包括传统竞争互动研究所聚焦的产品及顾客领域，还应涵盖更广泛的企业资源（包括有形、无形及关系资源等）供给领域。同时，企业的市场与非市场竞争行为之间、针对上游资源层的非市场竞争行为及针对下游产品顾客层的非市场竞争行为之间存在着较显著的相关关系，这反映了它们在竞争中越来越紧密的互动关系。研究结论补充了传统竞争互动理论基于市场行为分析的单一性，为进一步研究中国转型时期企业的竞争互动提供了理论基础和实例支持，对企业战略整合的实践也有一定的指导作用。

最后，本著作基于环境与战略的共同演进理论，通过历史数据的纵向追踪，进一步剖析企业非市场环境的动态过程和相应的企业非市场事项战略的演进路径，为传统非市场环境及战略的相关研究提供了一种过程研究的动态视角。本著作基于中国制度环境特殊性的分析，总结出非市场事项生命周期在转型经济背景下不同于西方研究结论而出现的特殊阶段——政策试验期及两阶段政策引入期，补充了 Tombari（1984）等西方学者的研究结论。同时基于内容分析法所获的纵向历史性数据，从事项生命周期的过程视角描述了转型经济时期中国企业外部制度环境的演变过程，能够更为动态地勾勒出相应的非市场事项战略的变化路径。在事项进程中，企业非市场事项战略的选择与实施受到了中国特殊的政治体制、社会文化等因素的极大影响。因此，研究具有中国特色的企业非市场环境及非市场事项战略的演变规律是转型经济环境下企业获得核心竞争优势的有效途径之一，不仅能帮助转型时期的政府更好地把握行业政策的生命周期进程，也为企业如何应对甚至影响外部环境提供了理论指导和实例支持。

关键词：非市场战略　市场战略　事项管理　战略整合　竞争互动　共同演进

Abstract

Based on theoretical and empirical researches including case study and structured content analysis, this book explore the strategic management mode of integration of corporate market and nonmarket strategies in China's transition, as well as the behavior mode of interaction of market and nonmarket strategies.

A growing body of management literature asserts that social and political environment is of increasing importance to the strategic management of business firms. Firms have been confronted by an organized, activist, and concerned set of stakeholders clamoring for improved corporate performance on a wide range of issues in social and political environment. Indeed, for many firms, market success depends not just on their products and services, the efficiency of their operations and the organization of their supply chains and distribution channels. Success also depends on how effectively they deal with governments, interest groups, activists, and the public. These social and political stakeholders that are labeled as the nonmarket forces by Baron (1995b) 's study can unlock markets, reduce regulation, handicap rivals, and generate competitive advantage (Meznar & Nigh,1993). Nonmarket is as important as market which has the significant effect on the success of firms in the business environment. However, firms not only comply with these influences, but do actively attempt to set or change the external environment by nonmarket activities (e.g., corporate social responsibilities or political activities). How can the nonmarket strategies be integrated into the strategic management process? What might be the new explanations of the strategic management when considering nonmarket component in China's transition? Thus, the integration of nonmarket and market strategies will enrich the classical strategic management theory which is the new trend of the field of strategic management.

Firstly, based on the case study, this research emphasized the need for organizations to view nonmarket issues management as providing the basis for an overall strategic orientation in transitional environment. The nonmarket environment should be incorporated with the formal analysis of external environment. Yet, it is identified as three types of nonmarket issues with different natures in China's transition. Then, the results suggest 12 nonmarket strategies and 69 tactics named as issues-oriented corporate nonmarket strategies in this study. Finally, based on the resource-based theory, institutional theory and strategic choice theory, this study proposes an integrated mode of strategic management with the integration in three levels: definition of corporate mission and strategic objectives, decision of strategies and implementation of strategies.

Secondly, based on the content analysis method, this study integrate the corporate nonmarket behaviors （such as social, legal, and political activities of firms） into the previous research of competitive interaction that has generally only focused on market behaviors and expand an existing model of competitive interaction that includes nonmarket actions as sources of sustainable competition. The results indicate: （1） an expanded competitive interaction model includes market and nonmarket components must involved the expanded competitive scope, behaviors and relationships; （2） the related arguments in previous literature of competitive interaction were also the suitable explanations for the market and nonmarket behaviors in product and customer-oriented scope. However, due to the level of magnitude, competence and resource- dependent of a firm, the market and nonmarket behaviors in resource-oriented scope have different situation. This study develops an available research model to expand previous study of competitive interaction that includes corporate nonmarket behaviors and provides real estate cases in Chinese transitional environment by the historical data.

Lastly, based on the 'structured content analysis' of the longitudinal data from a journal of Chinese real estate industry during last eleven years, this book studies the nature of public issue life cycle and corresponding issues-oriented corporate nonmarket strategies in a transitional economy. This study finds out that in a transitional economy like China: （1） a new stage called 'policy trial' and double-steps of policy introduction were found in the public issue life cycle; (2) the possible outcomes of Chinese public issues are partially consistent with Tombari (1984) 's arguments; (3) the evolution of corresponding issues-oriented corporate nonmarket strategies takes a more complex and different path compared with that in the West. In general, this study provides an available research perspective (the public issue life cycle model) for firms to manage and monitor their external political environment by effectively developing corresponding issues-oriented corporate nonmarket strategies in a transitional economy.

Key words: Nonmarket strategy　Market strategy　Issues management Integrated strategy　Competitive interaction　Co-Evolution Theory

目　　录

图目次

表目次

第1章 绪 论

1.1 选题背景与研究意义

1.1.1 问题的提出

为何一些制定完善的企业战略却在实施过程中被迫停止？为何有些战略实施的结果，与公司的核心价值不一致？为何战略有时受到公众的批评及政府行为的威胁？回答以上问题，需要我们不仅关注公司的市场环境，更应聚焦市场的外部。事实上，对许多公司来说，市场的成功不仅仅只是依赖于它们的产品及服务、内部组织结构、供应链、分销渠道或联盟网络，还依赖于它们如何有效地面对政府、媒体、公益机构、公众及其他利益群体。这些群体一方面能阻止企业进入新的市场、提高其竞争成本，另一方面也能开启新的市场机会、降低行业管制程度、阻碍竞争对手的进入（Baron，1995b；Meznar & Nigh，1993）。这些群体出现在市场外部，但常常与市场共同作用于企业的经营。美国斯坦福大学的 Baron 教授称这些群体为非市场力量（1995a，1995b），包括社会、政治及法律等因素。

实际上，对许多公司来说，非市场力量对企业绩效有显著影响（Shaffer，Quasney & Grimm，2000；Shaffer & Hillman，2000）。为了更有效地处理非市场力量，企业必须制定具体的战略以应对之。非市场力量与市场力量有很大的差异，这要求企业必须制定一个非市场战略系统以有效地管理非市场力量及其与市场力量的交互作用。因此，在制定商业战略时非市场力量也同市场力量一样，引起了企业的高度重视。即一个商业战略必须帮助企业应对市场力量及非市场力量，包括一个市场或竞争的部分和一个非市场或公众的部分。市场战略是市场环境中企业为了提高经济绩效而创造价值所采取的一致性行为模式。而非市场战略是非市场环境中企业为了提高其整体绩效而创造价值所采取的一致性行为模式。为了使企业战略行之有效，这两部分必须整合，并适合企业市场及非市场环境及其能力（Baron，1995a，1995b，1997，1999，2006）。

处在转型经济背景下的中国企业随着改革开放的深入而越来越有自主权，但政府与企业之间仍然留下了复杂的互动关系（田志龙，高勇强，卫武，2003）。高层经理做重要决策时不仅要考虑诸如顾客、竞争者及需求方等因素，还包括不同政府主体的重要作用（Li & Zhou，2005）。在田志龙教授主持的国家自然科学基金"我国企业政治策略与行为及其对政企关系影响的理论研究"（资助号 70172032）的研究中，研究人员曾对中国 38 家知名企业（包括国有、民营及外资）网站有关企业活动的栏目中 2001—2003 年报道的约 15 000 篇新闻进行过统计分析。结果表明，约 40% 的企业行为是与非市场因素打交道的，这些活动包括制定行业道德准则、参与修改行业的规范及标准、向政府部分反映企业关于政策的意见和建议、利用专家研讨和媒体讨论国企改制以及民营企业生存环境和社会地位、谋求打破行业行政垄断限制、获得政府政策支持等[①]。另外，田志龙、贺远琼、高海涛（2005）对海尔、中国保洁、四川新希望等三家企业的官方网站内容分析的研究中发现，中国企业高管人员将其很大一部分时间投入在企业非市场活动中。一些中国企业家也坦承，他们 30%—50% 的时间都用于处理与政府及利益相关者有关的事项（张迎维，2001；中国企业家调查系统，2000；吴宝仁，1999；李新春，2000）。因此，和西方发达国家相比，中国企业影响政府决策过程的非市场行为远多于西方（张迎维，2001；樊帅，田志龙，2008）。《中国企业家》杂志社在过去几年对中国企业家的生活进行调查时，曾提到"时至今日，仍然有相当数量的企业家（当然不是所有），要拿出大量时间用于应付各种企业发展的'环境问题'"。

随着中国市场化进程的不断推进，市场竞争将变得越来越有序，各种利益相关者（个人和团体）对企业经营活动将有越来越多的话语权（高勇强，田志龙，2004；赵德志，2002；王凌云，刘厚学，张龙，2003）。因此，企业市场与非市场行为的相互支撑和互动，非市场战略与市场战略的整合对中国企业来说显得尤为重要。如金山软件（kingsoft）是中国一家知名的软件公司，成立于 1988 年。该公司成立了一个名为 WPS 办公室的部门，直接针对中国办公室应用软件市场与美国微软公

---

① 具体研究成果见：卫武，田志龙，刘晶. 我国企业经营活动中的政治关联性研究 [J]. 中国工业经济，2004，（4）：67-75.

司展开竞争。面对国内不发达的软件市场及微软强大的竞争力量，公司决定以政府机构为其主要的顾客目标。通过公司高层与各级政府部门的互动，特别是许多中央政府机构如商业局，海外事务局及公共安全局等，企业在市场上取得了不俗成绩。在这种案例中，政府是一种特殊的顾客。同时，政府还会鼓励和支持本国企业的发展。金山软件认为，将政府视为特殊顾客的非市场行为与公司在市场中的竞争行为之间形成了良好的互动。又如，中国电信为突破只做固定电话业务的限制而进入移动电话领域，先通过非市场战略获得地方政府默认，在小规模市场上运作"小灵通"手机，并取得市场与消费者的认同，随后借市场认同获得各级政府认可和支持，而这为"小灵通"进入更大市场提供了可能性（贺远琼，2006）。这也是一个市场与非市场战略整合的典型案例。

综上所述，企业所面临的市场环境和非市场环境已受到企业同等程度的关注，从企业开展的应对非市场环境影响的活动数量和投入的精力来看，已很难仅仅将企业非市场战略作为竞争战略的附属（Baron，1995a），或将非市场战略行为只看成是传统的企业公关行为或关系营销活动。特别是在中国转型经济的大背景下，对企业非市场与市场战略的整合模式及其行为互动研究更为重要。

综上，如何有效地将非市场战略与市场战略整合起来以及如何制定一个整合的战略规划是提高中国企业战略管理水平的当务之急。中国企业如何分析与评估外部非市场环境的影响，并采取哪些战略应对这些影响？企业如何在传统的以市场为核心的战略规划过程中整合非市场环境及非市场战略等因素？企业在实际的竞争中如何选择与实施战略行为的整合互动？企业的战略行为又如何随着外部环境的演变而动态发展？等等，都是本著作中的研究试图进一步深入探讨的问题。

1.1.2 行业选择

在现代社会中房地产业是国民经济中一个十分重要的产业。在国外，房地产业已经发展了几十年，并取得了很大的成就。在中国，房地产具有很大的发展潜力，是国民经济的支柱行业，在整个现代化过程中也是起着先导和基础作用的新兴产业。中国房地产市场自 20 世纪 90 年代以来，我们可以将其发展历程概括为三个阶段：第一个阶段卖"看得见摸得着"的东西，即卖房子、卖家居；第二个阶段卖"看得见摸不着"的东西，即卖环境、卖景观；第三个阶段卖"看不见摸不着但感觉得到"的东西，即卖文化、卖生活品位。自 1998 年完成房改取消计划分房、逐步推行货币化分房以来，集团购买所占比例已经越来越低，个人逐渐成为购房群体的主流，中国的房地产行业真正进入了市场化阶段，投资规模不断扩大，发展速度更为迅猛，在国民经济发展中起的作用也越来越重要。1998 年至今，房地产企业从分散到规模化，从无序到逐渐的规范化和有序化，房地产行业的市场竞争环境、政策环境等也在不断地发生着显著变化。同时，房地产行业又因其既是商品（既是奢侈品，又是增值保值的投资品）又是公共品（"居者有其屋"的必需品）的特殊属性而受到政府、公众、专家、媒体等各方利益群体越来越广泛的关注及争议。房地产行业涉及的市场及非市场事项、战略行为也非常多，阶段性变化比较显著。因此，它成为我们研究中国企业非市场战略与市场战略整合模式及行为互动规律的一个非常典型的行业。总之，本著作以中国房地产行业为对象，研究企业非市场战略与市场战略的整合模式及其行为互动规律。

1.2　相关概念界定

为了与西方学者和我们课题小组的相关研究[①]接轨，在这里我们首先要对本著作中将要涉及的相关概念进行必要的界定和解释。[②]

1.2.1　市场环境与非市场环境

市场环境是指由宏观经济因素、竞争者、供应商、顾客等因素组成的企业外部环境，其特征由需求的特点、竞争的纬度、市场竞争的规律、成本结构、技术进步的特点和速度等决定（Porter，1980，1985，1987）。

Baron（1995a）认为，正如企业必须考虑市场环境一样，它们也必须关心其非市场环境。非市场环境包括政府、媒体、公众及公共机构之间的交互作用。Baron（1995a）用 4I 来刻画非市场环境的特征，即关键非市场事项（Issues）、政策制定的机构（Institutions）、主要的利益群体（Interests）和企业可获得的信息（Information），其特征由企业与政府、社会公众及媒体等利益相关者的关系决定。

1.2.2　市场战略与非市场战略

企业的市场战略是企业在市场环境中所采取的一致性行为和战略，旨在改善企

[①]　本著作属于国家自然科学基金项目"企业伪善行为的真伪边界与治理策略研究：基于消费者视角"（项目编号：71602190）的前期研究成果。

[②]　这些概念都是本著作理论框架中的重要组成部分，为了不与本著作后面章节的理论阐述部分重复，这里的概念界定和解释仅从一般意义上进行区分，详细内容将在本著作的后面章节中进行深入的讨论。

业经营绩效，增加企业的竞争优势（Baron，1997）。市场战略以波特（Poter）、奥斯特 (Oster) 及其他人的研究为基础，强调现代战略管理。Porter（1980，1985，1987）的竞争理论中强调市场战略是企业赢得顾客和打败竞争对手的直接战略。包括成本领先战略、差异化战略和集中战略。而企业执行市场战略的行为称为市场行为。

在课题小组的研究中，我们应用了 Yoffie（1987），Baron（1995a，1995b，1997），Mahon & McGowan（1998），Shaffer（1995）及 Getz（1997）等学者所研究的企业非市场战略的概念，即指企业针对各级政府、媒体、专家学者、社区、公益团体等利益相关者从而构建有利生存空间的战略统称。由定义可知，非市场战略的概念研究的是企业面对法律的、社会的及政府的行为，对象还包括法院、贸易机构及立法者（各级政府中）、大众媒体、环境保护者（enviromentalist）、学者及公共事务专家等。

1.2.3 竞争互动、战略整合及事项管理

竞争互动（Competitive Interaction），指行业内企业通过一系列的行动和反应活动来相互竞争的一个动态的过程。

战略整合（Integration of Strategies）是指企业综合考虑市场环境与非市场环境的影响，从而将市场战略与非市场战略整合运用的行为表现（Baron，1995a）。战略整合是企业应对市场环境与非市场环境影响的有效途径，是战略管理领域中的一个新发展趋势（Baron，1997）。西方学者研究中涉及的战略整合主要有三层含义：其一是市场战略与非市场战略本身的整合运用，强调的是市场战略与非市场战略的互动关系（Baron，1995a，1995b，1997；Porter & Kramer，2002，2006；Shaffer，Quasney & Grimm，2000；Quasney，2003 等），比如善因战略（营销战略与慈善战略的互动）（赵宝春，田志龙，2007）等；其二是企业将政治、环境等非市场事项与常规的战略规划活动进行整合（Douglas & Judge，1995；Reeves，1993；Bronn & Bronn，2002；Palese & Crane，2002；Miller，1999 等）；其三是企业面临的非市场环境与采取的行为的相互影响与协同演进（Kimberly，1997；Lamberg，Skippari & Makinen，2004 等）。

事项管理（Issue Management），集中于识别并了解在企业环境（包括内部和外部）中作用的所有力量以及它们如何塑造环境（Dutton & Ottensmeyer，1987；Chase，1977；Philip & Jeff，1995）。

1.3　研究内容与技术路线

1.3.1　研究内容

本著作中的研究是基于非市场战略、市场环境与非市场环境的整合以及市场战略与非市场战略整合的相关理论，探讨企业非市场战略与市场战略的整合模式及行为互动规律。本著作的研究试图将企业市场战略与非市场战略的整合分为两个部分，如图 1-1 所示：

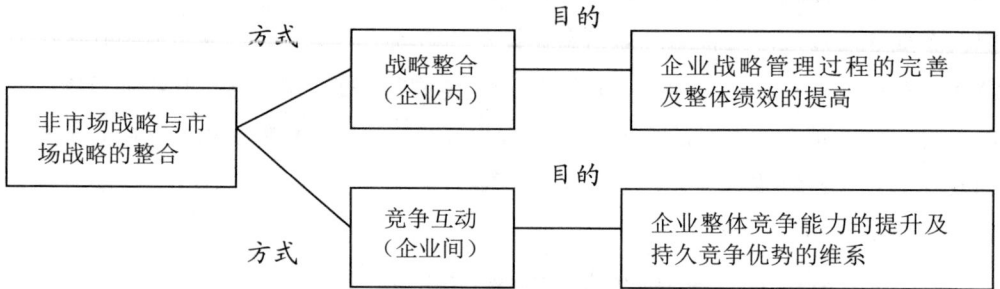

图 1-1　企业非市场战略与市场战略整合

具体来说主要包含以下四个方面的问题：

（1）企业非市场战略与市场战略的整合研究——一个分析框架。这部分主要是基于资源理论、竞争理论及共同演进理论的观点，构建一个企业战略整合的理论分析框架。

（2）中国企业战略规划管理中的非市场与市场战略整合研究——以事项管理的角度。这部分研究通过将事项管理思想融入传统战略规划管理体系，探讨企业将非市场战略融入到现有战略管理实践中的具体表现与方法（包括战略环境的分析、整合战略的制定、实施等方面的内容）。具体来说，试图回答以下三个子问题：第一，中国特殊的转型经济时期，企业如何运用事项管理进行非市场环境的分析？第二，企业应对非市场环境中各类事项的战略是什么及有何特点？第三，企业如何将非市场战略融入企业战略管理过程中？通过访谈及案例研究，我们构建了一个企业非市场战略与市场战略整合的战略管理模式，旨在对企业整合实施非市场战略与市场战略提供一些重要的规范性指导。

（3）中国企业非市场战略与市场战略的竞争互动研究。这部分研究不仅是对企业在外部市场与非市场整体竞争环境中为何及如何构建非市场竞争行为与市场竞争行为间的互动与协同关系的讨论，也是从资源理论与竞争理论整合的角度出发，有效地拓展了传统竞争互动研究仅基于市场竞争的单一性，从而具有了实践和理论的双重价值和意义。

（4）中国企业非市场环境与企业战略的动态演进过程研究。本部分主要是基于战略整合研究的基础上，以过程研究的视角进一步理清企业非市场环境与战略的共同演进的动态性。因此，本著作以在中国转型社会中比较突出的政治环境（以政策事项生命周期为基点）与企业非市场战略间的动态演进为切入点，旨在分析企业如何预测、分析并回应外部环境的动荡性和不稳定性，并反应地或前摄地制定和实施动态的战略及行为，从而为战略整合提供了一个动态的过程研究。研究结果部分地修改了西方相关学者的研究结果，并提出了一个具有中国特色的政策事项生命周期模型及战略动态路径。

1.3.2　研究方法与技术路线

在学术研究方法论上，社会科学的研究方法一般可以分为两大范式：实证主义范式（positivist paradigm）和解释主义范式（interpretivists paradigm）。就研究范式而言，本著作将两种研究范式结合起来，互补长短。具体到研究方法，本著作综合运用了不同的研究方法，主要包括案例研究、调查访谈和样本实证。本著作中所使用的研究方法都是管理学、社会学领域经常采用的方法。整体而言，本著作各章节所使用的不同的研究方法是根据研究问题的需要而有针对性的设计的，被证明是行之有效的。

本著作中样本对象选取的说明。在本著作中，调查访谈和样本调查的对象的选择主要是基于如下的原因：①样本的可获得性。这一方面考虑了方便性原则，另一方面也考虑了现实资源的限制。②对研究问题的适用性。本著作中所选择的调查样本考虑到了是否能适用所研究的问题，是否会带来研究结论的严重失真。

本著作案例研究中案例企业选取原因的说明。在本著作的研究中，案例的选择选择主要是基于如下的原因：①案例企业的显著性。本著作中所选择的案例企业，都具有一定的代表性，它们的行为能够代表行业内的一大批同类的企业，它们的研究结论能够推广到一大批同类的以及不同类的企业。②案例企业资料的易获得性。本著作中所选择的案例企业都处在行业内的第一梯队，因此具有较高的关注度和曝光率，保证了外部媒体资料的丰富性，同时企业为了形象宣传等原因也出版、发行一些内刊或实时更新其官方网站，保证了内部资料的可得性。

　　本著作中数据收集方法的说明。本著作的研究数据来源主要通过：①第一手资料的调查。第一手的调查既包括案例企业内部资料的调查，也包括人员的调查访谈。在西方学者的相关研究中，关于企业非市场行为的数据主要来源于 PAC（政治行动委员会）数据、政府部门档案和问卷调查等。由于企业的非市场战略与行为在西方国家是被认可的，而且各种资料和档案都被保存下来，这为学术研究提供了方便。然而在中国，企业的非市场战略与行为并没有得到广泛的认可和确定，企业在这方面的数据和资料比较隐蔽，或者不会保存下来，或者不愿意向外公布，这也使得在中国做这类研究存在较难获得数据等困难（高勇强，2004；贺远琼，2006）。而问卷调查尽管是一个可能的途径，但由于主观性和可控制性太弱，也遭到部分学者的批评（Cowton，1998）。而深度访谈则是一个更为合适的选择，使研究者能通过设定访谈问题，在访谈过程中根据可获信息进一步追问及控制，从而保证了资料数据的有效性和真实性。②第二手的书面资料。这包括查阅行业内的各种重要书籍、报纸、期刊及专业的电子传媒信息。自 20 世纪七八十年代以来，方差方法（variance method）一直是企业非市场战略领域的一种主要的研究方法，主要探讨了哪些制度环境变量、行业环境变量、事项变量以及组织因素变量影响了企业非市场战略的制定与实施（Langley，1999）。这种方法对该领域的发展做出了较大的贡献。但它也存在着一些缺点。比如，该方法的静态性无法回答一些动态性的问题，比如企业非市场战略与行为是如何随时间演变的等。因此，西方学者开始关注企业非市场战略与行为的过程研究方法，试图将行为与制度联系起来，并且基于纵向数据动态地分析非市场战略与行为的演变（邓新明，田志龙，2007）。过程研究（process research）为非市场战略或行为的研究提供了一种全新的方法视角，它促进了企业战略的纵向研究，从而对现有的文献进行了有效的补充与完善。本著作采用了基于行业新闻报道的内容分析法收集更为广泛和丰富的企业行为数据，其作用主要反映在两个阶段：其一是基于案例企业的深度访谈，通过丰富的行为数据分析构建企业战略整合的管理模型；其二是基于整合模型的研究结果，通过一般性的行业企业行为数据描述环境与战略的动态过程。

　　基于研究内容及研究方法，本著作所采用的技术路线如图 1-2 所示：

文献回顾与评述 ＋ 相关理论综述 | **定义研究问题，建立研究框架**

初始研究（内容分析）
- 选择案例企业
- 构建内容分析的结构化框架
- 数据编码、检验及分析

＋

案例研究（深度访谈）
- 设立访谈提纲与问题
- 整理访谈资料并结构化
- 结果分析

构建企业战略管理整合模型

企业事项管理与战略管理的整合模型

预研究（案例研究）
- 选择案例企业
- 建立行业及企业数据库并进行初始研究
- 研究变量界定

＋

实证研究（内容分析）
- 构建内容分析的结构化框架
- 数据编码及检验
- 统计分析
- 结果分析

企业战略整合的具体行为模式

企业市场与非市场战略的竞争互动规律

过程研究（内容分析）
- 确定研究框架
- 变量设计
- 数据结构化及编码
- 结果分析

企业战略的演变模式

企业环境与战略发展的演变路径

研究结论与启示 | **研究结论及意义**

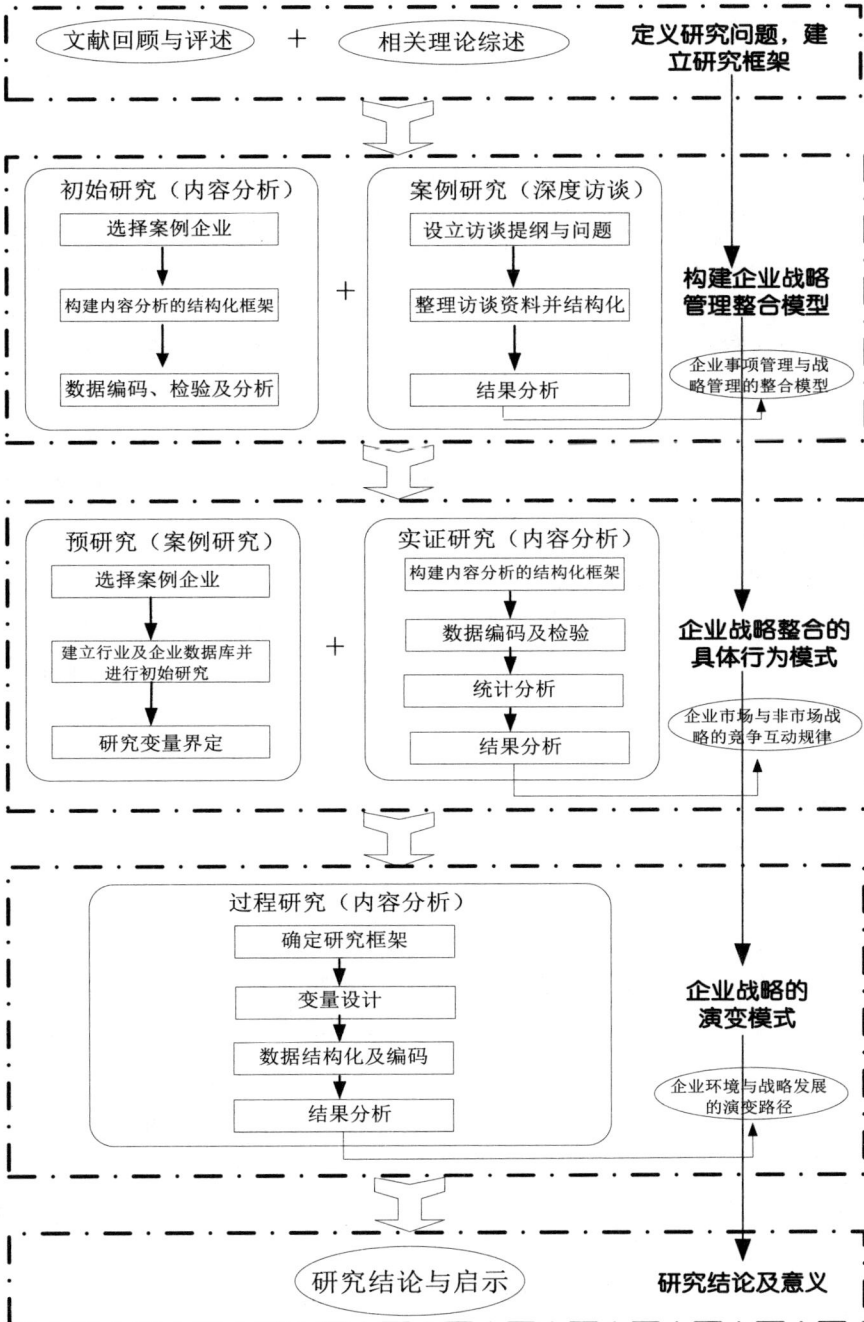

图 1-2 本著作的技术路线图

1.4　本著作的创新点

实际上，将"非市场"分析运用到企业层次的战略与行为是战略管理研究领域出现的一种新趋势，近20年来，国外学者对企业非市场战略，特别是企业政治战略的研究取得了相当丰富的成果，但是将非市场战略与市场战略进行整合的观点也只是从20世纪90年代开始提出来的。Baron（1995a）认为，非市场战略与市场战略的整合研究目前处于婴儿期。中国正处在一个经济转轨的时期，虽然市场机制发挥一定作用，但是企业的发展在很大程度上仍然依赖非市场体系（如政府控制和社会网络等）获取资源（Li，Li & Tan，1998；Luo，2003a，2003b；Peng，2003；Tan & Xia，2008）。因此，中国企业所面临的非市场环境对其经营成功的重要程度不亚于市场环境。另外，中国的政治经济体制及文化价值观与西方国家有着较大的差异，这使得我们不可能将西方学者的相关研究结论完全照搬过来。因此，如何结合中国及其转型背景的特殊性，有效地整合非市场战略与市场战略，并使其随着环境的变化动态地发展就成了提高中国企业战略管理水平的当务之急。本著作将以中国房地产企业作为研究对象，探讨在中国经济转型过程中企业非市场战略与市场战略的战略管理整合模式及互动行为方式，旨在回答以下关键性问题：中国企业如何在传统的以市场为核心的战略规划过程中整合非市场环境分析与非市场战略决策？企业在实际的竞争中如何选择与实施战略行为的整合与互动？企业战略又如何随着外部非市场环境的演变而动态发展？

本著作的创新之处主要表现在以下四个方面：

（1）基于事项管理视角分析非市场环境的不同影响及相应的非市场事项战略及行为方式。

本著作通过典型中国企业的案例研究，清晰地对存在于企业外部非市场环境中并显著影响企业战略管理及经营实践的非市场事项进行了描述与分类，并相应地将外部非市场环境以事项管理的角度，按其对企业战略规划过程的不同影响程度分解为三个层次。在过去的相关文献研究中，学者们在关于企业外部非市场环境的相关研究中，主要聚焦于对非市场环境的组成部分、重要性及特征进行描述与分析，视其为企业外部环境中与市场环境同等重要的一个整体（Mahon & McGowan，1996；Pfeffer & Salancik，1978；Shaffer，Quasney & Grimm，2000）。然而，随着企业外部环境日益复杂和不确定，非市场环境对企业管理和经营的影响已不能一概而论，而是在不同阶段、不同层次会产生不同的影响，这需要学者进一步的分解和剖析（Steiner，1979；Bronn &Bronn，2002；Porter & Kramer，2006）。本著作以事项管理的角度出发，将企业外部非市场环境以非市场事项进行识别，并进一步地描述与归纳了企业应对各层环境影响及各类非市场事项而采取的相应非市场战略行为及其特征。这类战略行为在本著作的研究中被统称为非市场事项战略（issues-oriented corporate nonmarket strategies）。本著作的研究结果进一步细化了企业外部非市场环境对企业战略管理的显著影响及企业可能的战略反应，通过典型的中国企业案例数据验证了西方学者关于显著影响企业战略规划过程的三类非市场事项划分的有效性，并进一步清晰地归纳了中国转型经济背景下企业面对不同层次的非市场事项影响可能采取的不同非市场战略及其具体的行为方式。本著作的研究从理论上为企业在战略规划过程中整合非市场环境分析及非市场事项战略提供实例支持及理论补充，从实践上为中国企业更好地应对外部非市场环境的显著影响指明方向。

（2）构建一个基于非市场事项管理的战略管理整合模型。

本著作通过典型中国企业的案例研究，基于资源理论、制度理论及企业战略选择理论，探讨了企业将非市场环境分析以及非市场战略融入战略管理过程的必要性及可行性，并从事项管理与战略管理整合的思路出发，试图构建了一个非市场事项管理的企业战略管理整合模式，补充了西方学者关于战略管理与事项管理整合的相关研究，并对中国企业提高战略管理水平有重要理论价值及指导作用。

Bronn & Bronn（2002）等学者认为，将事项管理融入企业战略管理过程中是企业应对外部非市场环境影响的有效方法。本著作进一步地探讨了中国转型经济背景下企业在战略管理过程中整合非市场事项管理及相应的战略战术的实施方式及层级。本著作通过深度访谈及案例分析，将企业为应对外部非市场环境的影响，从而在传统战略规划过程（主要包括战略环境分析、战略目标设定、战略方案制定以及战略实施等阶段）中整合非市场环境及战略分析的步骤归纳为：

第一步，战略目标设定层的整合：即在宏观事项环境层中的影响下，企业的战略目标设定同时体现了企业对获利性、成长性及效率性等的市场目标及对政治性、责任性及公众认知性等非市场目标的关注。通过经济利益与社会利益的统一，为随后的战略制定提供指导及原则。

第二步，战略制定层的整合：即在行业竞争事项环境层的影响下，企业的战略制定层不仅要考虑各类市场经营战略，更要重视本著作归纳的 12 种应对非市场事项影响的非市场事项战略的制定和评估。

第三步，战略实施层整合：即在企业经营事项环境的影响下，企业在实际的竞争及经营活动中，既要采取以"4P"理论（产品、价格、渠道及促销）为代表的市场竞争行为，也要关注非市场竞争行为（如本著作归纳的 69 种具体的非市场行为方式）。

（3）从资源与竞争整合的视角出发，在以市场行为为核心的竞争互动研究中强调了非市场竞争行为及其与市场行为互动的重要性。

本著作基于资源理论及竞争理论，在传统竞争互动研究的基础上融入了企业非市场竞争行为的分析，并通过结构化内容分析法，研究了中国转型经济背景下典型地产企业的市场与非市场竞争行为的动态互动规律。

本著作将非市场竞争行为融入传统的以市场行为为焦点的竞争互动研究中去，是基于企业资源理论及竞争理论的整合，在本著作中被称为"资源导向的竞争互动研究"。资源导向的竞争互动研究聚焦于竞争企业如何通过获得独有资源或影响其对手资源的行为创造并维持竞争优势（Laurence & Olivier, 2007）。实际上，以市场及产品为核心的传统竞争互动研究所忽略的，正是企业通过非市场竞争行为能够获取的包括政治、社会及立法等领域内的更广泛的核心竞争资源及能力。因此，在传统的竞争互动研究中加入被企业常规地用于赢得竞争优势的非市场行为分析后，企业竞争的领域、行为类型及行为互动关系都发生了变化。

资源层面的竞争行为主要表现在：第一，竞争更激烈，更复杂，因为资源竞争比传统的产品及顾客竞争更复杂；第二，要考虑的企业的因素更多更复杂，例如产品领域的竞争互动，更多考虑竞争对手的反应，但是资源领域的竞争互动，还要考虑企业自身对资源的整合能力，能否对资源进行有效利用，因为对在资源领域的投入（commitment）所花费的成本更大，企业需要更谨慎；第三，可能引发更大的竞争反应，资源端的竞争将引发更大范围和程度的竞争反应，因为可能是长期的，不像价格竞争那样是短期的；第四，资源端竞争政治化程度更高，即企业在政治领域中对资源的争夺。

本著作综合了许多文献研究线路：企业的资源基础观（RBV）、企业非市场行为（CNA）及竞争互动（CI）研究来探讨资源导向的竞争互动。然后本著作运用竞争互动理论考虑企业外部竞争环境中市场行为与非市场行为的竞争互动，探讨了如下问题：在当今复杂的竞争战中，市场战略及行为和非市场战略及行为呈现出怎样的互动规律及协同关系？这与传统的竞争互动研究有何异同？企业如何通过关注非市场战略及行为来获取竞争优势？等等。

（4）基于共同演进理论描述了企业非市场环境的演变路径及相应非市场战略变化的动态规律。

本著作基于共同演进理论，深入地探讨了在将非市场环境分析与非市场战略整合到以市场为中心的传统战略管理的过程中，企业非市场环境的动态过程和相应的企业非市场事项战略的演进路径，弥补了中、西方学者们过去相对静态的非市场战略及整合研究，包括：企业在战略管理过程中通过什么方式（或视角）动态地分析并评估外部复杂的非市场环境（特别是转型经济背景下不稳定的制度环境）的发展？企业相应的战略行为又如何随之发生变化？以及企业环境发展与战略变革间呈现了怎样的共同演进规律及相应路径等问题都是本著作需要回答的内容。

本著作主要从过程研究的视角出发，为过去相对静态的企业非市场环境、战略及其与市场环境、战略的整合研究提供了连续性的研究数据和动态性的研究结论。本著作以房地产行业为研究样本，通过内容分析法，主要探讨并归纳了两个方面的内容：

第一，本著作是基于非市场事项生命周期角度研究企业外部非市场环境的演进，通过对数据的分析，我们提出了非市场事项生命周期在转型经济背景下不同于西方研究结论而出现的特殊阶段——政策试验期及两阶段政策引入期，这为企业更清晰地分析与应对复杂的非市场环境提供了理论及实践指导。

第二，本著作进一步地剖析了在以事项为表现形式的非市场环境的不同生命周期中，企业相应的非市场事项战略及行为变化，这不仅为传统的企业非市场战略研究提供了纵向的过程研究方法，同时也为企业的经营实践提供了可供参考的战略路径。本著作在战略整合研究中，基于非市场事项生命周期角度研究企业外部非市场环境的演变，并加入了企业非市场行为的动态分析，能更全面地描绘企业在转型经济环境下的战略行为变化，为整合研究提供了动态的研究思路，并补充了传统战略分析的研究变量。

1.5　本著作的结构安排

根据以上研究内容，本著作的结构安排如下：

第 1 章绪论，旨在为本著作研究的展开奠定基础。这一章主要对本著作的研究问题、相关概念的界定、资料来源及研究方法、技术路线、结构框架以及可能创新之处做简要概括，为本著作的研究提供一个基本思路。

第 2 章文献回顾与评述，旨在为本著作研究的创新奠定理论基础。这一章主要通过理论文献的回顾、梳理与拓展，对相关概念进行理论上的探讨和研究界定。在内容的组织上包括两个部分：首先主要是通过文献的回顾，探讨一系列相关概念，例如市场环境与市场战略、非市场环境与非市场战略等；然后进一步回顾并评述了企业非市场战略及其与市场战略整合的相关文献。

第 3 章理论基础与框架构建，旨在为本著作研究的深入奠定框架基础。这一章主要阐述了以下几个问题：

（1）以企业战略管理理论为基础，通过事项管理导向的战略管理整合研究探讨了企业市场环境与非市场环境的整合问题。

（2）以企业资源理论为基础，通过资源导向的竞争互动研究探讨了企业非市场战略与市场战略的互动行为模式问题。

（3）以共同演进理论为基础，通过环境与战略的共同演进视角探讨了企业环境与战略的动态发展问题。

（4）通过理论的分析与讨论，最终建立了本著作的整体研究框架。

第4、5、6章是本著作研究的核心部分。第4章基于事项管理的企业战略管理整合模式研究，旨在构建一个企业非市场战略与市场战略整合的战略管理模式，为第5章和第6章的进一步研究提供理论上的路径指导。这一章主要阐述了以下几个问题：

（1）企业非市场环境的影响在企业战略管理过程中如何表现。

（2）企业如何分析与评估市场与非市场环境。

（3）企业采取了哪些战略行为回应甚至影响外部复杂的环境影响。

（4）这些整合思路如何在战略规划过程中体现出来等。

第5章资源导向的企业战略行为的竞争互动研究，旨在探讨现实中企业具体实施的战略互动的行为模式，是第4章所构建的战略管理整合模式的实践方式。本章以资源竞争的角度出发，将企业的市场及非市场竞争行为以资源对象进行分类，探讨了以下几个问题：

（1）企业实际的竞争互动中，如何将视角扩展到非市场领域。

（2）在当今复杂的竞争环境中，非市场战略与市场战略呈现出怎样的互动规律及协同关系。

（3）这与传统的竞争互动研究有何异同。

（4）企业如何通过关注非市场竞争行为来获取独有资源及竞争优势等。

第6章基于事项生命周期视角的企业环境与战略的动态演进研究，旨在以共同演进的视角进一步剖析企业非市场环境的动态过程和相应的非市场事项战略的演进路径。本章是在总结第4章及第5章的相关结论的基础上，深入地分析在整合过程中企业非市场环境与战略的动态关系和演进规律，试图回答以下几个问题：

（1）企业在战略管理过程中通过什么方式（或视角）动态地分析并评估外部复杂的非市场环境（特别是转型经济背景下不稳定的政治环境）的发展。

（2）企业相应的战略行为又如何随之发生变化。

（3）企业非市场环境与战略间呈现了怎样的共同演进规律及相应路径等。

第 7 章结论与展望，本章是对上述各章节主要的研究结论进一步归纳与整理，并简述了本著作的研究不足、理论贡献、管理启示以及后续研究的方向与建议。

综合上述本著作要研究的具体问题，本著作的研究框架结构如图 1-3 所示：

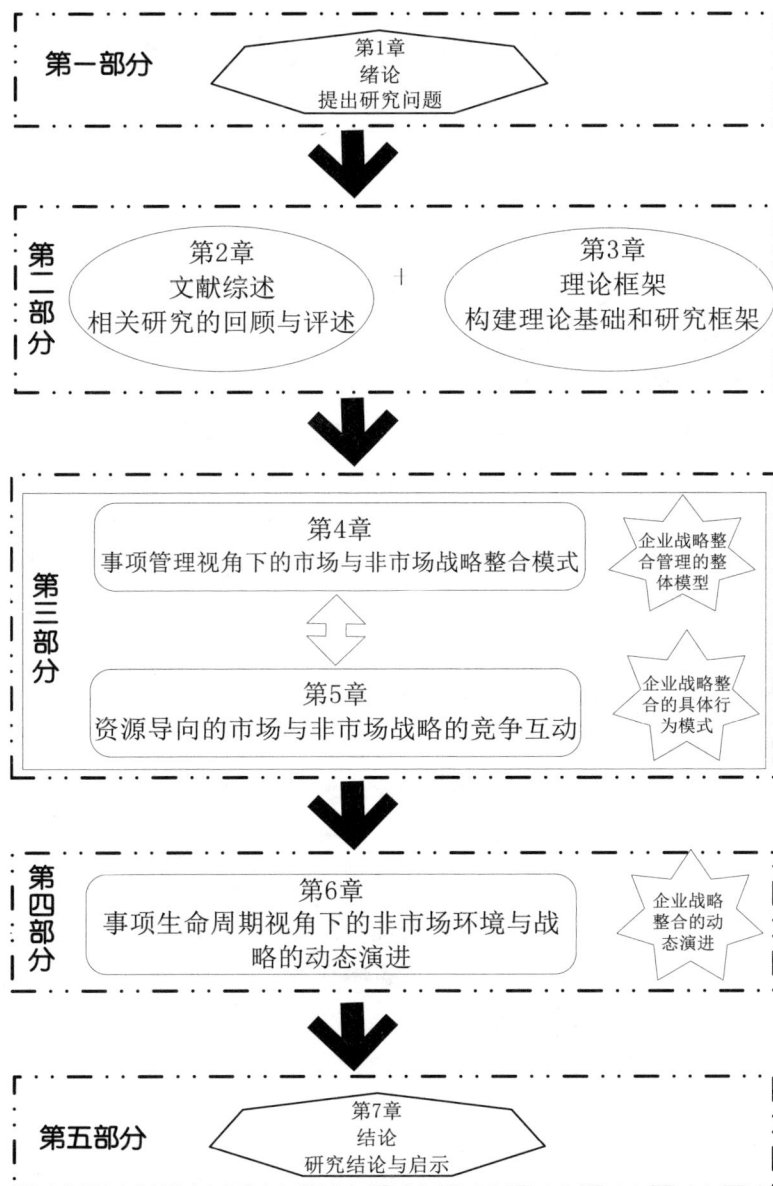

图 1-3　本著作的研究结构图

第 2 章　文献回顾与述评

组织是一个开放的系统，这不仅表现在组织与其外部环境之间的信息和物质交换关系上，更因为这种交换关系是组织发展的关键因素。因此，组织与环境的关系问题一直是组织理论与管理研究的核心议题之一（Astley，Van de Ven & Andrew，1983；费显政，2006）。一直以来，经典的战略管理理论所强调的是企业如何通过市场战略（比如低成本、差异化以及集中化战略等）影响外部市场环境进而获取持续性竞争优势（Bain，1959；Porter，1980，1985；Grant，1991）。事实上，企业的经营环境中不仅包括市场因素（比如产品或服务、销售渠道、供应链、价格以及成本等），还包括非市场因素（比如企业与政府、利益相关者以及社会公众等的关系等）（Baron，1995a）。DiMaggio & Powell（1983）甚至认为法律与管制、行为准则以及文化认知倾向等制度因素对组织战略选择的决定作用要比竞争因素更显著。因此，企业在战略制定与实施过程中要同时考虑市场环境和非市场环境（Baron，1995a，1995b，1997，2006）。

在考察组织战略与环境关系的研究中，学者们不仅同时关注了环境中市场因素（Bain，1949，1956,1959；Porter，1980，1985；Miller，1987）与非市场因素（DiMaggio & Powell，1983；Abrahamson & Fombrum，1994；Greenwood & Hinings，1996）的重要作用，强调组织战略对环境变化的适应能力，而且认为组织在相当程度上可以通过主观的战略行为来抵御外界的变化并且影响环境，进而改变环境以求得更有利的地位（Child，1972；Barney，1991；Lewin & Volberda，1999；Tan & Tan，2005；Tian & Fan，2008c）。但长期以来，经典战略管理理论都是以市场为核心的研究 [如图 2-1 中的（1）]。一直到 20 世纪 70 年代，随着美国企业政治行为（非市场行为的一种主要类型）在数量上的大幅攀升以及形式上的多样化（比如游说、政治行动委员会捐款、议会陈词等），才使得管理学领域众多学者开始关注企业政治行为的研究。他们不再强调企业行为对外部环境的适应性，而是开始将企业视为市场上的先行者与主动者。因为企业不再被动地等待法律法规和政策的出台并接受其约束，而是会通过各种手段（例如政治力量与公共关系）在政府政策与法规形成的过程中施加影响（Epstein，1969；Shaffer，1992；Mahon & Macgrwan，1998；Hillman & Hitt，1999；Tian & Fan，2008b）。

因此，部分学者认为可以在 Porter（1980）的战略列表中加入另一个层次的战略——政治战略，从而补充了另外三个业务层次的战略（Boddewyn，1988；Mahon & McGowan，1998；Tian，Hafsi & Wei，2007）。但他们的大部分研究主要还是局限于非市场战略与非市场环境的互动关系，比如企业的政治策略如何影响政府政策进程等（Getz，1993，1997；Shaffer，1995；Schuler，1996；Hillman & Wan，2005）[如图 2-1 中的（2）]。而真正在综合考虑了市场环境与非市场环境因素 [如图 2-1 中的（3）] 基础上将非市场战略与市场战略进行整合，并且在传统的企业战略规划过程中融入非市场环境分析及战略整合的研究还很少。战略整合这一概念首先是由 Baron（1995a）提出来的，他认为企业的市场战略与非市场战略都是在追求机会与创造竞争优势，二者必须整合起来实现这个目标。他指出，市场战略与非市场战略的整合是战略管理研究的新趋势。

关于企业如何通过市场战略影响外部市场环境进而获取持续性竞争优势的研究是经典战略管理理论的核心问题之一，有着丰富而成熟的研究成果。因此，本章不再赘述这部分研究，而是主要综述与评价关于非市场战略、市场环境与非市场环境的整合以及市场战略与非市场战略的整合等三部分的国内外研究现状。

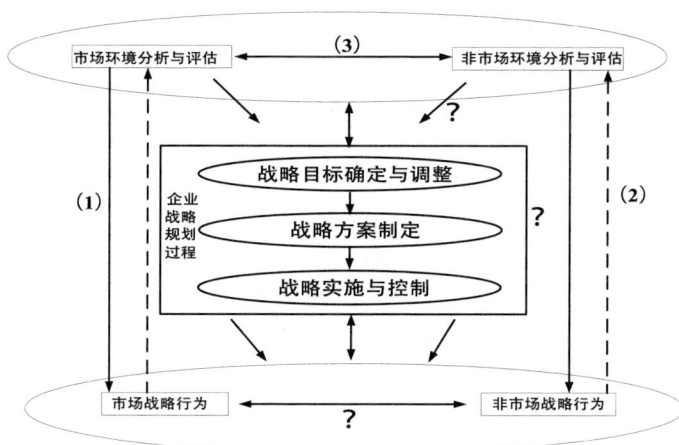

图 2-1　组织战略与环境关系研究现状

说明："？"代表该领域有待进一步研究

2.1　非市场的概念

在对国内外相关研究文献进行梳理与评述之前，本著作首先要对"非市场"等核心概念进行界定，以便更好地理解本著作的研究内容。

非市场最早是以"非经济性"和"社会性"等术语出现，这个术语包括什么不是"市场"。随后，"非市场"这个术语越来越广泛应用于环境，制度，组织及交换领域，有些学者用了不同的说法，如"反市场"（Antimarket；Coutermarket）（Fischer，1983；Boyer & Hollingsworth，1997）。本著作中所指的"非市场"概念是 Baron 教授 1995 年在战略管理领域中正式提出来的。Boddewyn（2003）在 Baron 等学者的研究基础上，完善了非市场的概念。他认为非市场是指①表达有目的地追求公共利益的价值观；②强制性的和合作的内部和外部交换机制，从而在不同的互动层次上以互惠的方式来补充和平衡竞争；③主要依赖于参与者主权权利的市场和非市场组织之间的关系；④根据经济、政治、社会、文化组织失灵的冲突性整合（贺远琼，2006）。他指出，市场和企业不能独立于社会系统而存在，非市场也不是比市场和企业更高级的一种机制。实际上，市场与非市场是相互依存的，并持续性地共同演进。

2.2　企业外部环境

系统理论的基本原理是将组织和环境区分开，并视组织为与其所处环境进行互动活动的系统（尼尔·保尔森 & 托·赫尼斯，2005；Annandale，Morrison-Saunders & Bouma，2004）。也即是说，作为一个开放系统，组织与其外部环境相互影响、相互渗透，这种互动关系吸引了包括组织理论家、管理学家、经济学家和社会学家等诸多学者的目光（费显政，2006；Banerjee，Easwar & Kashyap，2003）。随着研究的深入，越来越多的学者试图区分企业外部环境的具体类别从而更好地分析日益复杂多变的环境维度。Zucker（1987），Scott（2001）等新制度理论学者将企业所处的经营环境分为制度环境（institutional environment）与技术环境（technical environment）。这里的制度环境要求组织服从"合法性"（legitimacy）机制，参照现行的价值观、准则、信仰和社会构架系统所接受的组织形式和做法，组织的行为是正确的或恰当的；而技术环境则要求组织按最大化原则有效率地生产（Bada，Aniebonam & Owei，2004）。Baron（1995a）则将企业的经营环境分为市场环境和非市场环境，这里的市场环境是指由宏观经济因素、竞争者、供应商、顾客等因素组成的企业外部环境，其特点由需求的特点、竞争的纬度、市场竞争的规律、成本结构、技术进步的特点和速度等决定，强调了企业环境中的竞争维度。而非市场环境，更多是与企业外部的社会、政治因素有关。Baron（1995a）认为，正如企业必须考虑主要的市场力量一样，它们也必须关心其非市场环境。非市场环境包括公众、股东、政府、媒体及公共机构之间的交互作用。企业外部环境的市场与非市场划分得到越来越多的学者和企业人士的认同和应用（Aggarwal，2001；Bronn & Bronn，2002）。中国学者张维迎（2001）将企业生存与发展的环境归为了三类：第一类是商业环境，第二类是政治环境，第三类是舆论环境。张维迎表示，他更为看重的是政治环境和舆论环境在中国的重要作用[①]。另外，赵锡斌（2004）的研究认为，企业环境作为一个复杂的系统，它由四个子系统组成，即"社会环境系统（包括政治环境、经济环境、科技环境、法律环境、社会文化环境等）；市场环境系统（包括市场容量、市场结构、市场规则、竞争对手、供应商、购买者等）；企业内部环境系统（包括组织结构、生产与技术结构、财务及控制、人力资源、市场营销、研究开发及企业文化等）和自然环境系统（包括资源环境、生态环境等）"。显然，赵锡斌在环境类别划分研究中的贡献在于对组织内部环境和外部环境的组成要素做了基于系统论的重新划分。

实际上，我们可以看出，以上不同的环境分类方法之间是相互关联的，其中非市场环境、制度环境以及政治环境与舆论环境、社会环境是类似的，而市场环境与技术或任务环境、商业环境是类似的。为了避免可能产生的混淆，本著作统一采用市场环境与非市场环境的提法。

2.2.1　非市场环境的组成部分

政治环境与社会环境都属于非市场环境的一部分。

政治环境，又被称为政治制度环境（高勇强，田志龙，2004）。任何企业都面临着复杂的非市场环境，其中一个重要的因素是政府政策的不确定性（高勇强，2004）。一个国家的政治制度环境对一个企业的政治目标的实现和政治战略的制定产生巨大的影响，并由此影响企业战略利益的产生。越来越多的企业认识到积极地参与政府政策的进程能够降低政治环境的不确定性，赢得竞争优势。也就是前文所提到的企业政治行为与战略。张迎维（2001）则在研究中国企业的政治制度环境时，将之定义为体制环境。他认为，环境是决定企业增长的重要因素。环境是单个的企业、单个的人没办法改变的，所以每个人只能去适应环境。而体制环境通过集体努力是可以改变的，包括企业家、政府官员和学者，还有舆论界。因此，我们可以知道，政治环境是企业非市场环境中最重要的组成部分。

---

① 张维迎在 2004 年 8 月"中国企业家论坛——首届深圳高峰会"上的发言，http://www.dgmy.dg.gov.cn/jyzd/zjsj_view.asp?article_id=1262。

社会环境。在非市场环境中，舆论环境与文化环境都属于社会环境的一部分。Gao & Tian（2006）认为在社会环境中首先是社会文化对企业经营具有重要影响。比如在中国的东方文化中，社会关系这个被西方学者文献中以"GUANXI"作为专业术语（Davies，Leung，Luk & Wong，1995；Yeung & Tung，1996；Simmons & Munch，1996；Luo，1997；Pearce & RobinsonJr，2000；Standifird & Marshall，2000；Fan，2002；Shesadri & Mishra，2004；Chennai，2005；UyenVu，2005；Li & Lii，2005；2006；Caroline，2006）的概念在中国企业的经营过程中扮演着极其重要的角色。因此，中国企业在面对非市场环境时的关系导向行为就显得尤为凸出。

2.2.2 市场环境与非市场环境的比较

基于 Baron（1995a，1995b，1997）的探讨，结合其他相关研究文献，本著作将市场环境与非市场环境的比较列于表 2-1 所示。

表 2-1 市场环境与非市场环境的比较

<table>
<tr><th colspan="2">类别</th><th>市场环境</th><th>非市场环境</th></tr>
<tr><td rowspan="11">区别</td><td>定 义</td><td>由宏观经济因素、竞争者、供应商、顾客等因素组成的企业外部环境</td><td>由公众、股东、政府、媒体及公共机构等因素组成的企业外部环境</td></tr>
<tr><td>组成部分</td><td>Porter（1980）定义的五种竞争力量①</td><td>政治、制度、社会、舆论、文化等力量</td></tr>
<tr><td>遵循原则</td><td>经济交换制度，包括一致同意、私有协议及公平原则等。</td><td>公共制度，包括多数裁定、权益诉讼、集体行为及公众事务原则等</td></tr>
<tr><td>参 与 者</td><td>经济交换中的参与者</td><td>不仅包括市场参与者还包括政府官员，利益组织，激进群体，媒题及公众</td></tr>
<tr><td>行为性质</td><td>自愿性，产生私人利益</td><td>他人影响性，提供公众利益，影响更为广阔的群体</td></tr>
<tr><td>关键因素</td><td>资源承诺（resource commitment）</td><td>合法性和社会认同</td></tr>
<tr><td>绩效评估变量</td><td>通过利润的产生或价值的创造来评估</td><td>使用更为宽泛的变量评估，包括伦理原则及责任概念</td></tr>
<tr><td>表现形式</td><td>行业竞争对手，进入与退出，成本结构，技术程序的种类和费用，竞争需求和变量的种类及市场竞争规则包括反托拉斯法及规则</td><td>事项，制度（机构），利益群及信息，即（4Is）</td></tr>
<tr><td>企业成功的标准</td><td>获得和控制关键资源</td><td>遵守并影响制度规则、社会合法性及对企业过程或结果的认可。</td></tr>
<tr><td>其 他</td><td colspan="2">一些在市场环境中被禁止的行为在非市场环境中是允许的。在行业中，企业的共谋（collusion）一般是违法的，然而企业的共谋或合作在政府性领域一般是被允许的。比如，贸易协会不能使它们成员的市场行为一致，但它们可以使其成员的非市场行为一致，即集体对议会法案进行游说</td></tr>
<tr><td>联系</td><td colspan="2">市场环境与非市场环境都是企业的外部环境。它们之间是相互联系，相互促进的互动关系。两者共同作用于企业经营与绩效（Shaffer，1992；Bonardi，2005；Aggarwal；2001）</td></tr>
</table>

① 即消费者的讨价还价能力、供应商的讨价还价能力、分销商的讨价还价能力、现有竞争者的竞争及替代品的竞争。

非市场环境和市场环境之间的区别反映了制度理论与战略理论之间的根本差异。市场环境强调了企业环境中的竞争压力，这促使企业提高效率和控制。非市场环境识别了环境中的强制性、规范性和认知性压力，这促使企业遵守或至少与社会、法律期望保持一致（Baron，1995b）。

2.2.3　市场环境与非市场环境的整合研究

虽然众多学者把企业面临的经营环境分为了不同种类，但这并不是将环境割裂开来，或者将不同类型的环境对立起来。恰恰相反，不同类型的环境之间是一种互为补充、互为渗透的关系。新制度理论学者（Tolbert & Zucker，1983；Scott，1987a，1987b，2001；Kondra，1998）认为技术环境与制度环境之间存在着紧密的互动关系：第一，最初的制度环境要素都需要考量部分技术效率因素，随后才逐渐强化为规范和模式，并与技术因素脱离。同时，组织也能够通过符合制度环境合法性机制的要求获得社会认可，从而提高效率（Clements & Douglas，2005）。第二，制度环境是技术环境要求的基础。组织都存在于一定的制度环境之中，制度框架确定了组织目标及其追求手段的"合法性"（Scott，1987b）。

同样，市场环境与非市场环境之间也存在着互为补充，甚至相互促进的关系（Baron，1995a，1995b，1997）。Scott（1987a）认为非市场的观点应该是理性、效率观点的互补，作为企业的背景环境而存在。在市场经济较发达的西方国家，企业在关注市场竞争和发展的同时，都在有意识、有计划地影响公共政策和法规的出台，从而形成对自己有利的市场环境（Epstein，1969；Shaffer，1992；Mahon & Macgrwan，1998）。企业所面临的外部环境具有较大的不确定性，由于政府掌握了关键资源的分配，所以政府是环境不确定性的主要来源（Jacobson，1992；Baron，1995a）。企业非市场战略的最终目的是为企业的市场战略创造一个良好的环境，提高企业对外部环境变化的适应能力，并增强企业的竞争地位（Aplin & Hegarty，1980；Keim & Zardkoohi，1988）。实际上，企业所面临的市场环境与非市场环境已受到同等程度的关注，越来越多的企业开始有意识地通过在非市场环境中的行为与战略来帮助其在市场环境中的竞争活动（贺远琼，2006）。从企业开展的应对非市场环境的活动数量与投入的精力来看，企业非市场战略应当作为与市场战略同等重要的另一种机制而存在（Baron，1997）。田志龙、贺远琼、高海涛（2005）通过对海尔、中国宝洁、新希望三家企业官方网站的新闻报道进行内容分析后发现，企业的高管人员将其很大一部分的时间投入在了企业外部非市场环境的监控和处理中。

因此，对两类环境进行整合的探讨成为了战略管理研究的新趋势，也是现实企业所面临的当务之急。值得注意的是，在企业的实际经营环境中，市场环境与非市场环境的界限并不如理论研究中划分得如此明显而清晰。在战略管理理论中，市场环境和非市场环境被看成是一个整体而成为企业战略规划的一个输入，即在战略环境分析的部分同时包含了市场环境和非市场环境。然而，我们所要强调的是，传统战略管理将非市场要素看成是静态的，并且是企业不可控的外生变量，对于非市场环境的理解也是模糊而笼统的。而学术界趋向于清晰地界定并强调非市场环境的影响，并聚焦于非市场环境与市场环境的整合互动关系，这并不是要将非市场环境与原有的理论框架进行分离，而是对原有理论的补充和完善。市场环境与非市场环境的观点为组织与环境的关系提供了两种完全不同的理论解释，并成为判定组织成败的主要原因之一。这一领域的研究对于战略管理理论的贡献恰恰在于动态、全面地理解企业经营环境，特别是非市场环境，从而更好地理解组织与环境的互动关系（贺远琼，2006；邓新明，2008）。

Baron（1995a）认为在制定企业战略时，应综合考虑市场环境与非市场环境。他提出了一个企业整合市场环境与非市场环境的内部行为模式，包括三个层级：第一个层级体现在整体企业轮廓上，即企业的内部组织、公司治理、激励机制和行为标准等，这是市场环境与非市场环境整合的制度保障；第二个层级体现为战略的整合，即市场战略与非市场战略本身的整合运用，这是市场环境与非市场环境整合的最直接结果体现；第三个层级表现为职能部门间的协调机制，这是整合市场环境与非市场环境的最直接行为体现。然而，国内学者对市场环境与非市场环境整合的研究很少，其中贺远琼（2006）通过实证研究验证了 Baron（1997）观点在中国转型环境中的适用性，并提出了企业整合市场环境与非市场环境的外部行为模式，即企业之间的信息共享机制。

综上所述，西方学者们对企业外部环境进行了不同角度的分类，并深入研究了环境的维度，不同类型环境之间的互动关系以及环境整合的行为模式。但是，这些研究还缺乏关于环境与战略的关联，即如何将环境的分类及整合与企业战略及战略规划等关键问题联系起来。Baron（1995a，1995b，1997）提出将"整合战略"作为市场环境与非市场环境整合的行为模式，认为有效的企业战略必须整合市场要素和非市场要素。他提出，市场与非市场战略的整合实际上是那些在市场上追求高绩效的竞争战略与形成有利竞争环境的非市场战略之间的协同与互动。但是，企业如何综合评估市场与非市场环境？环境的整合如何与企业战略规划过程联系？非市场战略与市场战略又是如何在企业的实际竞争中整合与互动？环境与战略如何协同并动态发展？等问题还有待进一步深入研究。

2.3　企业非市场战略的定义及类型

在回顾并评述企业市场与非市场环境的相关文献基础上，本节所要探讨的市场与非市场战略，即是企业针对不同环境的影响所做出的不同反应及实施的行为与战略，两者及其之间的互动是本著作探讨的核心问题，也是本著作的关键所在。

2.3.1　企业非市场战略的界定

自 20 世纪 60 年代以来，许多社会科学领域的学者开始大量关注企业政治行为的研究。这些开创性的研究主要集中在商业与公共政策的关系方面，强调的是政治绩效与不同利益团体之间的权力资源配置。进入 70 年代以后，由于美国企业的政治行为在数量上大幅攀升，而且形式上亦呈现出多样化趋势，管理学领域内的众多学者开始关注企业政治行为乃至非市场战略的研究。

非市场战略（nonmarket strategy）由 Yoffie（1987），Baron（1995a，1995b，1997），Mahon & McGowan（1996）及 Shaffer，Quasney & Grimm（2000）等学者提出，指企业针对各级政府、媒体、专家学者、社区、公益团体等利益相关者从而构建有利生存空间的战略。非市场战略必须符合企业非市场能力及外部市场与非市场环境的特征，其目的之一就是形成企业的市场环境。与市场战略比较，非市场战略具有以下特征：防范竞争对手，非市场战略能通过防范竞争对手提供竞争优势；抵御来自新厂商和替代品的威胁，非市场战略在创造市场机会和抵御新厂商和替代品方面是必不可少的；供应商和买商的议价能力，非市场战略也能应付由供应商和买商的讨价还价能力所引起的威胁。另外，在文献中将执行非市场战略的行为称为非市场行为（nonmarket actions）。

2.3.2　企业非市场战略的分类

由于视角多样，西方对非市场战略内容的研究呈现比较复杂的情况，以下三个方面的研究比较多，即各种非市场战略形态的研究，如企业政治战略、媒体及公众战略、企业社会责任行为等；企业非市场战略模式的研究；不同环境中的非市场战略研究等。在关于企业非市场战略形态的研究中，由于非市场环境是由政治环境及社会环境共同组成的，因此非市场战略也通常分为政治战略及公共事务战略两类。

2.3.2.1 企业政治战略的分类

政府作为影响企业经营管理的一个主要的非市场力量，对企业的经营环境和企业的经营绩效都产生了很大的影响，企业非市场环境的不确定性更多的是政府的各项宏观政策、法规变化而引起的，政府以及各部门不仅通过政策和法规影响企业，还大量地在微观上干预企业，因此成为了企业最重要的利益相关者（Brenner，1988；Child & Tse，2001；Child & Tsai，2005）。随之而来的，关于"非市场"领域最主要的研究便是以企业与政府的关系、企业政治战略为切入点，这些研究构成了非市场战略研究的基础。各种企业政治行为及政治战略的研究是西方非市场战略研究的主要内容之一。相比非市场战略的研究，早期西方学者更为关注的是针对政府的企业政治行为探讨（corporate political action，CPA）。企业如何开展政治行为？有哪些可供选择的战略战术？大量文献都对企业政治战略、战术做了研究，主要是基于描述性的、非理论性的实证研究或案例研究。现存的文献特别是西方文献已经识别了大量的、可供企业参考和使用的政治战略与具体行为。

早期的学者主要从企业参与政治的层次将划分企业政治行为。Olson（1965）与Schollhammer（1975）都将企业参与层次分为了个别的，即单个企业采取的行为和集体的，即两个或两个以上的个人或企业协作和合作行为。后者还进一步分了第三类是组织内个别人（如企业高管）采取的行为。

从20世纪80年代开始，管理学家开始把公司政治活动作为竞争战略的一个基本维度来评价（Vogel，1996），并由此逐渐将其拓展到企业战略层面。Yoffie（1987）通过对公共物品和商业政策方面的研究，提出将企业政治战略分为：①搭便车战略（rider），即企业放弃领导位置，参与其中；②追随者战略（follower），即一个企业选择跟随并效仿某些重要的政治行为；③领导者战略（leader），即一个事项显示特别重要时，企业持有资源率先参与进去；④私有化战略（private goods），即企业轻视集体利益而重视企业自身利益；⑤政治企业家战略（entrepreneur），企业利用有限资源形成特别的联合获得接触关键政府官员的机会。Keim（1981）考察了一些企业政治战略，比如选民培养（constituency building）、政治联合（political coalition）、游说（lobbying）、政治行动委员会（PACs）等，认为成功的企业政治努力需要在公司所有计划中全面整合政治的分析。Keim，Carl & Barry（1984）在分析了 20 世纪 80 年代新的企业政治战略时认为，传统的政治活动比如竞选捐款和直接游说正在被新出现的企业政治行动委员会、事项和倡议广告，以及企业选民培养所补充或取代。进一步的，他们在比较了企业政治行动委员会和选民培养两种战略后认为后者更有效。

Baysinger（1984）则提出了对企业政治战略的分类，包括领域管理（domain management），即组织寻求来自政府的特殊财务支持和限制竞争因素；领域防御（domain defense），即组织试图控制政府的威胁；领域维持（domain maintenance）即组织试图控制政府威胁，实现组织目标和意图的方式。Oliver（1991）基于制度理论对前人的分类研究做了突破性的拓展，她提出了五种组织应对制度环境的战略，包括默许（Acquiescence）、妥协（Compromise）、避免（Avoidance）、抵抗（Defiance）和操纵（Manipulation）。而 Oberman（1993）进一步地对过往其他研究所提及的所有战略战术类型进行了归纳，见表 2-2 所示。

表 2-2　企业政治战略战术归类

接近政府的途径	传递范围	传递内容	典型的影响活动
直接的	公共的	信息	官方证词、政策分析
		压力	公开抵抗（不合作主义）
	私人的	信息	游说、PAC 捐助
		压力	行贿
间接的	公共的	信息	公开宣传
		压力	曝光、选民影响
	私人的	信息	旁人说服
		压力	诉讼、集体组织活动

另外，Getz（1993）基于代理理论提出了企业政治战略的 7 个类型：游说、报告研究结果、报告调查结果、证词（testimony）、法律行动（legal action）、私人服务和选民培养。而 Rehbein & Schuler（1993）根据 Aplin & Hegarty（1980）的信息影响战略和公众曝光战略来弥补了 Yoffie（1987）的政治战略分类。Getz（1997）又把企业政治战略分为了信息导向战略或压力导向战略。Davis（1998）集中研究了 CEO 证词和直接游说两个战略。

随着研究的不断深入，西方学者从不同的视角出发，提出了更具体、更有现实意义的企业政治战略与战术。Meznar & Nigh（1995）与 Blumentritt（2003）根据企业公共关系部门的职能和作用，划分了两种最常用的企业政治战略：缓冲型（Buffering）与桥梁型（Bridging）。通过缓冲战略，企业试图积极地减少政府政策、立法/管制对企业的影响并试图影响外部环境。通过桥梁战略，企业试图追踪政府政策、立法/管制的发展并预测其未来趋势，从而为企业谋取更大的利益。缓冲型和桥梁型战略并不是相互排斥，而是互为补足的（Fennell & Alexander，1987）。Hillman & Hitt（1999）基于交换理论通过事务处理和关系处理两种企业政治活动研究了个体和集体的两层参与结构和三种常见的政治战略类型，包括信息战略、财务刺激战略和选民培养战略，每一种又分别包含了不同的政治战术，见表 2-3 所示。Oliver & Holzinger（2006）则分析了企业对管制环境的反应战略，包括顺从战略和影响战略。

表 2-3　政治战略的分类

战略	战术	特征
信息战略	由内部或外部的专业人员及高管所实施的游说（Lord，1995）；研究及调查结果报告；委托研究；作为专家证人的证词及在其他政府主体前的听证；为决策者提供职业文件或技术报告。	以政治决策者为目标提供相关信息
财务刺激战略	提供财务支持（或对一个政治决策者或政治党派的直接的捐助；美国的政治委员会（PAC）；演讲的谢礼；支付旅行费用或私人服务（包括作为企业政治职位的代表；雇佣有直接政治经历的人作为经理、董事、顾问；或是雇佣政治决策者的亲属）（Getz，1993；Hillman，Zardkoohi & Bierman，1999）。	以政治决策者为目标提供财务刺激
选民培养战略	雇员、顾客、供应赏、退休者或其他与企业关联的个体的基层动员；鼓吹宣传，在一个特别政策位置向公众宣传（Sethi，1982）；公共反映或公共关系宣传；关于公共政策事项的新闻发布会；及经济或政治教育。	以政治决策者为目标提供选民支持

　　从这些研究成果可以看出，管理学者对政治战略研究的切入点是将企业政治行为与竞争战略与竞争优势联系在一起，认为企业影响政府政策制定过程的行为直接关系到企业的经营业绩及企业竞争力。企业越是有长远发展观念，越会重视政治战略的制定与实施，在很多企业里，这已成为企业战略管理的重要内容。

　　我国企业的公关实践是在改革开放之后才逐渐有了初步的尝试，而企业公共关系的工作也主要分布在各业务部分和中高层经济的职能中，这与西方企业专业化的公共关系运作有较大的差别（贺远琼，2006）。因此，我国对企业政治战略及其他非市场战略的相关研究起步较晚。国内学者在这部分研究内容上比较突出的是田志龙、高勇强（2003）等学者结合西方大量文献及对中国企业经理人的访谈资料，总结出了中国企业政治行为的 39 种方式，并将它们归类为 7 种政治战略，包括：直接参与战略、代言人战略、信息咨询战略、调动社会力量战略、制度创新战略、经营活动政治关联战略及财务刺激战略。进一步而言，卫武（2004，2006）通过大样本调研验证了这种政治战略分类的正确性。另外，张建君、张志学（2005）根据在温州和苏南的实地调查资料及相关文献总结出了中国民营企业的两类政治战略，包括：先发制人战略（包括合作、缓冲、政治参与、通过各种途径同官员熟识、经常性地送礼）和被动反应战略（利用政府部门之间的矛盾做文章、遇到麻烦时行贿、资本转移或减少投资、顺从）。Tian，Hafsi & Wei（2007）认为企业对制度环境的反应战略可以被描述为企业的政治行为。因此，基于 Oliver（1991）的观点，他们通过实证研究将中国企业的政治战略划分为 8 种类型，分别是遵从（Subservient）、融合（Fusion）、支持 / 谈判（Support/Implicit negotiation）、质疑（Question）、寻求代理者 / 游说（Building agency/lobbying）、建立影响（Building influence）、挑战 / 变革（Challenge/Change）与积极缓冲（Buffering through activism）。

在研究企业政治战略战术问题上，西方学者结合了理论性如 Keim（1981），Getz（1993），Oberman（1993）及 Hillman & Hitt（1999）等，实证性如 Lenway & Rehbein（1991），Masters & Keim（1985）等，及案例类如 Baron（1995b），Yoffie & Bergenstein（1996）等多种研究方法。而中国学者多采取的是描述型或案例类研究方法，在实证上的研究还比较少。同时，由于体制、环境、资源、传统等方面的差异性，企业政治战略战术的研究也存在着一定的地理、制度等方面的局限性。

2.3.2.2　企业公共事务战略的分类

由于公共事务是政府关注的重点，因此学者们已经拓展了狭义的仅仅从政治活动本身视角探讨企业—政府关系的范畴，延伸到了企业—社会关系领域。实际上，企业针对社会公众的影响行为与政治行为是不同的。因此，部分学者将企业对媒体、公众的影响和社会责任行为上升到了企业战略层面，相关战略行为就被称为公共事务战略。

Meznar & Nigh（1993）根据对缓冲与桥梁强调的高低，把企业的公共事务战略分为四类：缓冲（Buffering）、活动频繁（High activity）、活动较少（Low activity）以及桥梁（Bridging）。这种分类的方法与 Wilson（1975）的观点基本一致，他认为企业的社会响应可以分为四个类别：反应（Reaction）、防御（Defense）、适应（Accommodation）以及前摄行动（Proaction）。其中，"反应"与"活动较少"有点类似，在这种情况下企业直到很明显需要采取一些行动之前几乎什么也不做；"防御"类似于"缓冲"，在这种情况下企业保护自身不受外部压力的影响。"适应"与"桥梁"是类似的，它们都隐含着在外部压力下企业的某种适应。类似的，"前摄行动"与"活动频繁"是重叠的，它们都意味着高程度的内部活动，管理企业和社会利益相关者之间的界面。

另外，随着西方企业所在的社区及社会构成对企业发展的影响越来越大，企业逐渐形成了媒体与公众战略及利益相关者战略等非市场公共事务战略的形态。Baron（2006）指出，新闻媒体实际上是非市场力量的重要信息来源，它可以提醒公众、政府官员、利益群体关注企业发展中的各种非市场事项（issues），企业有必要把媒体战略作为非市场战略的一部分。企业能够通过媒体战略引导关键媒体与重要利益相关者及公众的信息沟通与交流，从而帮助企业获得资源并持续发展。Evans（1987）分析了辨别媒体战略有效性的 6 个要素，包括：不寻常即是正常、识别受众、通过新闻交流、强调经营的连续性及公众的兴趣、媒体就是信息及信任比友谊更重要。此外，部分学者还从利益相关者角度出发，认为企业社会责任行为和利益相关者战略也应当属于公共事务战略。

还有部分学者将企业公共事务战略分为了公益战略和环境战略两大类（Gao & Tian，2006）。其中关注公益战略的学者们主要探讨了公益行为中最具代表性的慈善捐助行为。虽然传统的经济学家认为理性、追求利润最大化的企业不应捐赠（Freedman，1970）。但现实中，慈善捐赠又是一种普遍的企业行为，理论上"不应捐赠"的企业大多有过慈善捐赠。[①]20 世纪 80 年代开始，战略性慈善（strategic philanthropy）的概念开始诞生，该学派认为捐赠和利润是相互兼容而不是相互冲突的，企业捐赠能吸引客户、员工、社区和其他利益相关者，以此来巩固企业资源基础或减少资源约束，帮助企业形成核心能力，增强竞争优势（Mescon & Tilson，1987；Smith，1994）。简而言之，捐赠会产生价值增值作用，直接或间接改善企业绩效（Porter & Kramer，2002）。田志龙等（2003，2004，2005）中国学者则特别指出了中国企业运用的经营活动政治关联战略，其中就包括公益战略等，具体活动可以有：支持体育赛事、教育事业（如希望工程）、文化艺术事业、为灾难等进行慈善捐助

---

① 以中国为例，大约有 90％的中国企业曾有过慈善捐赠（葛道顺，2006）。

等。赵宝春（2008）还进一步研究了企业的公益战略对消费者决策的影响，即企业的公共事务战略如何影响公众进而影响到企业的经济绩效及市场战略等问题。另外，环境战略关注的是环境保护是企业面临的战略事项，并强调将其纳入日常战略管理中的战略（Douglas & Judge，1995）。Kotha & Nair（1995）研究显示企业战略和环境对企业的利益率和成长均起着显著的影响作用。Tsai & Child 在 1997 年进行的一项调查中发现，92% 的 CEO 及企业高管认为环境事项必须成为他们最基本的三大管理问题之一，此外，85% 的被调查者宣称他们的主要目标是要将环境事项纳入商业战略的制定中来。而 Maxwell 等（1997）的研究指出，环境战略的有效实施将给企业带来诸如更好的质量、成本降低、形象提高及新市场机会等的一系列优势。

总体而言，国内外学者对政治战略的分类研究已经相当成熟，但对于公共事务战略的分类研究还处在探索阶段。同时，这些根源于西方制度文化背景的战略分类方式在中国的转型环境下产生了哪些新的变化还需要进一步的分析与研究。

2.4　企业非市场战略与市场战略的整合研究

2.4.1　非市场战略与市场战略的关系

尽管有许多学者试图在商业、政府及国家政策文献中研究战略管理的整合概念（Gale & Bucholz，1987；Van den Bosch，Van Prooijen & Porter，1994；Van den Bosch，Frans & de Man，1994；Mahon & McGowan，1996；Shaffer，1995；Schuler，1996），但是在战略管理的多数研究中市场及非市场两个领域还是被众多学术文献作为截然不同的研究主体区别对待。然而，Baron 认为市场与非市场战略的结构与目的都是相似的，两者都可描绘为"在市场或非市场环境中所采取的一致行为模式，通过提高经济绩效创造价值"（1997：146）。此外，市场及非市场战略都通过企业的核心能力获得价值，不管是低成本生产（Porter，1980）还是有效的政治行动（Keim & Baysinger，1988；Keim，2001；Caldeira，Jojnacki & Wright，2002）。市场战略强调机会识别并建立、发展和维持追求这些机会所要求的竞争优势。非市场战略通过有效地参与公共进程来服务于这个相同的目标（Boddewyn & Brewer，1994；Hillman，Zardkoohi & Bierman，1999；Hillman，2003）。

由前文的阐述可以看出，非市场战略是企业应对和影响非市场力量从而构建对自己企业有利生存空间的战略，而市场战略是企业赢得顾客和打败竞争对手的直接战略。但非市场战略的最终目的还是为了使企业赢得顾客和打败竞争对手，只不过是间接作用。正如 Baron（1995a）认为的，非市场战略与市场战略之间常常是相互支撑的和互动的，并对企业竞争优势和经营业绩共同产生影响。企业战略是由市场和非市场两部分构成的，两者必须整合起来。因此，不断有学者试图将非市场战略加入到市场战略模型中，以提出更全面的战略模式。

此外，非市场战略与市场战略的互动关系还表现在企业竞争中。例如市场行为的目标之一是满足顾客的需求。然而有时候，有必要用合适的方式给顾客带来其他的刺激和压力从而间接地影响顾客的需求（Kolter，1986，1992）。Creyer & Ross（1996）的研究表明，76% 的消费者表示在价格和质量相同的情况下，他们愿意转换成与他们所关心的公益事业相关的品牌和产品。如农夫山泉股份有限公司开展的"一分钱一个心愿，一分钱一份力量"营销活动，即从 2001 年 1 月 1 日至 7 月 30 日，公司从每一瓶销售的农夫山泉产品中提取一分钱，作为捐赠款，代表消费者来支持北京申奥事业。2001 年农夫山泉的销售业绩增长幅度高达 160%[①]。

2.4.2　非市场战略与市场战略整合观念的提出

随着非市场环境对企业行为和绩效的影响越来越大，企业非市场战略与行为的理论逐渐成熟和规范，如何整合非市场战略与市场战略就成为战略管理领域的一个重要研究主题（Baron，1997；Salorio，Boddewyn & Dahan，2005）。在 20 世纪 80 年代，很多美国企业已经开始积极利用善因营销行为（Cause-related Marketing）来实现企业的经营绩效。善因营销能够体现企业高度的社会责任感，帮助企业从日益同质化的商业竞争中脱颖而出，并因此获得丰硕回报（Dahl & Lavack，1995；Creyer & Ross，1996；Sen & Bhattacharya，2001）。实质上，善因营销是企业整合非市场战略与市场战略的一种典型的形式。但大部分学者均将其视为一种新形式的营销策略，或将其视为传统公关行为的一种创新。

实际上，将非市场战略与市场战略结合的观念是近二十年才融入管理文献中的（Gale& Bucholz，1987；Yoffie，1987；Baron，1995a，1995b，1997；Shaffer，Quasney & Grimm，2000）。Gale & Bucholz（1987）将波特的五力模型及企业的政治行为结合起来研究。Yoffie（1987）将政治战略描述为企业在处理政治事项及竞争地位时的进攻线路。她认为，"企业处理政治行为过程的决策是企业事项、企业资源、

---

① 资料来源：农夫山泉股份有限公司官方网站：http://www.nfsq.com.cn。

行业中企业间事项的层次及企业在竞争环境中的相对位置的战略显著（salience）活动"（1987：56）。Christensen，Andrews，Bower，Hamermesh & Porter 则认为，企业必须有"支持社会制度的战略，如其经济战略一样清晰"（1982：455）。Oberman（1993）同意 Christensen 等（1982）的观点，认为必须整合政治战略与公司战略。类似的，MacMillan（1978，1982，1983）认为政治战略的目的是为了实施经济战略。Barney（1994）也认同整合的概念，他认为所有行为——市场或非市场——都必须被考虑，为企业整体优势做贡献。同样，Van den Bosch，Frans & Man（1994）提议，政府必须考虑对企业竞争优势有贡献的额外因素，以及这些因素在建立竞争优势中的作用。

　　而战略整合这一更为清晰的概念则首先是由 Baron（1995a）提出来的。他提出政府、利益团体、公众等几种非市场力量是影响企业市场行为的战略因素，企业需要建立一个非市场战略系统（nonmarket strategy system）以指导企业的战略管理。这一系统又被称为"非市场战略金字塔"（nonmarket strategy pyramid），从上至下由概念性框架、核心战略、政策、行动计划构成。同时，Baron（1995b，1997）认为非市场战略与市场战略及其行为之间常常是相互支撑的和互动的。企业在实施市场战略时必须采取非市场战略并将非市场分析及战略模式融入到整个战略过程中，同时关注具体非市场事项对企业的影响。即是说，在处理及防御市场力量及实现市场方案时市场与非市场战略都必须被考虑进来。将非市场分析带入战略过程的更有效的方法是整合非市场分析及战略公式，集中于具体非市场事项影响企业及非市场战略作为市场战略的补充或替代。即是说，企业在应对商业竞争环境中的其他竞争者，潜在进入者，产品替代者，鼓吹及其他利益组织，非市场机构及政治对手时，市场及非市场行为都必须采用。这与 Gale & Bucholz（1987）的结论基本一致。同时，基于 Parsons，von Mises & Schumpeterian 的观点，Baron（2001）对整合概念进行了更深入的诠释，认为战略整合的核心在于企业市场与非市场战略之间的正向外溢性。

　　此外，Porter & Kramer（2002，2006）认为为了实现商业利益与社会利益的统一以及企业的可持续性竞争优势，企业应积极主动地将社会责任战略整合到它们的商业经营中。比如 GE 就是一个典型的例子，GE 制定了一项被称为"生态想象"（Ecomagination）的新战略，未来 GE 将以环保概念为主轴，研发最新科技产品，在协助客户面对新时代环境挑战的同时，也共同保护地球生态。GE 的所为实际上反映出了一个正在出现的新趋势，即企业社会责任与商业行为的整合（邓新明，2008）。

2.4.3 非市场战略与市场战略整合研究的延伸

随着经济的发展，各国国内企业之间的竞争日益加剧，国内市场容量越来越无法满足企业的发展，一些优秀的大型企业为了摆脱本国市场狭小的限制，必然越来越重视开拓国际市场（潘焕学，1997）。这引起了学者们对跨国公司的非市场行为，特别是政治行为广泛而深入的关注和研究（Poynter，1985；Morrison，1989；Mahini，1988；Hedlund，1990；Boddewyn & Brewer，1994；Hillman & Keim，1996；Blumentritt & Nigh，2002；Blumentritt，2003）。他们意识到非市场力量是导致企业国际竞争环境比国内环境更加复杂的主要原因之一。因此，在企业国际化非市场战略的相关研究基础上，部分学者进一步将企业非市场战略与市场战略的整合延伸到了国际环境中。其中的代表就是 Baron（1997）扩展了其整合战略的理念及模型，将之延伸到了国际贸易环境。他以柯达在日本市场与富士的竞争案例提出了整合战略应集中于商业战略中的市场与非市场部分的回报及协同，以产生较高的绩效。为了使战略有效，Baron 认为，"必须整合两个部分并适应企业的市场和非市场环境，及企业能力"（1997：146）。另外，Kolter（1986，1992）在 4Ps（Product，Price，Place 及 Promotion）的经典营销理论上提出的著名的"大营销（Megamarketing）"理论，即在原有的 4Ps 上再增加 2Ps，即政治权力（Political Power）和公共关系（Public Relations），这是战略整合在国际营销领域的延伸。根据前文论述，我们可知之后 2Ps 即为本著作所指的非市场行为及战略的组成部分。另外，Bonardi（1999）以英国主要的电信企业——英国电信（BT）为案例，重点描述了在逐渐放松管制的环境中，英国电信如何整合市场及非市场战略以产生竞争优势。Aggarwal（2001）则以跨国企业在亚洲的经营为背景，提出了针对企业整合的三层分析，首先是"定位分析"——即市场力量、企业能力及非市场环境如何影响地区性或全球范围内的贸易及投资决策。然后考虑"战略分析"的种类，由企业对市场区域的选择、交易成本分析及非市场事项分析等因素结合起来影响企业的整合战略选择。最后是"战术分析"，即企业为了使战略成功而执行的市场、组织及非市场战术。

然而，以上研究仅仅是对非市场与市场战略的整合概念做出了理论和框架上的延伸。随着非市场环境越来越显著地影响现今企业的经营以及理论研究的逐渐深入，越来越地学者开始通过样本数据的实证研究探索战略整合对企业绩效的作用。Salorio，Boddewyn & Dahan（2005）将企业战略划分为三个维度，即经济战略、组织战略以及政治战略，认为企业应该在综合考虑 6 个度量指标的基础上将这三类战略有效地整合起来，最终实现企业的经济绩效。Shaffer，Quasney & Grimm（2000）通过分析南太平洋与美国、欧洲航线的 US 国际乘客航运的数据，发现市场及非市场行为对企业财政绩效均有贡献。Shaffer & Hillman（2000）探索了企业多元化与内部冲突和政治战略的关系，研究结果显示了企业的市场战略（多元化水平）与政治战略之间的显著关系。Schuler，Rehbein & Cramer（2002）则发现企业极大依赖防御导向的契约游说及竞选捐款。Quasney（2003）基于 Boddewyn & Brewer 对"通过加入一个政治部分（大部分被遗忘于现存文献）以扩展及丰富战略的资源依赖模型"（1994：35）的介绍，开拓性地将传统的企业竞争互动（Competitive Dynamics）研究拓展到了非市场领域。

以上文献的研究内容主要针对政治战略与市场战略之间的整合互动，而对于其他的非市场战略，比如公益战略、环境战略等如何与企业战略管理过程整合也是学者们比较关心的一个问题。实际上，在社会——政治环境的每个方面，都是由一个个潜在的"事项"组成（Mahon & Waddock，1992）。Ansoff（1975）将事项定义为"可能对企业产生重要的且间断影响的主要环境趋势及可能事件"。因此，一些学者提出应在传统的战略规划过程中加入事项管理系统用以感知、分析及回应企业外部环境的复杂性及不确定性（Hayes，1985；Ansoff，1990；Camillus & Datta，1991）。W. Howard Chase（1977，1984）将事项管理定义为包含对可能影响组织的潜在事项进行鉴别，并且调动组织资源从战略上影响事项发展的一种管理行为。Baron（1995a，1997）进一步地提出，非市场环境对企业的影响主要表现为事项的形式，例如公益事项、政治事项以及环境事项等。企业应对这些战略事项的主要方式之一就是将非市场事项整合到正式的战略规划过程中，并通过适当的前摄性反应行为对其施加影响。比如，Dechant & Altman（1994）探讨了企业如何管理环境事项，认为目前还没有可供企业遵循的成形准则，但它们大多数都参与了以下五个基本活动：①使命陈述及促进环境宣传的企业价值；②管理环境事务的框架；③绿色生产/产品的设计；④关注股东伙伴关系；⑤内部和外部的教育事务。最后，Bronn & Bronn（2002）在 Camillus & Datta（1991）所提出的事项管理与战略规划过程的整合模型基础上提出企业对非市场环境应主要采用事项管理的思路，而市场行为应持续地关注企业经营部分，非市场行为则通过作用于非市场环境事项来保障、支撑企业经营活动并与市场行为整合协同。他们将事项划分为三类：第一类事项影响企业战略目标层；第二类事项影响企业的战略方案制定层；第三类事项则影响企业的战略实施层。因此，将非市场事项整合到企业的战略规划活动中（即事项整合）是组织主动处理与环境关系的一种有效方法，它主要是识别各种环境、政治以及社会公益等非市场事项，并对它们做出适当的前摄性反应（Arcelus & Schaeffer，1982）。可以说，事项整合为组织与环境关系的管理提供了一种全新的视角（Douglas & Judge，1995；Lord，2000；Bronn & Bronn，2002；邹鹏，田志龙，2001）[1]。

2.4.4　国内的相关研究

我国学者在整合方面的研究起步很晚，相关研究也非常少。冯雷鸣、黄岩、邸杨（1999）认为将非市场战略和市场战略整合的最有效的方法是将市场分析和战略系统整合为战略处理并集中在影响企业特定的非市场事物，集中在作为补充、替代市场行为的非市场行为。由外部引起或响应企业行为的一些非市场事务应该视为由市场和非市场战略同时处理的第六种力量。孙贵（2002）通过考察日本家电企业和美国汽车企业两个案例来反映西方企业从经济战略向政治战略的转变，这两个案例充分表明经济战略和政治战略的整合应用是企业赢得市场、获得竞争优势的关键。黄忠东（2003，2004）提出了四种整合战略类型，即无为战略、反应战略、提前行动战略和促进战略。贺远琼（2006）认为，企业整合非市场环境与市场环境的程度高低将越来越影响到企业的成败。尽管市场环境与非市场环境的特点有所不同，但它们之间常常是相互作用，从而对企业绩效产生影响的。因此，研究整合战略对提高企业应对市场与非市场环境的能力尤为重要。她提出了企业整合市场环境和非市场环境的内部行为模式，包括整合战略、协商解决问题的机制，以及正式的整合管理制度三个层次，并验证了企业高管的社会资本及组织学习能力对整合环境行为的影响。而田志龙、邓新明（2007）通过对中国企业的大样本调查，发现中国企业的非市场与市场战略的整合程度并不高。

2.5　相关研究现状的评述

2.5.1　西方文献综述

经典战略管理理论长期以来都是以市场为核心的研究（Mason，1949；Bain，1956，1959；Porter，1980，1985；Grant，1991等）。一直到20世纪70年代，随着美国企业政治行为（非市场行为的一种主要类型）在数量上的大幅攀升以及形式

---

①　关于这部分的研究综述将在第三章及第四章中做更为详细的介绍，在此就不再赘述。

上的多样化，管理学领域的学者才开始关注企业的政治战略与行为。但他们的大部分研究主要还是局限于非市场战略与非市场环境的互动关系上。随着非市场环境对企业行为和绩效的影响越来越大，企业非市场战略与行为的理论逐渐成熟和规范，如何将非市场战略与市场战略整合就成为战略管理领域的一个重要的新的研究主题（Baron，1995a，1995b，1997；Hillman & Keim，1995；Lord，2000；Salorio，Boddewyn & Dahan 2005 等）。然而，对企业市场与非市场战略及行为的整合研究是战略管理领域的新趋势，目前还处于"婴儿"时期，尚没有形成一个完善、成熟的理论和方法体系（Baron，1999）。现有的研究文献试图回答以下几个主要的问题：

第一，整合战略的动机是什么？多数学者通过实证的方法检验了非市场战略与市场战略对企业绩效（包括经济绩效及社会绩效等）所产生的显著影响（Lenway & Rehbein，1991；Cory，1995；Shaffer，1996；Hillman & Zardkooki，1999；Shaffer，Quasney & Grimm，2000；Quasney，2003 等），其中也包括许多中国数据的研究，如 Tian，Hafsi & Wei（2007），卫武（2006），贺远琼（2006）及田志龙、邓新明（2007）等。最近的研究焦点聚集在整合战略对企业绩效的影响机制研究上，即企业整合战略为什么及如何对企业绩效产生积极的影响作用。

第二，如何将非市场战略整合到企业传统的常规战略规划活动中？随着非市场战略管理理论的进一步完善，如何将非市场战略整合到企业传统的以市场战略为核心的战略管理体系中便成为亟待解决的重要研究问题。一些学者站在事项管理（Issues Management）的视角，提出将事项管理与战略管理思路相结合的整合计划系统理论框架（Hayes，1985；Ansoff，1990；Camillus & Datta，1991；Quazi，2001；Bronn & Bronn，2002 等），即如何将非市场事项管理融入到常规战略规划过程中去。其中非市场事项涉及政治事项、社会事项及环境事项等。然而，目前的研究仅仅停留在概念的分析上，并未构建起一个更为细致的整合模型，例如企业面临的非市场事项具体有哪些？这些非市场事项对不同层次的战略管理过程有哪些影响？企业通过哪些具体的非市场战略应对之？特别是中国转型经济的特殊环境下，非市场事项对企业经营有着更为显著的影响，在这样的背景下，有中国特色的整合模式是什么？等等，这些问题给后来的学者们留下了极大的研究空间。

第三，非市场战略与市场战略之间如何整合互动？目前众多学者对非市场战略与市场战略的整合互动研究还仅仅局限在从"是什么"及"为什么"的角度对整合思想进行探索，对"怎么样"的研究还少之又少。Baron（1997）认为整合应该在三个层级上：第一个层级是在企业的整体轮廓上；第二个层级是确定企业战略在哪里与其他企业的战略产生竞争；第三个层级是在企业职能上，例如营销、生产等。然而，诸如非市场战略与市场战略在企业激烈的竞争中如何更有效地整合？非市场战略与市场战略在企业内部的经营与管理中具体的整合方式及途径是什么？等等，这些问题仍然需要更多的学者通过理论及实证等研究予以回答。

第四，随着企业外部环境特别是非市场环境的发展，非市场战略及其与市场战略的整合有着怎样的演进过程？纵观对非市场战略及其与市场战略整合的现有研究，我们发现多数学者采取的都是相对静态的研究方法，比如横截面数据研究的抽样调查与统计分析等，这使我们根本无法回答一些关键的问题，比如企业市场与非市场行为与战略是如何随时间演变的；在行业环境的不同阶段，不同行为方式有怎样的变化等。少量学者以过程研究（process research）的视角，试图为现有的静态研究进行有效的补充（Hillman & Hitt，1999；Lamberg，Skippari & Makinen，2004 等）。但是，这方面的研究仍然集中于研究视角及方法的探究上，并没有实际地通过对大量纵向数据的长期追踪加以具体化和验证。

总体来看，以上研究均不同程度地涉及了非市场战略与市场战略的整合思路及概念框架，但对于企业应该如何整合市场战略与非市场战略的问题还缺乏深入细致的研究，而且大部分的研究仅单纯地集中于政治战略与市场战略之间的整合，或环境战略与市场战略的联系，并没有将政治战略与公共事务战略等作为一个整体，完整地论述非市场战略如何与市场战略整合。

2.5.2　中国的特殊性及研究空白

任何一个制度背景下的企业的外部环境都应该包括市场部分和非市场部分。在中国这样一个经济体制转型的国家中，非市场战略对企业的影响更加具有重要意义和特殊性。中国政府对企业和市场的影响非常大，且存在许多特殊情况，如何在市场化进程中建立符合市场规范的非市场战略是一个具挑战性的任务。此外，公众、社区、利益集团、新闻媒体等非市场力量的影响也日益显著，企业应当采取哪些有效的非市场战略，也是中国企业面临的关键问题。

可见，虽然非市场战略概念的提出来源于对市场环境和市场战略的研究，但是对中国企业而言，并非一定要在市场环境完善后才能考虑非市场战略问题。目前中国企业经营的现实是，由于缺乏专门的非市场战略研究和准备，企业在进行非市场行为时很多都是被动的，缺乏有效、规范和整体的政策体系，所以西方非市场战略的研究对中国企业有很大的借鉴和实践意义。

　　总之，西方学者所提出的研究推论或者说基本的概念框架是否适用于中国特殊的转型环境，目前还没有学者对其进行验证。其中只有贺远琼（2006）验证了 Baron（1997）所提出的"战略整合三层级"模型在中国环境中的适用性，并提出了企业整合市场环境与非市场环境的外部行为模式（即信息共享机制）。特别是以行业为背景，深入转型背景下的某个典型行业中，通过追踪大量的实地数据及深入的案例研究也是一个空白。

　　因此，企业如何有效地对市场战略与非市场战略进行整合？市场战略与非市场战略在企业外部的竞争及企业战略规划过程中通过哪些方式整合互动？这些战略随着企业外部环境的发展产生了怎样的演进过程？等问题都是值得进一步研究的，也恰恰是本著作研究试图回答的关键问题。

第 3 章　企业非市场战略与市场战略整合互动的理论框架

现代企业，无论规模大小，都是全球经济庞大系统的组成部分。随着现代互联网络的发展，信息交流更加畅通便利，企业的见识也更加广博，能够更深刻地感受到发生在世界各地的社会、伦理、政治等事务、事件和冲突。因此，对于一个兼具公民和管理者双重身份的企业家来说，把握企业与外部环境中相关利益主体之间的关系意义重大。我们必须认识到，企业所处的环境以各种各样行之有效的方式左右着企业的命运。成功的企业会有意将自己的非市场行为同市场行为有机结合在一起，成功的管理者会通过保持所有相关者的最大利益和最低冲突，发展业务和创造价值（詹姆斯·E·波斯特，安妮·T·劳伦斯，詹姆斯·韦伯，2005）。因此，根据第二章对目前国内外关于企业非市场战略及其与市场战略的整合研究现状的评述基础上，我们有必要突破传统的静态观点，运用系统的、互动的演进思路，将企业与外部环境、资源及利益相关者等竞争要素整合在一起，形成多层面的分析范式。系统地看，目前在理论界有两种可供研究的整合思：一种是战略规划学派提出的战略管理与事项管理的整合；另一种是资源学派提出的企业资源观与竞争观的融合。综合上述两种理论思路，本章将构建动态环境下企业非市场战略与市场战略整合互动的理论基础及研究框架。

3.1　事项管理导向的战略管理整合研究

如何在企业传统的战略管理过程中融入对非市场环境影响及相应的非市场战略行为的考虑已成为近年来战略管理研究的重要议题之一（Dutton & Ottensmeyer，1987；Bronn & Bronn，2002；Holtbrugge & Berg，2004）。本著作延承了 Camillus &

Datta（1991）及 Bronn & Bronn（2002）等学者提出了将事项管理与战略管理过程进行整合的思路，并通过进一步的剖析和探究，试图构建事项管理导向的战略管理整合模式。

3.1.1　以市场为核心的战略管理理论及其局限性

战略管理（Strategic Management）指的是企业依据所处的环境情况进行自我定位的全过程。企业通过提供产品或服务以及所选择的目标市场与其环境发生各种各样的联系。该理论强调，企业首先要对环境（包括宏观环境、行业环境以及内部条件）进行分析，找出机会与威胁，进而系统地且较为正式地确立其意图、目标、政策和战略，同时制定详细的规划实施其政策、战略，最后实现公司的目的和基本目标，这也是一个完整的战略规划过程（斯坦纳，2001），如图 3-1 所示：

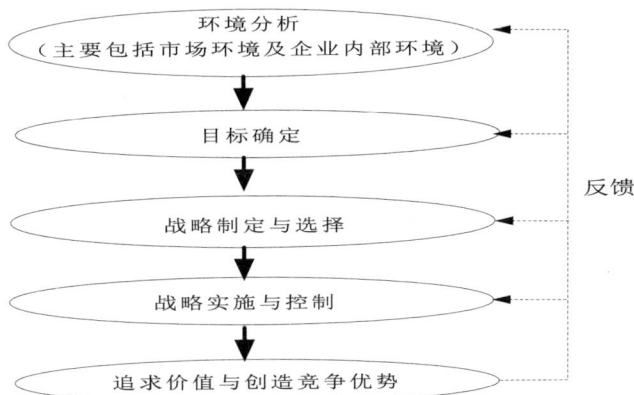

图 3-1　传统的战略管理规划过程

战略规划和战略管理作为第二次世界大战后管理领域所发展起来的新兴管理技术，在西方发达国家的企业中已经得到普遍的应用。20 世纪 80 年代以后，组织感受到了外部环境的不确定对其经营活动的显著影响，他们意识到，如何处理这些持续增长的动态性及动荡性将可能是其未来成功或失败的最重要的决定因素。此外，组织需要对这些环境变化增加更多的灵敏性和响应性，否则就很可能导致其成本的增加甚至危害到其生存（杨锡怀，1994，1997）。而传统的战略规划管理仅仅提供了一部分答案，以至在对待复杂的及动荡的环境中出现的间断及危机时无能为力。Ansoff（1990）进一步提出，传统的战略规划过程已无法充分地保证对未来不确定性的及时反应。原因有很多，包括技术领域的爆发性发展及其对经济环境的显著影响。但也有一些力量是相对较新的，如组织运营中涉及了越来越多的利益相关者，众多公众组织（如环保组织、劳工组织）逐渐壮大，特别是在影响企业经营运作的环境中，企业面临的非市场因素（比如社会问题、环境问题等）对企业的影响越来越大，它们像市场因素一样对企业的成败有显著影响（Baron，1995b）。因此，越来越多的人开始关注企业外部复杂多变的非市场环境，包括政治、社会及环境责任等，还产生了关于商业特征及意图的基本争论。Hayes（1985）认为为了以下目的，管理者必须战略性的思考：了解适当的外部环境；了解组织能力及目标；了解间歇性关联（loosely connected）事件间的关系；识别众多影响者；感知新机会；注意多种战略或解决方案。在不可预知的环境中降低不确定性并维持稳定的能力对组织来说是至关紧要的，并能对组织绩效及长期能力产生显著影响。

进入 20 世纪 70 年代，众多企业管理者和学者们认识到，企业在活动过程中面临的不再仅仅是单纯的经济影响，而将受到来自社会、经济和政治等诸方面的综合影响，由此产生的一些问题和危机可能直接影响到企业的生存（Cook & Barry，1995）。因此，企业有必要对环境中可能对企业造成影响的事项（issues）进行相应分析，并采取适当对策。事项越来越被作为战略管理的对象加以研究，并形成了战略管理的一个分支——事项管理（Issues Management），为企业在战略规划中处理环境关系的管理带来一种更具整合性的可持续性模式。

3.1.2　事项管理研究

事项管理起源于 20 世纪 70 年代的美国。与许多管理理论一样，事项管理也是从实际管理中发展起来的。W. Howard Chase 及 John O' Toole 用"事项管理"这个概念来定义那些他们认为对企业十分重要的，用于对抗那些试图向政府施压以控制企业活动的利益集团的战略行为（Heath & Associates，1988）。事项管理的一般方法是集中于识别并了解在企业环境（包括内部和外部）中作用的所有力量以及它们如何塑造环境（Chase，1984；Wartick，1987；Regester & Larkin，2002）。

与此同时，Chase（1976）将战略这个词引入，将事项定义为"战略性事项"，它是产生于一个组织内部或外部环境的发展（developments）或趋势（trends），能够影响一个组织目标及绩效的可感知事件（Ansoff，1980；King，1982）。相应的，学者们建立了战略事项管理系统（Strategy Issues Management System，SIMS）将事项管理模型系统化，并作为管理文献的一部分，研究它对传统战略规划过程的有效性。战略事项管理系统是一系列致力于感知、分析及回应战略事项的组织性程序及过程（Camillus & Datta，1991），它能提高一个组织的适应和学习能力（Duncan & Weiss，1979；Hedberg，1981；Normann，1985），帮助组织更迅速地预测及回应外部环境的变化。这些被监控及分析的事项包括人口、生活方式、资源、技术、公众态度、政府政策及经济趋向等（Dutton & Ottensmeyer，1987；Camillus & Datta 1991）[①]。

西方学者描述了战略事项管理系统在组织管理中的两种截然不同的作用：一个从工具性角度出发，这是基于企业必须监控其内部及外部环境以更有效地整合组织能力及资源，应对威胁和机会的假设（Christrensen，Andrews，Bower，Hamermesh & Porter，1982）。从这个观点看，战略事项管理系统看似能帮助组织主动适应环境的发展和利益相关者变化，甚至对其施加影响（Chaffee，1985）。战略事项管理系统的作用类似于环境的扫描仪或信息的传感器或传播者。另一个是从解释性角度出发，这个观点认为，企业通过其设计的结构来与组织成员沟通、共享事项的信息（Chaffee，1985；Ranson，Hinings & Greenwood，1980；Smircich & Morgan，1982）（见图 3-2）。战略事项管理系统是事项的积极回应者，对组织环境的含义进行分类和筛选（Daft & Weick，1984）。它们的行为过程包括创造、管理并解决战略事项的含义，使其以合法的、可控的及有效率的形象出现（Feldman & March，1981；Meyer，1984）。探测、解释或回应战略事项可以对关键组织利益相关者（如政府、公众）传达一种理性的及有效的组织决策形象（Feldman & March，1981）。

事项管理的结构

		结果	过程
事项管理的作用	工具性	事项识别的时机 事项识别的效率 事项识别的精确性 对决策者进行事项传输的时机和精确性 事项回应的完整性和精确性	事项识别 渐进的事项标准
	解释性	详细的事项信息 多层面的事项维度 事项的因果关系 事项分歧	决策的合法性 可感知的决策者控制力 事项响应度

图 3-2　事项管理系统的作用

[①]　本著作将事项管理与 Dutton 等人提出的"战略事项管理"(Dutton & Duncan，1987；Dutton & Jackson，1988) 相区别。本著作关注的是企业回应非市场环境中的社会、政治等事项或可能产生社会或政治回应的经济事项。而战略事项管理包括纯粹的竞争事项。但这些分别都是模糊的，因为事项识别要求组织决策者的解释 (Daft & Weick，1984；Dutton & Jackson，1988；Jackson & Dutton，1988；Rands，1993；Thomas & McDaniel，1990)，"一个事项的含义并不为环境事件所固有"(Dutton & Jackson，1987：77)。同样的事项可能唤起某个企业的市场回应及另一个企业的非市场回应。

　　日益不稳定的环境使企业持续地受到各类事项的影响，一部分提供了商机，一部分则带来了极大的威胁。有许多事例显示了企业若能较早地识别事项，认识到其战略意义并采取具体行动抓住机会，则能够获得持续的竞争优势。另一方面，也有许多事例显示了企业因为没能及时识别或回应相关事项而导致了失败。由于外界环境的急剧变化，管理者及学者们均不同程度地意识到企业不能再以静态的观点运行传统的战略规划系统，"环境不再清晰可分，战略不再持久不变，持续的环境监控和战略战术的修改成为必然，企业需要新的规划系统，它能灵敏地探测并回应那些可能表面看起来并不显著的关键事项"（Camillus & Datta 1991：74）。Baron（1995a，1997）提出，非市场环境对企业的影响主要表现为事项的形式，例如公益事项、政治事项以及环境事项等。企业应对这些战略事项的主要方式之一就是将非市场事项整合到正式的战略规划过程中，并通过适当的前摄性反应行为对其施加影响。

　　然而一些研究表明，在日益复杂和动态化的环境下，企业所需要的并非是抛弃传统的战略规划，而是根据特定环境要求和自身特点重新设计战略规划体系，将战略事项管理系统与战略规划系统整合，在战略思维和战略流程之间达成平衡，使战略规划系统更有效地对企业战略和绩效产生作用（Grant，2003；Brews & Hunt，1999）。换句话说，事项管理和战略管理必须互为补充。而且就目标来说，战略管理的目标是"使得组织对于利益相关者更有价值"。事项管理的目标是"发展企业政策和支持性活动来参与解决社会政治和经济问题，并可能影响组织未来生存和发展的公共政策过程"（邹鹏，田志龙，2001）。由此可见，事项管理是战略管理的一个组成部分，它希望通过加强组织对于环境变化反应的有效性来解决外部事件。

3.1.3　事项管理系统与战略规划系统的整合

　　表 3-1 显示了事项管理系统与战略规划系统间的显著差异，这使得我们能够更好地理解两者间的互补性，为整合提供了必要的思路。

表 3-1　战略规划系统和事项管理系统的区别比较

战略规划系统	事项管理系统
· 事前行动 · 对强信号的回应 · 直接涉及组织的事项 · 以组织期望的景象为特征 · 以现有组织为导向；受现有结构影响	· 持续性行动 · 选择"较弱的，不显著的"信号 · 接受那些并不具有直接且即时影响的事项 · 确定识别事项的结果以聚焦那些可能减少负面影响的行动 · 以非传统模式的思路和行动为导向

实际上，事项管理为战略家们提供了一个意义重大的选择，如果没有事项管理，战略家们将被局限于仅仅通过组织变革来被动地适应环境变化的活动。而有了它，组织领导者们将可以通过影响环境来更好地为利益相关者群体创造价值。

3.1.3.1　整合的必要性

战略规划系统的一个特点是其规划周期（循环）是事先计划并间隔重复，频率则取决于企业特征、行业特征（包括竞争程度）及企业所面临的环境不确定性或动荡性的程度等因素。然而，复杂组织中全面的规划过程一般要稳定 3—5 年时间，太过频繁的重复则可能流于形式，并不真是灵敏及富有创造性的活动。另一方面，正如 Hayes（1985）指出的，环境的变革大大超出了事前的预测，使得基于预测而详细设计的战略变得无效。在这种情况下，严格的规划大大降低了组织的灵活性，导致其失去了市场机会。因此，事项管理系统能通过帮助组织预测及回应外部环境的变化促使其实现目标。比如，美国银行利用事项管理处理意外的环境事件。其事项管理活动的一个主要目标就是察觉环境变化的微弱信号，而这个变化在未来可能会对组织产生显著影响。

事项管理系统从两个截然不同但相互补充的途径提高组织的适应能力：第一，事项管理系统能收集，发布及解释信息，通过这些行为识别那些要求管理的事项（Daft & Weick，1984）。因此，管理模糊性（Weick，1979）或减少不确定性（Thompson，1967）的事项管理系统能够实现组织与环境之间的适应甚至联合。毫无疑问，企业（特别是跨国企业）开始重视事项管理，并愿意对这类活动分配更多资源。然而，多数企业仍然不确定事项如何被管理或事项管理如何与规划过程整合。

尽管战略规划系统及事项管理系统都有各自的优点，但单独运作将可能浪费大量资源却无法实现相应的利益。更合适的做法是调和并整合这两个系统以提供两者融合后的更大效力。两者的整合不仅不会相互削弱或改变其各自基本的目的，反而能使预期的作用发挥到最大。两者间的关系是相互支持、协同的。

3.1.3.2　不同类型事项的整合

关于在企业战略规划过程中关注事项管理的研究首先起源于学者们对公共领域事项的关注（如公共关系、社会公共问题等）。Carroll & Hoy （1984）认为企业必须努力将公共事务分析整合入整个战略中。1990 年，Brad Hainsworth 在其论文中描述了事项管理的重要性："如果企业战略的目的是为了在社会领域中最大化其利益且最小化其损失，那么事项管理必须是整个企业规划和管理的核心元素之一。"

（1990：491）Porter & Kramer（2006） 在探讨政府、社会对企业经营的显著作用的基础上，提出企业在战略规划过程中应融入企业社会责任事项的思路。许多学者则强调了在企业战略计划中分析宏观社会公共事务的重要性（Hofer，Murray，Charan & Pitts，1980；Aupperle，Carroll & Hatfield，1985）。

在西方学者的研究中，对于环境事项管理的研究也较多，他们主要探讨了战略管理与自然环境之间的关联性（Shrivastava，1993；Dechant & Altman，1994；Russo & Fouts，1997；Stead & Stead，1992 等），并进行了实证及案例研究（Douglas &Judge，1995；Quazi，2001 等）。其中，Douglas & Judge （1995）的研究发现将环境事项整合到战略规划过程中对企业的财务绩效和环境绩效有显著正影响，而且投入一定的资源以及让各个职能部门协调运作可以提高环境事项与战略规划过程的整合程度。他们衡量环境事项与企业战略的整合度用了下列指标：环境事项与规划过程的整合度、环境事项与战略任务陈述的整合度、高层管理者做出前摄性决策、环境工作人员在规划中的参与度等。Quazi（2001）基于七个在新加坡经营的跨国企业的案例，分析整合环境事项管理实践与组织战略规划过程的特点及程度。文章显示大部分案例企业都有完善的环境管理系统，能满足新加坡企业杰出构架（the Singapore business excellence framework）的战略规划标准的要求。实质上，企业环境战略是非市场战略的主要组成部分之一（Levy & Egan，2000；秦颖，武春友，孔令玉，2004；贺远琼，2006；樊帅，田志龙，2007）。

随着 20 世纪 70 年代战略管理领域学者对企业政治行为及战略研究的兴起，西方学者对于政治事项如何整合到战略规划过程中的讨论也日益增多。他们主要是集中于构建概念性的整合模型（例如，Reeves，1993；Palese & Crane，2002；Miller，1999 等），但仍缺乏实证及案例研究来验证这些概念性模型。Jones & Chase （1979）认为企业在道德上及法律上都有权利帮助政府政策的制定而不是仅仅等待政府政策的出台。为了使政策符合其利益，许多企业必然会将事项管理作为其战略规划的一个重要组成部分，成为企业生存的基本因素。Bucholz（1992）则将企业政治行为与事项生命周期联系。他描述了公共政策事项生命周期经历了的几个阶段：①公共选择形成，即，随着一般公众变成政治议程的一部分，这时部分利益相关者对事项产生兴趣；②公共政策形成，这时事项进入政府部门进行商讨；③公共政策执行阶段，即政府通过新的法律并由执行机构予以实施。在事项生命周期中，Bucholz（1992）认为企业应该采取不同类型的政治战略。

3.1.3.3　构建整合框架

实际上，非市场环境通常是通过某一事项对企业产生影响（Baron, 1995a）。因此，企业非市场战略与市场战略整合的可能途径之一就是将非市场事项管理整合到企业传统的以市场战略为中心的战略规划过程中去（Steiner, 1979）。Camillus & Datta（1991）认为，整合战略规划系统是一套组织的任务定义和确保相关信息被获得的过程，以整合和内部一致的方式阐述并评价战略选择。他们构建的整合概念框架中将企业要处理的事项划分为三类：第一类事项影响企业战略目标层；第二类事项影响企业的战略方案制定层；第三类事项则影响企业的战略实施层。Bronn & Bronn（2002）在此基础上进一步提出，企业对非市场环境应主要采用事项管理的思路，而市场行为应持续地关注企业经营部分，非市场行为则通过作用于非市场环境事项来保障、支撑企业经营活动，并与市场行为整合协同。学者们一致认为，事项管理与战略规划系统的整合过程，为两者间建立了协同的及相互支持的关系。图 3-3 描述了这一整合过程：

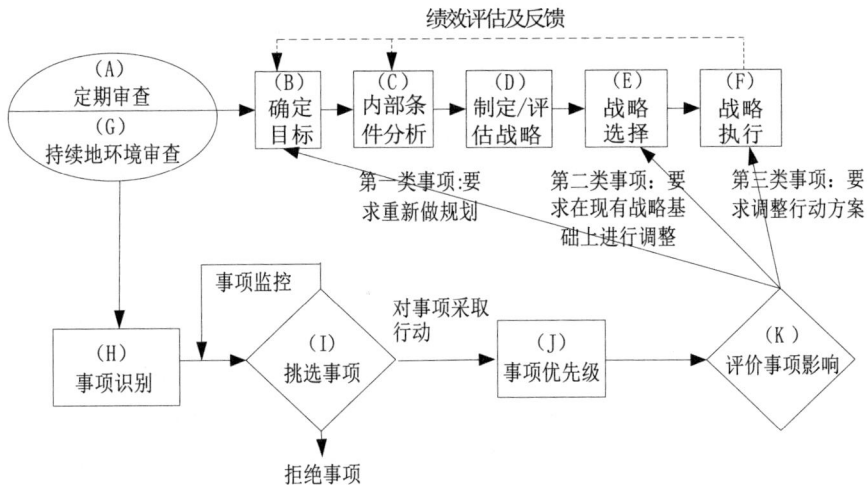

图 3-3　事项管理与战略规划系统的整合过程

图 3-3 的上半部分是传统的以市场为核心的战略规划过程，图 3-3 的下半部分则是对非市场事项的识别、筛选及评估，并影响战略规划的不同阶段及不同的战略层次。在现今日益激烈的竞争环境下，任何有效的战略规划过程都应要求对企业的非市场环境进行仔细的监控，以使其更有效地识别更多威胁和机会，从而分配企业的能力和资源。值得注意的是，发生在战略规划过程开端（A）的扫描行为具有周期性及导向性的特征。这些环境扫描倾向于关注那些被视为对组织战略方向有重要决定作用

的非市场事项。但是，周期性扫描无法预测所有潜在的事项周期间的间断性，而非相关性的持续扫描又必须支付额外的资源投入。因此，为了使扫描过程更有效，该模型建议一个持续的自我指导行动作为潜在的重要信息的选择来源。非市场事项可供分析的信息范围及信息连贯性的程度都是变化的。有时信息的可得性和连贯性都比较低，从而导致事项显著程度的不确定和不明显。此外，越早地识别可能给企业经营带来潜在影响的非市场事项，能为企业提供彻底地分析其潜在影响的机会，并在组织环境变得无法控制前制定有效的应对方案。事项被识别后，需要被分为两类：①足够清晰可立即采取行动的事项；②还不够清晰，仍需要密切监控直到有更为清晰的信息出现。

战略规划过程与事项管理整合的思路是企业整合非市场与市场战略的可供参考的研究途径之一。它不仅为企业提供了与传统战略规划模式相似的战略方向（导向），还通过在适当的层次做出必要的改变来对越来越显著的非市场环境做出回应（即对非市场事项持续的识别与评估）。通过整合，企业能够确保战略规划与组织的社会政治环境及其经营中的主要发展保持一致（Arrington & Sawaya，1984）。通过适当的设计及执行，事项管理能为战略规划过程增加三个活动（活跃性），包括预测、政策发展及沟通。

但是，关于战略规划过程与事项管理整合的概念框架仍聚焦于过程中的设计及选择阶段。在企业的经营实际中，Mintzberg 等（1976）通过追踪美国企业高层经理的工作后发现，他们的大多数时间是花在决策制定过程中，然而涉及非市场事项及其影响的清晰界定等的相关活动则非常少。同时，企业如何实施不同类型的非市场战略应对这些非市场事项？它们如何与企业传统的战略管理过程整合协同？在中国特殊的经济背景下，这种整合模式又会体现出怎样的差异性和特殊性？这是目前战略管理与事项管理整合研究的一个显著局限，也是本著作需要回答的问题之一。

3.2 资源导向的市场与非市场战略竞争互动研究

企业竞争优势一直是企业战略研究的核心问题。传统的以市场为核心的经典战略管理理论强调了企业所面临的市场环境以及企业如何参与市场竞争从而获取超额利润（Bain，1956，1959；Porter，1980，1985；Grant，1991 等）。然而，企业战略规划过程对非市场事项及战略的整合会产生哪些独有的竞争优势，这种整合在企业实际的竞争中又是如何实施的？ 国外关于企业战略的研究基本上可以分为两大派：

以 Porter 为代表的竞争理论和以 Wernerfelt，Barney 等为代表的资源能力理论。从历史发展脉络来看，这两种理论是在彼此分立和质疑中逐渐发展起来的，而目前的国外文献显示，这两种理论相互吸纳对方的观点并走向融合。本节基于企业资源理论和竞争理论的融合趋势，着眼于企业竞争战略及行为本身，引入经典的竞争互动研究，从而构建事项管理与战略管理整合模式下企业非市场战略与市场战略及行为的整合互动方式。

3.2.1　资源观与竞争观的融合

企业为什么会成功或失败，这是战略管理领域研究的核心问题（Porter，1991）。Porter（1980）从企业外部，即从产业结构（Industry Structure）角度研究企业竞争力的来源，并构建了"五力分析模型"（Five Forces）。另一方面，一般资源观研究同样包含两个最基本的假设，即关于"企业是什么"和"企业的长期竞争优势从何而来"。Penrose（1959）、Wernerfelt（1984）、Barney（1986，1991）等学者认为，企业是"资源的独特集合体"，而企业的长期竞争优势来自于企业所拥有和控制的难以模仿、难以交易的特殊资源和战略资产，这是从企业内部资源能力的角度来研究竞争优势。

3.2.1.1　竞争战略理论与资源理论的纷争与融合

哈佛商学院教授迈克尔·波特在《竞争优势》一书中指出，竞争战略的实质就是将一个企业与其环境联系起来，因为产业结构强烈地影响着竞争规则的确立以及潜在的可供企业选择的战略，同时影响企业的竞争优势。任何产业，无论是国内或国外的，无论生产产品或提供服务，竞争规律都将体现五种基本的竞争作用力：包括"买方谈判力"（Bargaining Power of Buyers）、"供应商谈判力"（Bargaining Power of Suppliers）、"现有竞争者的竞争"（Rivalry among Existing Competitor）、"替代产品及服务的威胁"（Threat of Substitute Products or Services）和"新进入者威胁"（Threat of New Entrants）（Porter，1980）。这五种基本竞争作用力决定了一个产业内部的竞争状态和该产业的最终利润潜力。

而资源理论的代表学者之一 Wernerfelt（1984）则认为 Porter（1980）主要是从产品角度而没有从资源角度对企业的竞争战略及竞争优势进行分析。他认为资源角度比产品角度更合理。由于异质性和不可移动性的存在，企业一旦预先占有某种资源就会获得先行动者优势（First Mover Advantages），在该资源上获得强势（Strength）地位，并对随后的资源获取者的成本或收益产生不利影响，从而形成某种资源位置障碍（Resource Position Barriers），为企业带来持续的超常收益。Barney（1986）提出"战略要素市场"（Strategic Factor Market）的概念批评 Porter 的环境分析方法。他认为，企业绩效不仅仅依赖于是否通过战略创造了市场，还依赖于实施这些战略所要付出的成本。如果实施战略的成本高于回报，企业将无法获得好的绩效。而只有当企业具备独特的资源或能力，才能形成并实施好的战略。

基于资源理论学派的批评，Porter 在 1985 年的《竞争优势》中引入了"价值链"的分析框架，用于对企业内部活动的分析。他认为，企业成功是企业所在的"产业吸引力"（The Attractiveness of the Industry）和企业在该产业中的"相对位置"（Relative Position in That Industry）的函数。这实际上修正和补充了 Porter（1980）的论断。通过构建合理的"价值链"，企业可以比竞争对手以更有效的方式开展战略活动，从而赢得竞争优势。这个观点在一定程度上与资源观相统一。在此之后，资源观学者似乎开始认同和接纳竞争理论的思想，并将自己的 VRIO（Barney，2002）分析框架看作是 Porter 竞争理论的补充和逻辑扩展（Barney，2001，2002）。Barney（2002）肯定了 Porter 的环境分析方法和"价值链"工具的作用，并将"五力分析模型"、"价值链"和 VRIO 三者共同作为对企业竞争优势分析的互补型工具。他认为"五力分析模型"和"价值链"都是战略分析的重要工具，但为了选择使企业绩效最大化的战略，这两种工具还应和 VRIO 分析框架一起使用，以发挥其定性评价的作用。综上所述，从发展过程来看，竞争理论和资源观正从过去的相互批评而逐渐彼此吸纳和融合，当然这个融合的过程还很漫长，还需要理论界的进一步深入细致的研究。

3.2.1.2　基于资源理论的竞争战略研究

迈克尔·波特的竞争规律分析已经部分反映出了现代企业竞争的"全方位、多角度"的特点，但是，一些学者则认为，波特的分析视角还不够宽广，除了对上述五种竞争力量的关注以外，现代企业竞争的分析还应该扩展到企业与其相关的供销商、竞争者、消费者、内部员工以及影响者（主要指政府机构、社会公众等）等多方面利益主体的间接"竞争"关系上。所以，分析、研究与这几种势力的关系，往往能为企业获得竞争优势开辟新的思路和方法（魏宇，赵波，2002）。

实际上，资源概念是基于资源理论的竞争战略研究的基石。Penrose（1959）在竞争战略层面上对资源问题的研究首次架起了资源理论与竞争战略理论联系的桥梁。随后，Barney（1991）提出企业竞争优势之所以能持久，是因为企业拥有异质性资源。Peteraf（1993）进一步概括出了能够为企业带来竞争优势的资源的四个条件：①企业的异质性；②对竞争的事后限制；③不完全流动性；④对竞争的事前限制。随着对企业资源问题研究的进一步深入，资源概念的外延也处在一个不断发展的过程之中。Oliver（1997）提出了"企业内部稀缺的生产流程、商誉、专利、专有技术以及和客户、社区乃至政府这样的制度参与者形成的制度资本都是资源"的观点（葛清俊，肖洪钧，2007）。

从近来资源观的研究方向来看，学者们正将资源的概念外延扩大化，这些资源不仅包括资金、市场等有形资源，还包括政府提供的优惠政策、企业美誉度、企业的公众信赖程度等无形资源（Barney，1991），以及企业与政府部门和相关利益者（如银行、非政府组织、公众等）的关系资源（福斯·J & 克里斯第安·克努森，1998），这进一步完善和丰富了资源观，也为持续竞争优势提供了更充分的理论支持。在企业竞争战略理论与资源理论融合的基础上，图 3-4 显示了当现代资源的概念外延不断扩大之后，企业非市场战略行为可以通过增加企业资源的稀缺性、不可模仿性、价值性和不可替代性等特征，从而帮助企业获得竞争优势。

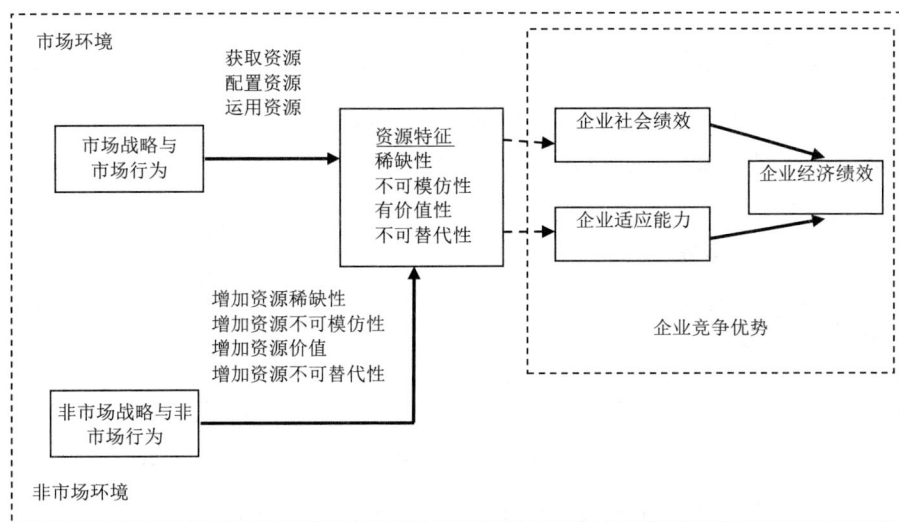

图 3-4　整合市场战略与非市场战略的企业资源优势

（1）增加企业资源的稀缺性。如果很多相互竞争的企业都拥有同一有价值的资源，那么这种资源极少可能成为竞争优势的来源（Barney，1991）。例如，2001 年末民营企业吉利公司通过一系列非市场行为最终登上了国家汽车生产目录，获得了生产小轿车的资格。然而国家政策的大门仅仅对吉利公司开放之后就对其他民营企业关闭了，从而使得吉利公司提早数年获得了较其他民营企业而言的"稀缺资源"——生产许可资格。

（2）增加资源的不可模仿性。大量的资源是嵌入在复杂社会关系中的（Dierickx & Cool，1989），例如企业经理与政府官员的良好个人关系、企业在供应商中的声誉（Porter，1985）、企业在顾客中的声誉等。那么一旦企业获得了这种资源，则其他竞争对手获得这种资源的能力将受到极大的约束和限制（Barney，1991）。例如，政府为鼓励企业创新工作，每年会给部分企业提供一笔科技创新基金。在访谈中，某公司经理曾说道，"我们公司每年都可以得到政府项目基金。关于这笔基金的信息并不是所有企业都知道的，因为我们和政府官员很熟悉，所以他们会告诉我们相关信息，然后我们会积极申请，并得到基金资助"。

（3）增加资源的价值性。只有当企业资源有价值时，它才可能成为竞争优势的来源。资源的价值主要体现为它能通过开发新的机会或者降低外部环境产生的威胁从而提高企业效率和效益（Barney，1991）。在非市场环境中，资源的价值性还体现为它获得合法性，即得到政府、社会公众等利益相关者的认可和支持（Oliver，1992，1997）。

（4）增加资源的不可替代性。企业在非市场环境中与利益相关者的关系网络的构建是一项长期的、复杂、消耗精力的事情（Thorelli，1990），它们在长期互动中形成的信任关系很难在短期内被其他资源所替代。例如，由于一些企业高层经理是人大政协代表，也是企业代言人，他们频繁参与企业非市场活动，所建立的关系增加了企业资源的不可替代性。

因此，伴随着资源概念的演进，融合了资源观的竞争战略理论已经将企业竞争优势的来源拓展到了包括信息、组织以及声誉和制度在内的所有资源层面。Barney 等在竞争战略理论框架下对资源概念的界定使竞争战略理论的逻辑重心发生了很大的转变，资源从此成为企业竞争战略分析的重要基础和企业获取竞争优势的关键因素。

3.2.2　资源导向的企业市场与非市场行为竞争互动研究

产业内企业间的竞争反应行为是战略管理理论研究的基本问题之一（Porter，1980），他动态地描述了企业在产业竞争中不断发掘核心资源诸如规模、声誉、消费者和利润等，以获得竞争优势的过程。如果企业的竞争优势并不是建立在独特的和不可模仿的资源的基础上，那么企业即使远离竞争也可以获得竞争优势（Barney，1991；Faby，2002），由此对竞争优势的追求，也就是对这些核心资源的争夺导致了竞争行为的产生。

在传统的竞争分析中，竞争就是企业之间（特别是同行业企业之间）针对市场上的最终消费者而开展的各种针对对手的生产经营和管理活动（魏宇，赵波，2002）。学者们更多地关注企业在产品或服务以及顾客等领域的竞争，也即是基于企业竞争市场的下游领域（Smith，Grimm，Gannon & Chen，1991）。随着竞争越来越动态化，这种观点严重制约了企业对现代竞争领域、竞争概念的深入认识。作为一个开放系统，现代企业的竞争应在更广阔的领域内与供应商、竞争者、政府机构及社会公众等多方利益相关者建立关系并相互影响（魏宇，赵波，2002）。因此，在竞争战略理论和资源理论逐渐吸纳和融合的过程中，学者们一致认为，基于企业具体竞争行为的竞争互动研究对这两个理论做了一定程度的整合（Grimm & Smith，1997）。

然而，随着理解界对企业竞争资源概念外延的不断拓展，现有的竞争互动研究也存在着明显的局限性。它忽略了一个显著的事实，即部分竞争资源是嵌入在非市场环境（包括政府政策、社会关系等）中的（Oliver，1997），而非市场环境强烈地影响了企业的生存和竞争成功（Bresser & Millonig，2003），企业可以通过针对非市场环境实施的非市场战略来获得资源（Baron，1995b，1997），并参与竞争。因此，以市场及产品为核心的传统竞争互动研究所忽略的，正是企业通过非市场行为能够获取的包括政治、社会及立法等领域内的更广泛的核心竞争资源及能力。

因此，在本著作中，为和其他竞争战略理论相区别，我们将以资源要素为逻辑重心的竞争互动理论定义为资源导向的竞争互动。资源导向竞争互动的实质就是以企业竞争行为为分析单位，着眼于分析企业各类资源竞争行为，通过不断地争夺和获取独特的异质性竞争资源借以达到提升企业竞争优势的竞争战略目标。图 3-5 显示了资源导向竞争互动的思路：

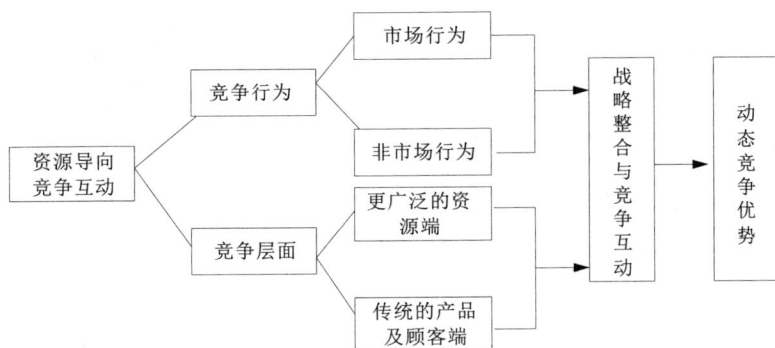

图 3-5 资源导向的企业竞争互动的研究框架图

根据图 3-5 我们可以看到，在资源导向的竞争互动中，竞争行为被划分为市场竞争行为和非市场竞争行为，它们共同在包括更广泛的资源端和传统的产品及顾客端的两大竞争层面上竞争，产生了竞争战略的整合与互动关系，最终形成动态的竞争优势。在传统的竞争互动理论中，将企业竞争行为分成战略（例如，设备引进、并购、战略联盟、推出重要的新产品或服务等）与战术（例如，价格波动、广告、增加产品品种、服务调整等）两种。然而，传统的竞争互动理论无法很好地解释在市场与非市场环境的动态影响下，相应的，企业非市场战略行为的竞争机理及其与市场战略行为的竞争互动规律。因此，在图3-5中，我们将竞争行为二分为市场行为与非市场行为。此外，过去学者们在竞争互动领域的研究主要关注的是产品及顾客的市场层面的竞争行为，而在非市场环境越来越显著的影响下，应当在竞争层面加入更广泛的资源端竞争，特别是以上提到的存在于非市场环境中的无形及关系资源等。基于资源层面的竞争与传统竞争有着较大区别，主要表现在：①竞争更激烈，更复杂，因为资源的种类、特点比产品更复杂；②要考虑的企业的因素更多更复杂，例如产品及顾客领域的竞争互动，更多考虑竞争对手的反应，但是资源领域的竞争互动，还要考虑企业自身对资源的整合能力，能否对资源进行有效利用，因为对在资源领域的投入（commitment）所花费的成本更大，企业需要更谨慎；③可能引发更大的竞争反应，资源端的竞争将引发更大范围和程度的竞争反应，因为可能是长期的，不像价格竞争那样是短期的；④资源端竞争政治化程度更高，即企业在政治领域中对关键资源的争夺。

总之，世界经济一体化的趋势使得企业对资源的争夺扩展到了全球市场范围内，同时，过去企业资源整合的研究中也忽略了部分资源是嵌入在包括政府政策、社会关系等在内的企业外部环境中（Oliver，1997）的事实。因此，在全球性资源争夺背景下企业的资源整合内容及竞争实践需要新的理论及实践指导。同时，在经济全球化的趋势、竞争的加剧产业边界的融合与变动、信息技术变革的加速以及文化、制度、市场、顾客需求多样化等因素的影响下，企业竞争环境和竞争规则发生了深刻的变化，企业家感到竞争环境越来越复杂，竞争内容的变化越来越快，竞争的动态性越来越强。关于企业非市场战略与市场战略整合的思考需要更多动态性的研究视角的加入，而目前仅有极个别的文献尝试将竞争互动理论融入到企业整合战略的分析中（Quasney，2003）。因此，资源端企业竞争互动的特点是什么？资源领域的竞争互动与产品顾客领域的竞争互动有什么关系？资源导向的企业竞争战略与产品导向的竞争战略有何不同？企业如何基于资源端的竞争互动整合市场与非市场战略及行为？等等，这些问题仍旧需要更细致的探讨与分析。

3.3　非市场环境与战略的动态演进

随着当今社会竞争的逐渐加剧，企业外部环境的日益复杂，Baron（1995a）提出，企业在实施市场战略时必须采取非市场战略并将非市场分析及战略模式融入到整个战略过程中。他强调了整合战略集中于商业战略中的市场与非市场部分的回报及协同，以产生较高的绩效（1997：162）。这里包含了三层含义：①企业面临的市场环境与非市场环境的协同；②企业的市场行为与非市场行为的整合互动；及③企业面临的环境与采取的行为的相互影响与协同演进。实际上，20 世纪六·七十年代，西方学者开始大量关注企业非市场行为的研究，至 90 年代将市场行为添加进来研究两者的整合，均主要集中于企业如何通过积极的干预方式来"管理"他们的社会及政治环境以获得竞争优势（Baron，1997）。这种方式是一种环境导向的（即通过作用于环境来对未来产生影响）或至少定位于使得他们更好得应对影响企业的社会及政治团体的力量（Lamberg，Skippari & Makinen，2004）。这实际上就已经包含了环境与战略相互影响的思想。因此，在以上关于企业战略规划整合过程及战略互动关系的理论探讨下，本节从共同演进理论（Co-Evolution Theory）的角度出发，为企业战略整合提供一种动态性的演进思路。

共同演进理论早期是从生态学领域引入管理学中的。用于处理组织人群的演进、新行业的出现（Aldrich & Mueller，1982；Aldrich & Zimmer，1986），短期采用的组织形式（Levinthal & March，1993），有利条件的影响（Stinchcombe，1965）或转型行业中技术创新的作用（Perez，1983，1985；Schumpeter，1934）等内容。表3-2 总结了早期共同演进理论的各种研究角度、研究内容及主要研究者。

本著作主要强调共同演进理论中关于环境演变和组织战略演变的同时性（McKelvey，1997）的观点。McKelvey（1997）认为要用一种共同演进的角度去研究组织及环境的相互影响。他采取了历史的观点来研究一段时期内的组织（Kieser，1994；Calori et al，1997），强调企业与其环境的共同演进。Lewin & Weigelt（1999）认为竞争环境、企业目标及企业制度环境等因素共同演进的结果是新组织形式的产生及组织能力的进化。因此，研究组织与环境共同演进的过程是通过"详细的，可比较的及纵向数据"来描述及评估一段时期内的变化，这要求研究者使用历史性方法及技能（Pettigrew，1985，1990，1992，1997；Van de Ven，1992；Van de Ven & Grazman，1999）来追踪一段时期内环境与组织变化之间的关系（Aldrich & Mueller，1982；Tushman & Anderson，1986；Romanelli，1989，1991）。基于历史的，纵向数据的叙述性方法是用以识别事件的顺序及验证这些顺序如何与前者联系并影响结果（Paterson，1991；Pentland，1999）。通过观察宏观社会经济条件、企业战略、制度角色及竞争动态等因素间的共同演进来研究一个行业中企业与环境的相互影响是可行的（Levy，Long & Carroll，1999；何静，谭劲松，陆园园，2006）。

表 3-2   早期共同演进理论的研究角度、研究内容及主要研究者

共同演进的研究角度	研究内容及研究者
历史演进	重商主义取代原始教条（Kieser，1989） 机构制度的出现（Weber，1978） 法国及英国企业历史性制度分析（Calori et al.1997）
共同演进的层级	微观及宏观性共同演进（Mckelvey，1997） 组织、人群及社区的共同演进（Baurn & Singh，1994） 内生及外生环境（Pettigrew，1995）
动态与静态的互动过程	设定与问题的互动（Weber，1979） 变化、选择及保持（Aldrich，1979） 相互学习（Nelson & Winter，1982；Levitt & March，1988）
共同演进系统的合作	能力与竞争的共同演进（Huygens，1999；Levinthal & Myatt，1994） 动态与静态的协同过程（Baurn & Singh，1994；Levinthal，1991；Mezias & Lant，1994） 学习联盟（Harnel，1991） 联盟的共同演进（Koza & Lewin，1998）
微观性共同演进	组织内部动态过程（Burgelman，1991，1994，1996） 内部组织层分析的选择及适应（Galunic & Eisenhardt，1996）

对于环境与战略共同演进的研究而言，除了上述需要强调的研究观点和研究方法外，背景条件的选择也是至关重要的。什么样的背景才能够体现出环境与战略之间动态的相互作用？它们之间是如何作用？这些问题都是直接依赖于研究环境的选择，而恰当的环境对数据收集乃至整个研究的成败起着关键的作用。企业市场环境与非市场环境的协同、市场行为与非市场行为的整合，以及战略与环境的协同演进

都起源于西方，并在西方经济背景下得到有效的研究和发展。众所周知，中国的经济、政治环境与西方存在着极大的不同，将起源并发展于西方的这些研究内容引入中国的大背景下有意义吗？Meyer，Brook & Goes（1990）和 Peng（2003）提出，中国转型经济过程中连续性剧烈动荡为诸如环境变化与战略反应等组织管理领域动态关系的研究提供了一个得天独厚的机会。Tan & Tan（2005）进一步认为可将中国转型经济视为一个复杂适应性系统 CAS（Axelrod & Cohen，1999），具备动态性、有边界的网络结构、差异性和非线性关系。动态性是指系统内以及系统与其环境之间各组织持续不断地相互作用，并由此产生的不确定性、动荡性和不可预见性。有边界约束的网络结构是指系统内各组织之间相互作用和影响行为在某种程度上存在强有力的限制。差异性意味着在系统内部存在各种不同类型的组织，它们之间进行的信息交换以及组织自我学习和调整，都将对环境产生影响。非线性关系表现了系统内各组织之间正、负反馈交织而成的复杂关系，由此带来结果的不可测性（Axelrod & Cohen，1999）。正是由于中国转型经济所具备的以上特性，而且这些特征在较短的时间内同时作用，才导致其中环境与组织战略能够在相对较短的期间表现出明显的相互作用关系，从而为研究它们的共同演进提供了极为有利的条件，特别是大大提高了数据采集的可行性（Tan & Litschert，1994；Tan & Peng，2003）。因此，在中国背景下，研究某些行业中企业市场环境与非市场环境的协同、市场行为与非市场行为的整合，以及战略与环境的协同演进等内容是有价值的。

　　纵观对市场与非市场行为及其整合的现有研究，我们发现多数学者采取的都是相对静态的研究方法，比如横截面数据研究的抽样调查与统计分析等，而在企业的市场与非市场战略及其整合随着外部环境的改变会产生变化吗？又是如何随外部环境的发展而演变的？等等，都是尚未解释清楚的问题。因此，共同演进理论为企业战略整合研究提供了关于组织战略与组织环境之间存在共同演进的动态影响过程的理论观念和基础。一方面，行业市场环境与非市场环境的协同变化过程促进了企业应对环境所拥有的资源与能力的增长；另一方面，企业在不断与外部环境的各种力量的较量过程中，逐渐熟悉和适应了环境的影响，试图通过自身各种战略的整合互动来影响现有的规则朝着有利于自身发展的方向改变，甚至制定新的规则，以期创造更好的发展空间和经营环境。这种环境与战略之间共同演进、相互适应和相互匹配的关系在中国这种转型经济背景下得到了充分的体现。

在前面的叙述中，本著作拟采用事项管理的角度来探讨企业非市场环境与市场环境的协同与发展。许多年来，西方学者研究的大量模型都用来解释事项如何与企业及公共政策一体化，它们如何在公共政策议程中出现（Eyestone，1978；Cobb & Elder，1972；Kingdon，1984；Post，1978；Preston & Post，1975；Tombari，1984）。Post（1978）及 Buchholz（1992）等学者提出了生命周期模型，描述事项依次经历的各个阶段：首先，公共期望与企业绩效之间的差距导致事项产生；其次，政治争论或政治活动的阶段，政府机构开始对事项形成一个立法性内容；再次，立法阶段，关于事项的法律法规的制定及颁布；最后是实施阶段，在企业及相关政府机构之间实施具体细节。事项的开始到完结再到下一个事项的开始的循环过程便是由一个个事项所组成的企业外部环境的演进过程（Wartick & Mahon，1994；Reeves，1993）。部分学者对这个模型进行了两个方面的修改：第一个修改是 Mahon 及 Waddock（1992）提出的综合系统事项模型。这个模型清晰地认识到一个事项的不同时期将牵涉不同的利益相关者，一个事项可能在不同阶段同时发生，取决于每个利益相关者的态度和行为。然而，这些因素（或其他因素）如何影响一个事项的进化还有待研究。另一个修改试图综合事项管理文献与生命周期观点（Bigelow，Fahey & Mahon，1991）。他们描述了事项的四个阶段：出现、解释、定位及解决。Tombari（1984）则提出的一个经典事项生命周期模型，包括三个关键点。第一，一个解决方法引入后事项仍动态的持续。第二，以关注程度及时间为纵横坐标描述了事项生命周期的三种结果：一是在解决方法有效使得后续方法引入巩固事项的持续；二是解决方法失效，对事项新关注的出现，从而导致事项生命的再次循环；三是解决方法无效但事项影响力下降最终失去关注，不了了之。第三，他认为新事项的发展正巧是前一个事项的解决。该模型的贡献在于它试图连接企业相关利益者及政府政策决策者，帮助理解在事项的不同生命周期阶段，企业行为的变化及其对事项生命的影响。还有一些学者提出了综合模型，强调将生命周期方法用于政治领域（Bigelow，Fahey & Mahon，1991），假设事项的线性前进（Mahon & Waddock，1992）。

综上所述，本著作提出通过事项生命周期管理模型来动态性的研究企业非市场环境与战略的演变发展过程，旨在分析企业非市场战略在环境发展的不同阶段，其行为方式的变化，强调行为与环境演变联系的动态性过程研究，满足整合的动态性及历史性，为预测未来及总结规律提供依据。这种生命周期类型的过程研究对于探讨随着事项生命周期的阶段进程，企业的行为模式，特别是针对不同事项环境和所处阶段，非市场事项战略行为模式的纵向分析尤为有用，因为纵向时序数据主要关注的是：发生了什么事项、是何时发生的和是什么因素导致了事项的发生，即事项、活动与选择。它可以合理地解释动态事项，而且能够分析嵌套于复杂环境中的现象（Pettigrew，1997；Langley，1999）。

我国正处在转型经济时期，这种特殊背景导致企业战略行为在动荡的行业环境中表现出显著的阶段差异性及动态性，如果还是依据大多数西方学者所遵循的基于横截面数据的静态行为研究将无法透彻地理解中国背景下的非市场环境及战略，以及其与市场的整合过程。因此，我们必须立足于纵向数据的采集，首先以动态的角度和过程研究方法探讨中国企业非市场战略行为如何随着环境的演变而不断变化。

由于中国环境的不确定性及复杂性，若立足于过去仅用概括性语句或制度变量来描述难以准确的表达环境演变的完整过程。以具体事项进程的描绘代替行业环境演变的概括性和模糊性，为收集针对性数据的有效性及表现环境演变的可能性奠定了理论基础。以事项生命周期视角研究企业行为随环境发展的动态演变能够将企业内部资源管理与事项代表的外部环境应对结合起来。以事项生命周期进程来描述环境的变化，探讨不同阶段对企业行为模式的影响，既提供了过程研究的清晰脉络又整合了环境层次、企业层次及行为层次等多层次全方位分析。

总之，中国转型经济过程中连续性剧烈动荡为环境变化与战略反应等组织管理领域动态关系的研究提供了一个得天独厚的机会，为在中国背景下的市场与非市场行为及其整合的过程研究提供了有利的条件，特别是大大提高了数据采集的可行性。因此，以事项生命周期的角度对企业行为的纵向研究更适合于我国经济环境的发展，是未来研究的重要领域之一。

3.4 总体研究框架

综合以上的文献回顾及理论阐述，图 3-6 展示了本著作的总体研究框架：

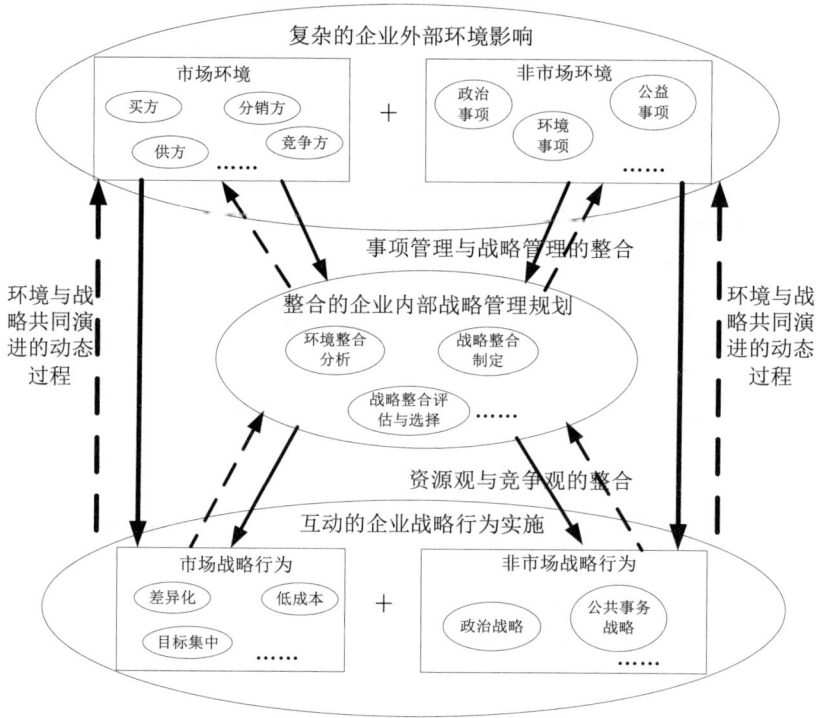

图 3-6 动态环境下企业非市场战略与市场战略整合的理论研究框架

根据图 3-6，我们得到：①复杂多变的企业外部环境影响分为市场环境影响及非市场环境影响。市场环境中包括买方、供方、分销方、竞争方等众多利益群体的影响；非市场环境的影响则以政治、环境、公益等各种非市场事项的方式识别。两者整合起来共同作用于企业内部的战略管理规划活动及外部的竞争实践。②在企业内部的战略管理规划中，必须通过事项管理的方式将市场与非市场环境的整合分析纳入传统的企业战略管理过程中，从而指导战略整合的制定及战略整合的评估与选择，构建起事项管理与战略管理的整合分析模式，为企业的战略实施提供支撑。③企业外部竞争实践中实施的战略行为也相应被分为市场竞争战略行为和非市场竞争战略行为，其中市场战略包括了波特提出的三大基本竞争战略（如差异化、总成本领先及目标集中战略）等传统竞争理论中的相关研究结论，而非市场战略则被分类为政治战略及公共事务战略。在资源观与竞争观融合的理论基础上，两者的整合互动对企业内部战略规划过程产生了相互影响的显著关系。④任何事物都是变化发展的。企业战略会随着外部环境影响的发展而变化。因此，必须基于共同演进理论，从事项生命周期视角出发，探讨外部环境特别是非市场环境影响的发展，及企业战略特别是非市场战略相应的变化，从而清晰地描述两者之间的动态规律和演进路径。

3.5　本章小结

本章从企业环境与企业战略的角度出发，系统地阐述了现有理论界存在着的两种可供探讨的整合思路，通过企业战略管理理论、资源理论及共同演进理论为本著作的深入研究奠定了理论基础，并构建了动态环境下的企业整合研究框架。

首先，企业必须清晰地分析并评估越来越显著的非市场环境的影响，并将之与市场环境分析与评估整合，纳入传统的战略规划过程中去。事项管理与战略管理整合的思路是企业整合非市场与市场环境及相应战略的可供参考的研究途径之一。它不仅为企业提供了与传统战略规划模式相似的战略方向（导向），还通过在适当的层次做出必要的改变来对越来越显著的非市场环境做出了回应（即对非市场事项持续的识别与评估）。通过整合，企业能够确保战略规划与组织的社会政治环境及其经营中的主要发展保持一致（Arrington & Sawaya，1984）。

其次，企业必须重视并灵活运用非市场战略及行为以应对日益复杂及激烈的竞争，并将之与市场战略及行为整合，协同地参与企业外部的竞争互动中去。企业资源观与竞争观的融合企业整合非市场与市场战略及行为的可供参考的研究途径之一。它不仅为企业提供了与传统竞争互动研究相符的企业竞争规律，更为突出的是以资源理论为基础，强调了以市场及产品为核心的传统竞争互动研究所忽略的，正是企业通过非市场行为能够获取的包括政治、社会及立法等领域内的更广泛的核心竞争资源及能力。从而提出资源导向竞争互动的概念，其实质就是以企业竞争行为为分析单位，着眼于分析企业各类资源竞争行为，通过不断的争夺和获取独特的异质性竞争资源借以达到提升企业竞争优势的竞争战略目标。

最后，企业必须以过程研究的视角探究企业环境与企业战略的动态关系，即环境与战略相互影响，并共同向前发展。共同演进理论为企业环境与战略研究提供了关于组织战略与组织环境之间存在共同演进的动态影响过程的理论观念和基础。一方面，行业市场环境与非市场环境的协同变化过程促进了企业应对环境所拥有的资源与能力的增长；另一方面，企业在不断与外部环境的各种力量的较量过程中，逐渐熟悉和适应了环境的影响，试图通过自身各种战略的整合互动来影响现有的规则朝着有利于自身发展的方向改变，甚至制定新的有利于自身的规则，以期创造更好的发展空间和经营环境。这种环境与战略之间共同演进、相互适应和相互匹配的关系在中国转型经济背景下得到了充分的体现。

第 4 章　事项管理视角下的非市场与市场战略整合模式

本章将在第 3 章提出的研究框架的基础上，为第 5 章的企业战略整合的实践研究和第 6 章的企业战略的动态研究构建企业战略管理整合模型。在探讨现实中企业具体实施的战略整合的行为模式之前，我们必须弄清楚：企业在战略管理中如何应对非市场环境的影响；企业如何整体地分析与评估外部环境；这些整合思路如何在战略规划过程中体现出来等问题，这都是本章需要分析和回答的关键问题。对这些问题的阐述是本著作后续研究的前提，提供了研究的总体脉络和概念模型。

4.1　问题的提出

组织战略与环境之间的互动关系一直是组织与管理研究的核心议题之一（Astley，Van de Ven & Andrew，1983）。一直以来，经典的战略管理理论所强调的是企业如何通过市场战略（比如低成本、差异化以及集中化战略等）影响外部市场环境进而获取持续性竞争优势（Porter，1980，1985；Grant，1991 等）。即，关于企业如何应对市场环境的内容是经典营销理论和战略理论的重要组成部分。而事实上，企业的经营环境中不仅包括市场因素（比如产品或服务、销售渠道、供应链、价格以及成本等），还包括非市场因素（比如企业与政府、利益相关者以及社会公众等的关系等）。越来越多的企业意识到，政府的管制和政策、公众的支持、利益相关者、新闻媒体的介入都是它们获取竞争优势的重要来源。企业通过促使政府对竞争对手或替代品生产商施加管制，或赢得与竞争对手相比更加优惠的政策，或通过某些政策影响上下游企业而赢得讨价还价的能力，从而赢得超越竞争对手的比较优势。非市场因素对企业产生的是直接影响，而不仅仅是通过对市场因素起作用的间接影响

（Baron，1995a）。因此，在现实竞争环境中，那种基于市场环境因素的企业战略并不能有效解决各种问题。随着非市场环境对企业产生越来越大，甚至是决定性的影响，企业如何应对非市场环境并将之纳入企业战略管理的理论视野，作为企业战略体系的一部分加以研究等内容逐渐成为学术界探讨的重要话题。

本著作对相关学者的文献综述的结果表明，市场环境与非市场环境之间实际上存在着不可相互割裂的关系，企业可以通过合适的战略行为及管理方式将两者协同起来发挥作用。因此，企业在战略制定与实施过程中要同时考虑市场环境和非市场环境（Baron，1995a，1995b，1997；Quasney，2003）。企业也完全可以通过一种整合的战略管理规划及一系列有效的战略行为将市场环境和非市场环境整合起来，通过改善非市场环境来帮助改善市场环境，从而增强企业在市场环境中的竞争能力和优势。比如，企业能通过适当的战略及行为反过来减少政府管制的程度、产生新的市场机会及竞争优势。因此，一些学者（如 Baron，1997，1999，2001，2006；Quasney，2003；Bonardi，2004 等）明确地将企业战略分为市场战略（Porter，1980，1985）及基于社会、政治的非市场战略（Hillman & Hitt，1999；Shaffer，Quasney & Grimm，2000），并强调两者在战略管理过程中的协同与整合。

如何在企业传统的战略管理过程中融入对非市场环境影响及其相应的非市场战略行为的考虑成为近年来战略管理研究的重要议题之一（Dutton & Ottensmeyer，1987；Bronn & Bronn，2002；Holtbrugge & Berg，2004）。部分学者认为非市场环境对企业的影响主要表现为事项的形式，例如公益事项、政治事项以及环境事项等（Baron，1997）。企业应对这些非市场环境的主要方式之一就是将各类非市场战略整合到正式的战略规划过程中，并通过适当的战略行为予以应对甚至影响。Camillus & Datta（1991）及 Bronn & Bronn（2002）等学者进一步提出了将事项管理与战略管理过程进行整合的思路。然而，正如 Baron（1995a）所说的，探讨企业如何整合市场环境与非市场环境及其应对战略是战略管理领域的未来发展趋势，但目前仍处于婴儿期。大多数西方研究仍停留在整合概念的探讨及少量的实证研究上。过去的文献也并没有进一步地区分各类非市场事项，没有回答企业在战略管理中如何应对这些事项的影响，必须采取哪些战略，以及企业应当侧重于实施哪些战略回应各事项对战略管理不同层次的影响等关键问题。

特别是在亚洲，当企业参与全球及国内竞争时，非市场是企业战略的一个重要组成部分。Aggarwal（2001）认为，企业在亚洲市场上经营时必须特别重视非市场环境的影响，并制定相应的战略及行为，商政关系是相关研究的特殊内容。许多亚洲企业与政府有紧密联系，它们通过与政府合作的方式以确保有利的政策倾斜，比如，企业希望进入封闭的或限制的市场进行出口及投资活动；或回避当地政府对其子公司经营的管制；或常常与其母国政府及当地政府合作，共同实施政策变革。同时，各国政府对国有企业及跨国企业的管制也迫使企业寻找各种方式与政府进行谈判与磋商①。因此，关于典型制度环境下企业整合市场及非市场环境及其应对战略的战略管理研究更具有现实的理论价值。

中国正处在一个经济转轨的时期，制度理论认为转型经济中外部市场的局限性很大程度上是由于政府的干预或掌握资源分配。因此，在转型经济中，虽然市场机制发挥一定作用，但是企业的发展在很大程度上仍然依赖非市场体系（如政府控制和社会网络等）获取资源（Li，Li & Tan，1998；Luo，2003a，2003b；Peng，2003；Tan & Xia，2008）。此外，中国企业外部政策环境具有极大的不确定性和复杂性，社会环境一贯讲求"关系（Guanxi）"文化，这些都使得中国企业所面临的非市场环境对其经营成功的影响程度更大于西方企业的相关情况（Lou，2001，2006；Peng，2003；高勇强，田志龙，2003；贺远琼，田志龙，2002；邓新明，田志龙，2007；Tan & Tan，2005；He，Tian & Chen，2007；Tian & Fan，2008c）。因此，在中国典型的转型环境下研究战略管理中的非市场事项整合及战略问题更具现实价值。但是，部分学者却发现，尽管非市场环境对中国企业的影响越来越大，企业战略管理与非市场环境和非市场战略的整合程度并不高，更多的战略规划系统仍然聚焦于传统的产品/服务、目标市场以及员工等市场要素（田志龙，邓新明，2007；饶立军，邵冲，2005；邹鹏，田志龙，2001）。

综上，本章将通过对中国房地产行业的典型企业案例分析，进一步描述中国转型经济背景下的非市场环境影响和相应的企业战略行为以及它们独有的中国特色，同时试图勾勒整合了非市场事项及相应战略行为的企业战略管理模式，从而为企业战略管理整合的概念性研究提供实际的案例支撑及新的理论补充，并进一步为转型时期中国企业的管理者面临市场与非市场环境的共同影响下如何制定与实施战略与行为提供一些理论指导及实践启示。

---

①　见 Baron（2000）对非市场战略的综述。

4.2　研究背景

4.2.1　企业战略管理与外部环境

4.2.1.1　企业战略管理思路

企业的战略管理是由环境分析、战略制定、战略实施、战略控制四个不同阶段组成的动态过程（Mintzberg，1994）。战略管理作为 20 世纪 60 年代发展起来的新兴管理技术，在西方发达国家企业中已经得到普遍应用。传统的战略管理理论认为，企业外部经营环境是相对稳定和可以预测的，因此企业战略是可以预定的。实际上，强调企业外部环境是战略规划技术区别于其他职能管理技术的一个主要方面。Andrews（1971）就曾指出，制定有效的战略首先要考虑到企业面临的外部环境所提供的机会和威胁，只有当企业的能力或资源与外部环境所提供的机会相吻合时，企业才得以持续发展。Porter（1980）甚至认为，企业制定战略的基石是对企业的外部环境做出全面而准确的分析，尤其是行业的结构及竞争状况决定着企业的战略选择。自 20 世纪 70 年代末中国实行改革开放，并确立社会主义市场经济体制以来，企业的外部环境发生了很大的变化，在客观上为企业不断完善战略管理提供了一个充足的外部条件。然而，随着外部环境变得越来越复杂和动荡，中国企业的战略管理过程应当如何应对这些日益显著的环境影响成为学者们关注的焦点。

4.2.1.2　复杂的外部环境对企业战略管理的影响

传统的以市场为核心的经典战略管理理论强调了企业所面临的市场环境以及企业如何参与市场竞争从而获取超额利润。这里对环境范畴的理解和界定是战略理论研究的重要内容之一。管理学大师们虽然就环境对战略的影响问题进行了长期的研究和探讨，提出了许多闪耀着智慧光芒的理论和观点，但就如何界定和划分战略中的环境范畴问题，长期以来尽管研究成果众多，但却一直未能弥合分歧。部分学者把战略中的环境范畴界定为组织的"外部环境（extent environment）"。如卡斯特认为，"从广义上说，环境就是组织界线以外的一切事物"；斯蒂芬·P·罗宾斯认为"环境是指对组织绩效起着潜在影响的外部机构或力量"；托马斯·卡明斯等人认为，"组织的环境是指任何组织之外的直接或间接影响组织绩效的事务"。

然而，随着全球竞争的加剧，战略管理学者们发现，企业的环境已经开始从相对静态向相对动态转变（George & David，1996）。Ansoff（1990）认为，传统的战略管理过程视企业外部环境为既定的并事先设定企业战略行为规划的做法已无法有效应对越来越复杂的企业外部环境的动态发展。随着战略管理理论的发展，企业外部环境所包括的诸多方面已被管理学者们所鉴别出来。实际上，企业外部环境可以看作是一个多维的构造，Duncan（1972）认为对外部环境的度量应从两方面着手：一是环境的复杂性（Complexity），它指构成企业总体外部环境的数量多寡，以及各种外部环境要素之间所呈现的类似性程度；二是环境的动荡性（Dynamism），它指外部环境的变化、动态程度，即环境信息的不确定性和可把握性。此外，一些学者（Miller & Friesen，1978；Mintzberg，1976；Miller & Cardinal，1994）认为对环境的度量还应包括第三个方面，即环境的敌对性，它是指环境资源对组织生存和发展的重要程度，也就是企业对环境资源的依赖程度。

企业面临的外部环境越来越不确定和复杂（Castrogiovanni，2002），环境的不确定程度会影响企业管理层的战略选择（Thompason & Strickland，1996）。正如 Katz & Kahn（1978）所说，"任何一个企业战略，如果能持续实施，则必须有一定程度的可预测性"。然而，企业越来越不确定的外部环境威胁了战略的可预测性，因此，高程度的环境不确定性被认为是对组织效率的威胁（Meznar & Nigh，1995）。特别在一些行业中，竞争和技术变革的持续增速，以至于单个决策的失误会触发企业整体经营的失败。事实上，有许多战略管理学者都从不同角度探讨了企业外部环境的不确定及动荡对企业战略管理及规划的影响。

安索夫（Ansoff）这位战略规划的大师在总结其 25 年的研究成果后得出，企业战略管理过程演变的推动力是企业的外部环境，企业的战略管理必须与外部环境相匹配，复杂而多变的外部环境要求企业具有系统的和更完善的战略管理。Steiner（1979）亦指出，外部环境的状况是企业设计战略规划系统时所考虑的一个重要变数。在实证范围内，Lindsay & Rue（1980）系统地开展了组织环境对战略管理及规划系统完善性的研究。他们将 198 个样本企业按战略规划系统的完善程度分成 3 级，从复杂性和动荡性两方面来考察环境。通过研究发现，在大企业中随着环境变得越来越复杂和不稳定，企业的战略规划系统的完善程度也随之提高。同时，随着环境的日益动荡，企业倾向于采用开放性的规划方法，对规划的周期也越来越短。Rhyne（1986）的研究也发现，随着战略规划过程变得越来越完善和制度化，企业的外部环境信息就变得越来越重要；企业外部环境的复杂性增大时，企业的战略规划系统就必须变得更为完善和成熟。Thompson（1967）解释到，企业总是试图通过建立必要的结构来减低外部环境的不确定性，而这种有效的途径就是采用更为有效的战略规划过程。

战略规划系统可看作是企业应付外部环境不确定性的一种机制。

我国企业从 20 世纪 80 年代中期开始在企业管理中引进战略规划技术，并建立起比较正规的战略规划系统。杨锡怀及段晓强（1997）根据中国企业所处环境的特点，从 8 个方面考察了企业的外部环境，即顾客团体、供应厂商、竞争对手、政策法规、科技发展、经济趋势、社会文化、国际环境。他们通过中国数据的实证分析后得出，我国企业的战略规划系统在对外部环境的反应方面没有任何特殊性，与西方学者的研究结论一样，企业的外部环境对企业战略规划系统的规范程度确实有着很大的影响。外部环境不确定性程度的增强都将促使战略规划过程的进一步改善。也就是说，随着企业外部环境的复杂程度、动荡程度和敌对程度的增加，企业就越需要构建更全面的战略规划过程与之相适应，以应付环境所提出的挑战。

4.2.1.3 企业外部环境的划分

为了找到分析外部环境从而制定合适战略的更有效的方式，管理领域学者们近年来对战略环境分析的一种重要尝试是对企业外部环境的二分法。

达夫特提出："环境领域可以进一步细分为任务环境（task environment）和一般环境（general environment）两个层次，其中，任务环境一般包括行业、原材料、市场等方面，还可能包括人力资源和国际环境；一般环境通常包括政府、社会文化、经济形势、技术以及金融资源等要素。"加雷思·琼斯虽赞同达夫特的观点，但在任务环境和一般环境所包含的内容方面则与达夫特有所不同，他认为，企业在竞争中应详细考察组织环境，并确定影响管理者从而影响组织运作的主要力量——包括任务环境，也包括一般环境，其中，"任务环境是指来自于供应商、分销商、消费者以及竞争对手，影响企业获取投入、提供产出的一组力量和条件；一般环境是指经济、科技、社会文化、人口、政治法律以及全球力量等更大范围的影响企业及其任务环境的一组力量"。

罗宾斯的观点与上述两位管理学家的观点不同，他把组织环境分为"一般环境与具体环境"，认为"一般环境包括组织外部的一切，例如，经济因素、政治条件、社会背景及技术因素；具体环境是指与实现组织目标直接相关的那部分环境，它包括投入物供应商、客户或顾客、竞争者、政府机构及公共压力集团"。

然而，随着政治的、社会的等非市场因素对企业发展的影响变得越来越直接和具有战略性，传统的以供需之间交易行为为基础的市场环境以外的制度环境、社会环境等"非市场"环境已经成为企业战略管理的重要内容（Baron，1995a）。因此，部分学者为了进一步突出这部分环境越来越显著的影响，将企业外部环境二分为市场环境和非市场环境。顾名思义，非市场环境与市场环境是相对应的。在一般意义上，市场环境是指由宏观经济因素、竞争者、供应商、顾客等因素组成的企业外部环境；除此之外，可称为非市场环境，具有社会性、政治性及法律性的特点，其中的"非市场"可能被视为"非经济性的（noneconomic）"及"社会性（social）"（Boddewyn，2003），包括政治环境或制度环境（institutional environment）（Scott，1995）及社会环境（高勇强，田志龙，2004）等。理论上一般认为，市场与非市场环境二分法的形成与发展与市场理论的缺陷有关，西方主流的战略管理理论主要建立在市场体制的假设之上，基本以市场环境作为对企业环境认识的基本前提。

4.2.2　市场战略与非市场战略

与外部环境二分为市场环境和非市场环境相对应用的是企业战略也能被二分为市场战略与非市场战略（Baron，1995a，1995b）。Porter（1980）的竞争理论中强调市场战略是企业赢得顾客和打败竞争对手的直接战略，包括成本领先、集中战略和差异化战略等。而非市场战略主要是指"企业应对和影响非市场环境（包括各级政府、媒体、专家学者、社区、公益团体等非市场环境的主体），通过提高企业整体绩效创造价值，从而构建对企业有利生存空间的战略"（Yoffie，1987；Hillman & Hitt，1999；Shaffer，1995；Baron，2006）。

在关于非市场战略的研究中主要包括了企业政治战略（corporate political strategy）研究（Clements，2001；Hillman & Hitt，1999）、关系战略（guanxi-based strategy）研究（Hitt，Lee & Yucel，2002；Xin & Pearce，1996）及制度战略（institution-based strategy）研究（Peng，1997，2000，2002；Peng & Luo，2000；Peng & Zhou，2005）三大领域。许多学者都从不同角度试图将非市场战略及行为加以区分（Quasney，2003），如游说、信息咨询、听证会、选民构建、提供私人服务、公共关系、政治联盟等等。一些学者进一步从行为对象出发，将企业政治战略与部分制度战略统称为以政府为对象的政治战略（Yoffie，1987；Getz，1996；Hillman，1995；Hillman & Hitt，1999）；将关系战略及部分公关战略统称为以社会、公众为对象的公共事务战略（Clements，2001；Porter & Kramer，2006）。前者指企业影响政府政策决策与执行过程的复杂行为（Corporate Political Action，CPA）。后者分为两类：一是诸如慈善捐助、支持教育等在内的企业公益战略；另一类是环境战略，主要强调的是环境事项，并强调将其纳入日常战略管理中的策略（Douglas & Judge，1995）。

另外，Meznar & Nigh（1995），Fennell & Alexander（1987）及 Blumentritt（2003）等学者根据非市场活动的功能界限将其分为桥梁型（bridging）及缓冲型（buffering）两类，这种分类也得到了后来许多学者的认可（Boisot & Child，1999）。

"企业通过桥梁型非市场战略试图与外部环境的变化保持一致，进一步提高自己对非市场环境变化的适应能力；而通过缓冲型非市场战略则试图隔绝外部环境的影响或积极主动地影响，甚至控制外部环境的变化。"（Meznar & Nigh，1995：976）桥梁型及缓冲型非市场战略的共同目的是为了提高包括企业社会绩效等在内的整体绩效，而不仅仅是经济绩效。两者的差异列于表4-1。尽管它们存在着显著的差别，但更为重要的是两者并不是互斥关系，而是协同关系（Fennell & Alexander，1987）。

表 4-1　桥梁型非市场战略与缓冲型非市场战略的差异

	桥梁型非市场战略	缓冲型非市场战略
特征	对行为的一种反应（reactive）；类似于 Weidenbaum（1980）提出的"被动反应"及"主动预期"战略及 Oliver（1991）提出的关于企业应对制度环境的"默认"及"妥协"战略。	包括部分企业的前摄性（proactive）行为；类似于 Weidenbaum（1980）提出的"政策塑造"战略及 Oliver（1991）提出的关于企业应对制度环境的"反抗"及"影响"战略。
非市场战略与外部环境的关系	为了适应外部环境或为了满足甚至超越外部环境（利益相关者，如政府、公众等对企业）的期望。	为了影响及控制外部环境或为了阻隔外部环境对企业的影响（干预）。
主要战略行为	包括跟踪立法、政策等非市场力量的进展以便使其战略及行为与之保持高度一致，例如制定减少污染的措施、开发绿色产品等。	试图通过游说、对政治行动委员会捐款、宣传性广告等手段影响立法/管制过程等非市场力量。

任何企业行为都必须受到外部环境的制约（North，1990；Oliver，1997；Peng，2002）。而桥梁型非市场战略在企业与外部环境之间扮演了"桥梁"的作用。这里的"桥梁"是指企业积极地将非市场事项（如环境保护事项、公共政策、社会文化等）整合到战略选择的制定过程中去，以期达到或超越利益相关者的期望。桥梁的作用强调企业主动地适应外部环境的变化（要求）。

缓冲型非市场战略则在企业与外部环境之间扮演了"缓冲"的作用。这里的"缓冲"是指企业通过这类非市场战略阻止外部环境对其市场战略的干预，并积极地利用如游说更有利的政府政策，高管参政，为政府官员提供行业报告，政治捐赠等（Boisot &

Child，1999；Gao & Tian，2006）各种方式影响环境变化。"缓冲"强调企业能够前摄地影响外部环境。

4.2.3 在企业战略管理过程中整合非市场因素

4.2.3.1 整合研究的基本思路

正如企业必须考虑主要的市场力量一样，它们也必须关心非市场环境中诸如政府、公众、非盈利组织等非市场力量对企业行为和绩效产生的越来越显著的影响。David Baron 认为，市场与非市场的整合管理模式应该体现在三个层级上。第一个层级是在企业的整体轮廓上，即企业的内部组织、治理、激励体制、行为标准等；第二个层级是企业市场战略与非市场战略的直接整合互动，称为整合战略，这决定了企业如何与竞争对手进行竞争；第三个层级是在企业职能上的整合，包括职能部门之间的协调与沟通，例如营销、生产等。他指出，有效的企业战略必须整合市场要素和非市场要素，并根据市场环境和非市场环境、企业能力、资源等来制定（1995a，1995b，1997，2000）。

Aggarwal（2001）及 Bronn & Bronn（2002）等学者进一步认为，将非市场分析整合到企业战略制定过程是应对外部环境的有效途径，并强调企业要关注可能对企业产生影响的非市场事项。他们指出，当企业在从事市场战略时，它们常常必须与非市场力量打交道，如环境组织，或政府管制机构。企业必须了解外部环境中的某些关键非市场事项：主要的利益群体，政策制定的制度框架及企业参与事项可获得的信息，才能更好地应对环境影响，从而获得持久的竞争优势。企业外部环境中的事项可以包括相关市场问题及可能影响市场活动的非市场问题。比如在国际背景下，特别是亚洲，环境及劳工标准的事项就会立即产生潜在的非市场约束，可以影响到企业的市场战略的制定及实施。

4.2.3.2 事项管理：一种应对非市场环境影响的企业战略管理研究思路

在西方学者的相关研究中，事项管理被认为是可以用于对非市场环境的分析，并与战略管理过程相整合的有效方法之一。Baron（1995a，1997）提出，非市场环境对企业的影响主要表现为事项的形式，例如公益事项、政治事项以及环境事项等，它们是企业战略管理主要关注和阐述的问题。一些西方学者提出，应在传统的战略规划过程中加入事项管理系统用以感知、分析及回应企业外部环境的复杂性及不确定性（Ansoff，1990；Camillus & Datta，1991）。

他们研究认为，社会—政治环境的动态变化（复杂性及不确定性）都是由一个个潜在的"事项"组成（Mahon & Waddock，1992）。Ansoff（1975）将这种事项定义为，可能对企业产生重要的且间断影响的主要环境趋势及事件。Chase（1984）将事项管理定义为，包含对可能影响组织的潜在事项进行鉴别，并且调动组织资源从战略上影响事项发展的一种管理行为。整合战略规划系统是一套组织的任务定义和确保相关信息被获得的过程，以整合、内部一致和及时的方法阐述并评价战略选择（Camillus & Datta，1991；Logsdon，1985）。

既然经典的战略管理流程主要包括战略分析、战略选择与战略实施等阶段，所以，在传统的战略分析阶段纳入非市场环境的分析与评估就成为企业整合非市场与市场因素以及提高驾驭外部环境能力的首要一环。因此，一些西方学者认为，企业应对非市场环境影响的主要方式之一就是将不同非市场事项整合到正式的战略规划过程中，并通过适当的战略行为对其施加影响（Steiner，1979；Camillus & Datta，1991；Dutton & Jackson，1987；Bronn & Bronn，2002）。

例如，Douglas & Judge（1995）在研究中就建议应当将环境、公益等非市场事项与公司战略愿景或使命陈述进行整合的思路。而Bronn & Bronn（2002）则在Camillus & Datta（1991）所提出的事项管理与战略管理过程的整合模型基础上提出，将非市场事项整合到企业的战略规划活动中是组织主动处理与环境关系的一种有效方法，它主要是识别各种环境、政治以及社会公益等非市场事项，并对它们做出适当的前摄性反应（Arcelus & Schaeffer，1982）。也既是说，企业对非市场环境应主要采用事项管理的思路，而企业市场行为应持续地关注企业经营部分，非市场行为则通过作用于非市场环境事项来保障、支撑企业经营活动并与市场行为整合协同。它们按事项影响企业战略管理的层次，将之划分为三类：第一类事项：这类主流事项要求重新定义战略规划过程的目标，甚至立即重新制定整个战略规划过程。显然，这类事项非常稀少。第二类事项：这类事项的影响还不足以使组织目标改变，但也许要求重新评估或调整现有战略选择。在这类事项影响下战略规划过程的战略制定与实施步骤需要变化。多数事项都属于这一类。第三类事项：这类事项要求改变组织运营计划或行动方案。例如，由于事项的影响，一个行动也许被迫延期或加速。在这个情况下，基础战略规划大致不变。

Porter & Kramer（2006）进一步将影响企业的社会事项也分为三类：第一，一般性社会事项。指的是对社会而言是重要的，但并不受企业活动的显著影响，同时也不影响企业长期竞争优势的社会事项。如 20 世纪 80 年代后期"可持续发展"的提出，环境保护已经成为各国政府制定相关法规政策的着眼点，并影响着企业的战略目标。第二，价值链活动的社会影响。指的是受到公司常规的商业性活动显著影响的一部分事项，它影响着企业战略方案的制定，例如尾气的排放与污染物的处理等。第三，竞争环境的社会维度。指的是显著地影响公司竞争力的外部环境因素，它直接影响着的企业行为，比如行业管制政策的颁布。在对社会事项进行分类的基础上，Porter & Kramer（2006）认为企业可通过社会责任行为（Corporate Social Responsibility，CSR），其中包括反应性 CSR（企业公民、减缓价值链活动的负面影响）与战略性 CSR（创造实现商业利益与社会利益统一的价值链活动、战略性慈善行为）来应对社会事项，从而实现商业利益与社会利益的统一，如图 4-1 所示：

一般性社会事项	价值链活动的社会影响	竞争环境的社会维度
企业公民	减缓价值链活动的负面社会影响	影响企业改善竞争环境中事项显著度能力的战略性慈善行为
反应性 CSR	转换价值链活动，使其既能带来商业利益，又能带来社会利益	**战略性** CSR

图 4-1　企业对社会的介入：一个战略视角

然而，企业常被要求去解决很多社会问题或事项，但实质上仅有一部分事项的解决能够创造社会价值并可以转化成企业的竞争优势。因此，企业必须对非市场事项进行选择与评估从而聚焦于某一正确的事项并做出正确的前摄性行动，同时还应将这些行动整合进企业的核心战略规划框架中，使企业越来越强大（Porter & Kramer，2002，2006）。

综上所述，我们发现，过去的文献仅仅停留在对非市场事项的简单分类上，并没有进一步细化各类非市场事项的内容及相关特征，也没有探讨企业必须采取哪些相应的战略行为来应对或影响这些事项，企业战略规划过程的各个层次如何整合相应的战略以应对不同类非市场事项的影响等关键问题。同时，学者们提出的事项管理与战略管理的整合思路也仅仅是基于西方的研究背景，它在不同的制度背景下会产生怎样的差异等问题也需要我们进一步的讨论。因此，本章以中国转型经济背景下的典型房地产企业为案例试图回答这些问题。

4.3 理论基础及研究框架

4.3.1 理论基础

资源理论主要关注的问题是：为什么公司之间有差异？它们是怎样实现和维持其竞争优势的？在 Fenrose（1959），Wernerfelt（1984），Barney（1986）等学者看来，企业是"资源的独特集合体"，不同的资源集合形成了公司的不同特征，产生了不同的竞争优势。Barney（1991）指出，公司资源包括其掌握的所有能帮助其制定和实施战略，从而提高效益和效率的资产、能力、组织流程、信息和知识等要素。在资源基础观看来，企业战略的制定应当基于内部资源的识别。也即是说，对于企业的竞争优势来说，企业内部条件比其所面临的外部条件更具决定性影响（David & Cynthia，1995）。然而，战略管理的基本原则是，环境与组织能力的协调对于企业绩效至关重要。安德鲁斯等早期的战略管理学者对于企业的优势、劣势以及外部竞争环境的机会和威胁给予了同等的重视。因此，部分战略学者认为，单单强调资源基础理论将会影响战略管理转而偏重于企业内部优势和劣势的研究（Hoskisson，Hitt & Yiu，1998），从而忽略了企业外部资源及环境的重要性。

制度理论弥补了资源理论的这一局限性。制度理论认为企业为了挖掘与利用机会，或者为了规避可觉察到的威胁，应该对其所面临的外部制度环境做出反应（Andrews，1987；Furubotn & Richter，1997）。制度环境包括了政府政策法规、行业标准、行为规范、社会文化等因素。制度环境作为非市场因素，对企业的经营活动有非常显著的影响。例如，政府给外资企业的优惠政策使它们与国内企业的竞争中具有先天的优势；负责起草本行业的行业标准的企业相对于其他企业而言也会具有一定的优势；一些政府政策可能会限制某些产品市场进入的权力等（张泳，2007）。制度理论主要从三方面拓展了传统战略研究中的"公司外部环境"及资源观中的"公司资源"的概念：第一，将以经济变量为主的概念（市场需求、技术更新等），拓展至包含了政治、社会制度的概念，强调了制度、组织及其战略选择之间的相互关系；第二，强调制度环境不仅仅是背景条件，它有时对公司的战略决策起决定作用；第三，将资源的视角转向了企业外部，比如公司或品牌声誉（Fombrun & Shanley，1990）、股东信任（Barney & Hansen，1994）或者客户、社区乃至政府这样的制度参与者形成的关系资本（Oliver，1997）。Hoskisson，Eden，Lau & Wright（2000）提出，制度理论和资源理论是研究新兴公司战略管理的主流理论之一。Meyer & Peng

（2005）则采用这两种理论强调了新兴和转型经济体中，制度环境的重要性。尤其像中国这样的大型发展中国家，正处于一个经济高速增长的制度转型期，正式和非正式制度规则都经历着剧烈而深刻的变化，因而，制度理论对研究中国公司战略有着极其重要的作用。

Oliver（1991）进一步认为企业在面对制度化环境时，并不总是消极被动的，而且在强大的制度环境力量作用下的组织可以，而且事实上也正在主动影响着它们的环境。他认为面对制度环境的要求，企业会选择不同的应对战略。而在一个高度制度化的环境之中，企业对制度环境的这种应对战略可以被描述为企业的非市场战略或行为（Tian，Hafsi & Wei，2007）。这里，我们可以用企业战略选择理论来解释这一观点。该理论认为管理者是可以对组织的"经营领域"（domain of operations）做出某些决策，进而创造或选择环境，由此推动了组织及其运作模式的演进。它强调了企业行为的主动性和自发性，以及对组织环境的再造能力（Miles & Snow，1978，1994；Thompson，1967），认为组织战略对组织环境具有很大的影响力。因此企业可以考虑采用多种战略，通过与外部环境的相互影响来为组织谋求最有力的发展空间（Lewin & Volberda，1999）。比如，在综合了资源理论及战略选择理论的基础之上，DiMaggio & Powell（1983）提出企业对于制度环境压力和要求会做出各种战略回应（strategic responses），包括屈从、默许、避免、藐视和操纵等等。

综上所述，在整合市场环境与非市场环境时，资源理论解释了所有企业为了获得持续的竞争优势，在某种程度上都依赖于各种资源的集合。为了生存的需要，组织不得不通过自身的努力从外部环境中获取各种资源。而作为资源基础理论的一个有效补充的制度理论则采用了一个开放系统的组织观：企业深刻地受到外部环境的影响，组织不仅面对技术环境，而且还必须面对更为复杂的制度环境。也即是补充了资源理论中仅强调市场领域资源（比如人力资源、财务资源以及技术资源等）及市场影响力量的局限性，将企业竞争的概念扩展到非市场领域资源（如政府提供的优惠政策、企业美誉度、企业的公众信赖程度等无形资源以及企业与政府部门和相关利益者的关系资源等）及非市场影响力量。最后，战略选择理论则从环境影响和战略反应角度出发，强调了企业战略选择的主动性，解释了企业在市场战略之外，采取非市场战略影响企业外部环境的可能性，为综合资源观和制度观的整合模型提供了战略操作的指导。所以，本章将以资源基础观及制度理论作为主要的理论基础，同时基于战略选择理论的观点，在传统的战略管理研究框架中纳入非市场环境分析、非市场资源获取及非市场战略制定与选择等关键性概念，从而有效地将资源基础理论拓展到非市场领域，进而为构建企业市场环境与非市场环境整合模型奠定扎实的理论基础。

4.3.2. 研究框架的构建

基于相关文献及理论的综述，本章提出如图 4-2 所示的基于事项管理思路将非市场环境分析以及非市场战略融入战略管理理论的研究框架（如菱形部分所示）：

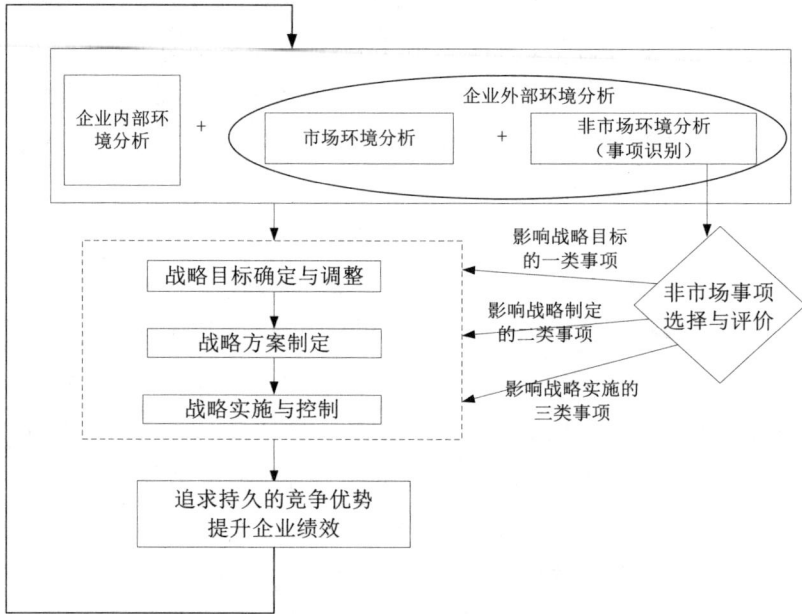

图 4-2　基于非市场事项管理的战略管理研究框架

这个框架是在综合了资源理论、制度理论及战略选择理论的基本思路下，融入了过去 20 年里有关非市场战略研究的基本结论。该研究框架基于战略管理的基本思想、Camillus & Datta（1991）及 Bronn & Bronn（2002）等学者提出的事项管理与战略管理整合的思路，包含了以下几个内容：①企业对市场环境的关注是持续性的，然而企业应对非市场环境主要采取事项管理的思路；②不同性质的非市场事项影响企业战略管理的不同层次；③企业在战略规划中制定与实施战略时必须加入更多类型的非市场战略以应对不同层次的非市场事项影响。

因此，本章通过对中国转型经济背景下的房地产行业企业的案例研究，试图回答三个问题：①中国转型时期，企业面临的各类非市场事项的具体内容及其特征是什么？②企业采取了哪些非市场战略应对这些非市场事项？③这些非市场事项及相应的战略行为如何整合到传统的企业战略管理过程中？以进一步补充和完善战略管理理论及战略整合模型。

4.4　研究方法与设计说明

为了回答以上问题，本章采用了多案例研究方法（Multiple Cases Study）（Yin，2003）。其原因是：第一，本章研究的核心问题是转型经济环境下中国企业如何在战略管理过程中考虑非市场环境的影响并整合相应的非市场战略。根据 Yin（1994）和 Eisenhardt（1989）的研究，当回答"如何"或"为什么"类型的问题时，案例研究应成为最优先考虑的研究方法；第二，在中国转型经济背景下，许多企业非市场环境的影响及非市场战略及行为并不是完全被曝光于公众，需要更多深入的访谈和纵向追踪等方法收集数据，而案例研究则成为最适合的方式之一（Lamberg，Skippari & Makinen，2004；邓新明，田志龙，2007）；第三，多案例研究法不仅承袭了案例研究法的特点，还能通过不同实体间数据的相互印证，强化研究发现的信度与效度，从而增强研究方法的严谨度（Einsenhardt，1989）。

4.4.1　案例行业及样本企业的选择

本章的研究选择了中国的房地产行业，因为该行业的成长正是转型时期中国政府行业管制改革逐渐成熟的写照。1998 年从实物分房（国有单位福利分房）到货币化分房（国有单位提供住房公积金，员工自主购房）的行业市场化改革放松了政府对企业的直接管制。然后，随着行业高速发展带来的高房价、环境污染、房产泡沫等问题又促使政府逐渐加强了对行业的宏观政策调控和资源管制，非市场环境对房地产企业的影响越来越大。Vietor（1994）认为，企业的战略必须使公司能够在管制市场及政治领域均可竞争（或在资源限制的情况下使得公司有效经营）。企业会倾向于在战略管理中考虑非市场战略来应对外部非市场环境的显著影响（Bonardi，2004）。因此，中国房地产行业为本章的研究提供了极好的案例背景。

本章以 2014 年中国房地产百强企业综合实力 TOP 10[①] 的上榜企业为研究对象，它们分别是：恒大地产集团有限公司、万科企业股份有限公司、保利房地产（集团）

[①]　由国务院发展研究中心企业研究所、清华大学房地产研究所和中国指数研究院三家研究机构共同组成的"中国房地产 TOP 10 研究组"，自 2004 年开展中国房地产百强企业研究以来，已连续进行了 10 年。百强研究成果已成为评判房地产企业经营实力及行业地位的重要标准，引起了社会各界的广泛关注。

股份有限公司、绿地控股体集团有限公司、中国海外发展有限公司、绿城房地产集团有限公司、碧桂园控股有限公司、龙湖地产有限公司、华润置地有限公司及北京首都开发控股（集团）有限公司，具体企业信息见下表 4-2。这些企业在研究中将分别简称为：恒大、万科、保利、绿地、中海外、绿城、碧桂园、龙湖、华润及首开。它们被选择的原因在于：①这些企业中分别有民营企业、国有企业和外资企业，这能提高研究样本的普遍性及分析结果的适用性。②这些企业多次被国内权威机构评选为中国地产综合实力 TOP 10，易引起实践和理论界的极大关注，各界对它们的评论、报道比较详细。其行为的可见度较高，行为数据易采集。③中国房地产 TOP 10 研究组认为，企业的综合实力反映了企业在规模性、成长性、盈利性等方面的均好性，综合实力 TOP 10 强企业具有规模大、成长稳定、盈利能力好的特点，是中国房地产行业的典型代表，能够代表中国地产企业的一般规律。

表 4-2　2014 中国房地产百强企业综合实力 TOP 10 企业信息一览表

排名	企业名称	所在地	企业规模及最新动向	年龄（截至 2014 年）	所有制	企业简介
1	恒大地产集团有限公司	广州	按土地储备计算，恒大是中国大陆第一大的房地产商，目前在全国 22 个城市均有土地储备及地产项目。2014 年 6 月，恒大宣布阿里巴巴集团以 12 亿入股恒大足球，恒大和阿里各自占 50% 股权。	18 年	民营	中国十强房地产企业，是中国领先的现代化大型房地产综合开发企业，现已发展为中国最具影响力的房地产企业之一。
2	万科企业股份有限公司	深圳	至 2009 年，已在 20 多个城市设立分公司。2010 年公司完成新开工面积 1248 万平方米，实现销售面积 897.7 万平方米，销售金额 1081.6 亿元。营业收入 507.1 亿元，净利润 72.8 亿元，率先成为全国第一个年销售额超千亿的房地产公司。2013 年在美国市场与铁狮门房地产公司（Tishman Speyer Properties）宣布成立合资公司，万科持合资公司 70% 的股权，铁狮门持股 30%。	26 年	民营	1988 年进入房地产行业，1993 年将大众住宅开发确定为公司核心业务，目前中国最大的专业住宅开发企业，连续多年荣登"中国房地产百强企业综合实力 TOP10"榜首。

续表 4-2

排名	企业名称	所在地	企业规模及最新动向	年龄（截至2014年）	所有制	企业简介
3	保利房地产（集团）股份有限公司	广州	2009 年，公司品牌价值达 90.23 亿元，为中国房地产"成长力领航品牌"、房地产上市公司综合价值第一名。截至 2010 年一季度，公司总资产已超千亿，进入 138 家中央企业前 50 名之列，跻身中央企业资产规模第一方阵。	22 年	国有	成立于 1993 年 2 月，前身为保利科技有限公司，是中国保利集团控股的大型国有房地产企业，是中国保利集团房地产业务的运作平台，国家一级房地产开发资质企业，国有房地产企业综合实力榜首，并连续四年蝉联央企房地产品牌价值第一名。
4	绿地控股体集团有限公司	上海	是中国第一家也是目前（截止 2013 年）唯一一家跻身《财富》世界 500 强的以房地产为主业的企业集团。2014 年位居《财富》世界 500 强第 268 位。2013 年实现经营收入超过 3283 亿元（其中房地产业务约占总营收 60% 左右），较上年增长 33%，预计 2015 年经营收入突破 5000 亿。	22 年	国有	是上海市国有控股特大型企业集团，成立 1992 年 7 月 18 日。创立以来，集团始终坚持"绿地，让生活更美好"的企业宗旨，做政府所想、为市场所需，通过产业经营与资本经营并举发展，已形成"房地产主业突出，能源、金融等相关产业并举发展"的产业布局，在 2012 美国《财富》世界企业 500 强中位列第 483 位，在 2012 中国企业 500 强中位列第 73 位，在以房地产为主业的综合企业集团中排名第 1 位。在 2013 年中国企业 500 强中位列第 55 位，在《财富》世界企业 500 强中位列第 359 位。
5	中国海外发展有限公司	香港	2013 年，荣获"中国房地产开发企业品牌价值 50 强"第一名。同时，中海地产连续十年荣登"中国房地产行业领导公司品牌"，公司品牌价值达人民币 297.7 亿元，荣列业内品牌价值第一名。公司以杰出的表现获得"中国蓝筹地产"企业，连续十年位居榜首。2013 年，中海地产三个项目荣获詹天佑大奖。	35 年	国有	1979 年成立，世界 500 强成员企业；是中国最大建筑联合企业——中国建筑工程总公司在香港的控股子公司。1992 年 8 月，公司在香港联合交易所上市，首开中资企业以香港本地业务资产直接上市之先河。公司旗下的"中海地产"已发展成为跨地域、具有国家一级房地产开发资质的全国性地产品牌，向社会提供了十万余套精品住宅。

续表 4-2

排名	企业名称	所在地	企业规模及最新动向	年龄(截至2014年)	所有制	企业简介
6	绿城房地产集团有限公司	杭州	2008年,绿城总品牌价值达47.16亿元,在混合所有制房地产企业中排名第二。2009年销售额为510亿元,年度面积为351万平方米。2013年荣获中国房地产业联合会、中国行业信息统计协会、焦点中国网联合发布的2013年度中国房地产业综合实力100强。	19年	民营外资	成立于1995年,2005年转制为外商独资企业,是香港上市公司——绿城中国控股有限公司的全资子公司。连续5年名列中国房地产公司品牌价值TOP10,连续4年名列中国房地产百强企业综合实力TOP10,并两度蝉联浙江省房地产企业50强榜首;"绿城中国"荣获2007中国内地在港上市房地产公司综合实力第七名、经济增加值第五名。
7	碧桂园控股有限公司	佛山	截止2012年已拥有110个项目(其中109个在中国,一个在马来西亚)。2013年荣获中国房地产业联合会、中国行业信息统计协会、焦点中国网联合发布的2013年度中国房地产业综合实力100强。2014年销售约1 288亿、纳税超120亿的合法合规的企业。	22年	民营	创建于1992年,是一家以房地产为主营业务,涵盖建筑、装修、物业管理、酒店开发及管理、教育等行业的国内著名综合性企业集团,中国房地产十强企业。2006年,获中国工商行政管理局认定为"中国驰名商标",为最早获评的两个房地产行业驰名商标之一。
8	龙湖地产有限公司	北京	2011年入选中国房地产百强企业综合实力TOP10、中国房地产上市公司盈利能力十强、中国房地产上市公司创新能力十强、中国房地产上市公司综合实力十强、中国房地产开发企业品牌价值20强。累计已开发项目超过100个,2014年总建筑面积311万平方米,营业额同比增长22.8%至509.9亿元。	21年	民营	创建于1993年,成长于重庆,发展于全国。集团总部设在北京,现有员工12 000多人,业务领域涉及地产开发、商业运营和物业服务三大板块。
9	华润置地有限公司	北京	截至2014年12月底,公司总资产超过3 000亿港元,净资产超过1 000亿港元,土地储备面积超过4 000万平方米,华润置地已进入中国内地51个城市,发展项目超过110个。	20年	合资	1994年成立,是华润集团旗下的地产业务旗舰,是中国内地最具实力的综合型地产开发商之一,2013年荣获中国房地产业联合会、中国行业信息统计协会、焦点中国网联合发布的2013年度中国房地产业综合实力100强。
10	北京首都开发控股(集团)有限公司	北京	注册资本为10亿元人民币,总资产达到500亿元人民币,年开复工能力超过500万平方米,销售总额约100亿元人民币	9年	国有	由城开集团与天鸿集团(两大集团已成立20多年)合并重组,于2005年12月10日正式挂牌成立的国有大型房地产开发企业。

资料来源:作者根据企业网站及期刊信息的整理。

4.4.2　变量界定

4.4.2.1　非市场事项

（1）非市场事项分类。

正如企业必须考虑主要的市场力量一样，它们也必须关心其非市场环境。其中非市场环境对企业的影响主要表现为事项的形式，包括相关市场问题及可能影响市场活动的非市场问题，如社会公益事项、政治事项以及环境事项等（Baron，1995b，1997）。为了更好地事项收集数据并进行理论分析，在本章研究中，我们基于西方学者的相关研究及对房地产行业的初始研究，将非市场环境中显著影响企业经营与战略管理的非市场事项按其内容分为了四类，分别是：政治事项、环境事项、社会公益事项及舆论事项。其中政治事项是指存在于制度环境中的显著影响企业经营与战略管理的政府政策、法规及行业规范等；环境事项主要指近年来越来越受关注的企业生产经营经营过程中的自然环境保护、环境资源的节约与利用等一系列"组织绿化"（Organizational Greening）问题；社会公益事项是指全球范围内倡导的企业慈善与公益行为潮流；舆论事项①则是指存在于社会舆论、文化环境中的媒体、公众及其他利益相关者对企业的态度、偏好及影响力等问题。

（2）事项整合。

企业整合市场与非市场环境因素，应对这些战略事项的主要方式之一就是将非市场事项整合到正式的战略规划过程中（Bronn & Bronn，2002）。企业在实施市场战略时必须采取非市场战略并将非市场分析及战略模式融入到整个战略过程中，同时关注具体非市场事项对企业的影响（Baron，1995b）。因此，事项整合是企业在市场与非市场战略整合中连接市场与非市场环境关系的一种有效方法，它主要是指企业在识别市场环境的同时，将非市场环境的影响以政治、社会公益及环境等非市场事项表示，从而制定关于市场环境及非市场事项的战略行为（Douglas & Judge，1995；Bronn & Bronn，2002）。

4.4.2.2　非市场事项战略（issues-oriented corporate nonmarket strategies）

Meznar & Nigh（1995）及 Blumentritt（2003）将非市场行为中的企业政治行为（CPA）分为两种基本类型：桥梁型（bridging）及缓冲型（buffering）。因此，我们基于田志龙，高勇强（2003）、贺远琼（2006）、高海涛（2006）等学者关于中

---

①　由于中国房地产行业及企业近年来在媒体舆论方面突出的争议、全社会大讨论等现象，因此在本研究中将舆论事项作为重要研究问题单独提出来。

国企业非市场战略的相关研究，将企业应对各类非市场事项的非市场战略统称为"非市场事项战略"，并分为桥梁与缓冲两种类型，每一类又主要包括了西方学者关注的企业政治战略及公共事务战略。

（1）桥梁型非市场事项战略指企业试图调整甚至改变自己的行为来适应外部环境的要求和期望的行为方式。企业试图积极地满足并超过满足法律政策规定的要求，或者试图快速识别甚至预测社会期望的变化，将这些非市场目标（提前）融入到企业战略目标和企业运作过程中，从而使企业达到这些目标和达到社会的期望（贺远琼，2006）。也即是说，企业能通过桥梁型战略来提高自己对外部环境变化的适应能力。

（2）缓冲型非市场事项战略指为保护企业免于受到外部环境的影响以及试图影响外部环境的企业行为方式。企业一般采取两种方式进行缓冲：一是把自身从外部环境的干扰中隔离出来；二是通过各种行为影响外部环境（高海涛，2005）。也即是说，企业能通过缓冲型战略抵制环境的变化或者试图控制环境。

4.4.3 数据收集

本研究综合运用了文献法、访谈法和内容分析法三种数据收集方法，这样通过多种渠道获得的数据构成了证据三角，使案例研究的数据基础更加坚实有效（Yin，2004）。具体而言，本研究的数据收集步骤如下：

第一，本研究运用文献法对相关研究概念进行初步的理论界定，同时通过查阅诸如房地产信息网、中国房地产网、中国房地产资讯网等权威网站了解国内房地产行业的发展及相关信息。

第二，由教授、博士生、房地产行业研究专家及地产企业管理人员等9人组成的研讨小组[①]通过头脑风暴法，基于文献法整理的相关概念和资料，对近15年来中国房地产行业的非市场环境中显著影响企业经营的事件、新闻、政策等信息进行了集中的梳理，并进一步讨论这些非市场事项对整个行业及业内企业经营、战略的影响程度，最后以学者们的理论知识和专家、企业人士的行业信息和实践经历为基础，通过案例的方式分别列举了不同业内企业应对这些影响的战略、行为及实施结果。

与会的两位博士生将研讨内容进行了整理和结构化，发现研讨小组成员所列举的频率较高的影响企业的典型非市场事项包括："国家及行业政策"、"企业社会责任"、"环保"、"慈善捐助"、"舆论争议"、"地方经济建设与发展"等。

---

① 其中包括一名战略管理方面的博士生导师，两名战略管理方面的博士研究生，三名中国房地产指数研究院华中分院的研究专员及三名华中科技大学 MBA、EMBA 学员（房地产企业）。

同时，结合以上论述的西方学者对三类非市场事项的描述及研讨小组成员所判断的房地产行业内各非市场事项的影响程度，发现关于一类事项的关键词包括："宏观趋势"、"指导方针"、"行为导向"等；二类事项的关键词包括："行业规范"、"行业标准"等；三类事项的关键词包括："地区性问题"、"地方建设"等（见表 4-3）。最后，表 4-3 还列出了研讨小组成员关于企业应对不同非市场事项影响的战略及行为的描述中出现频率较高的关键词及对实施结果的描述中出现频率较高的关键词。

表 4-3　三类非市场事项、相应的非市场战略及其行为结果的部分内容分析关键词[①]

研究变量	主要关键词
一类事项	"具有长期影响力"、"始终贯彻并落实"、"宏观趋势"、"中央指导方针"、"社会价值观"、"公众的一般性期望"、"社会理念"、"全（球）社会共同遵守"、"稳定发展"、"调整企业使命"、"企业必须适应"、"公开号召"、"高调支持"、"积极响应"、"主动承担"、"密切关注"等
二类事项	"行业性管制"、"行业调控"、"五年规划"、"行业规范"、"行业标准"、"动态发展"、"调整中完善"、"可预测"、"显著影响企业战略的制定或选择"、"影响行业竞争环境"、"企业战略重制"、"战略重选或调整"、"积极反应"、"参与"、"观望"、"谨慎应对"等
三类事项	"地方政策落实"、"政策在地方的执行（调整）"、"地区性问题"、"社区习俗"、"短期的舆论焦点"、"不确定性高"、"变动余地大"、"企业主观影响"、"企业经营战术的调整"、"灵活调整"、"积极（主动）参与"、"发挥主导力量（作用）"等
非市场事项战略及行为	"积极承担企业社会责任"、"公开宣传"、"慈善捐助"、"为中低收入人群提供住房"、"积极参与公益行为"、"讨论行业政策"、"与政府合作项目"、"响应国家政策"及"主动承担促进环境的可持续发展的项目工程"等
非市场事项战略及行为的实施结果	"与政府部门建立良好关系"、"得到社会公众的认可（信任）"、"品牌形象提升"、"产品质量得到认可"、"提高竞争能力"等

　　第三，本研究成立了三人研究小组[②]，选取了内容分析法（content analysis）来收集中国房地产行业非市场环境中影响企业战略管理的三类非市场事项及企业应对战略、战略实施结果等相关数据。

　　本研究内容分析的数据主要来源于中国房地产行业的重要期刊《中国地产》、时

　　[①]　由于篇幅所限，这里仅列出主要的关键词，读者可通过 email 向作者索要完整的内容分析关键词列表。

　　[②]　其中包括参与过研讨小组的两位博士研究生及战略管理方面的一位硕士研究生，三者均接受过导师的系统训练，具备较强的数据收集及分析能力。

事报纸《中国房地产报》及专业收费网站"房地产信息网"（http：//www.realestate.cei.gov.cn/）自 2000 年 1 月 1 日到 2013 年 12 月 31 日的相关新闻报道。它们被选择的理由是：①作为行业权威期刊，《中国地产》能够公正地报道行业的动态发展、发生过的重要事件及典型企业的相关信息，并有企业管理者、资深专家学者等的定期深度访谈，保证了研究资料的客观性和深入性；②作为时事报道的《中国房地产报》，其每周新闻报道能更为详细及广泛地补充和细化《中国地产》的相关报道（如果报道重复，则不计入统计），这保证了资料的完整性；③作为一个庞大的房地产数据库，"房地产信息网"所提供的关键词检索、在线搜寻及跨库查找等专业工具，使我们更为便捷地获得了所需的数据及资料，这保证了资料复查的便捷性。当然，为了避免研究的片面性，案例分析鼓励采用信息的交叉补充和交叉验证方法（Yin，1994）。为此，除期刊资料来源以外，研究小组还充分利用了案例企业其他公开可得的数据来提高研究信息的真实性，例如其官方网站信息、关于企业的相关出版物（如公司年报、内部期刊及相关书籍等）及行业协会的报告等。

研究小组根据表 4-3 列举的相关关键词在新闻报道中收集与整理有关各类非市场事项的信息数据，最终筛选了 16 788 篇报道[①]，然后根据以上对各类事项的理论界定及实际新闻数据的分析，总结了非市场事项的特征及其在中国转型经济背景下的具体表现形式，见表 4-4 所示。

然后，我们在有关这些典型非市场事项的新闻报道中检索收集与以上 10 家案例企业有关的信息；再根据表 4-3 列举的关键词筛选出其中关于企业应对每类事项的战略及行为的数据。同时，基于以上关于非市场事项战略的界定，我们能够将这些行为信息进行分类。最后，在参考关于行为结果及目的的关键词基础上，我们进一步判断并归纳这些行为的结果（目的）。

值得注意的是，在统计过程中，若单个报道内容并未阐明，研究小组还通过深入搜索其他公开资料及根据访谈所获信息的确认与补充以确保数据的完整性及有效性。且每篇文章只对一个非市场事项、行为及行为结果进行编码，如果出现两个或两个以上的事项、行为、结果，组员最终确定一个主要的事项、行为及结果作为编码的依据。编码工作是从 2014 年 1 月份开始的，一共花了近 5 个月的时间。小组成员首先浏览新闻报道的题目，如果文章题目就可以识别出我们需要的信息，则直接

---

① 研究小组首先根据表 4-3 列举的关键词在所有新闻报道中选出相关事项篇章，然后剔除掉明显的市场事项部分（包括产品、价格、市场、消费者、融资、买地等内容）及信息不确定、模糊的报道。

对其进行编码。如果题目不够清晰，小组成员将进行二次资料查找，阅读文章本身找出对应的信息进而对其进行编码。我们总共收集了与案例企业采取战略行为应对各类事项相关的文章共 8 147 篇。在这些信息资料的收集过程中，大概有 46.9% 的文章仅仅通过题目就可以进行编码了，而剩余的文章则需要进行二次查阅，另外有大约 4% 的文章的信息是模糊的，这一部分被排除在我们的研究之外。例如，"向来是以中高档楼盘为主的万科，出于做大总体规模及满足中低收入人群住房需求的双重考虑，实施了建设中低价商品房这一最具有'颠覆'性的行为，给万科带来企业好公民的声誉"（2005 年 12 月 12 日报道）。在统计中，该行为被界定为是企业应对低收入人群住房的社会公益事项的反应行为。该行为是典型的桥梁型非市场事项战略。其行为结果则是"企业获得社会公众的认可（好公民的声誉）"。

表 4-4　企业非市场环境中显著影响企业战略规划过程的三类非市场事项统计与归纳表

非市场事项	特征	中国转型经济背景下的具体表现形式	频数
宏观调控类（一类）	主要分布在宏观层面； 能够影响企业使命及战略目标的设定与修改； 相对稳定地发展； 对企业而言非常重要，但并不受企业活动显著影响。	全球社会的共识； 政府领导人始终坚持的经济发展思想； 受政府推崇的社会价值观和关于行业背后的社会理念； 中央政府出台的关系经济全局及社会稳定的总体方针、指导政策等。	1 923
行业竞争类（二类）	主要分布在中观层面； 能够影响企业实施战略目标的方案的制定与选择 部分时期动态发展； 部分地受企业活动的显著影响。	中央政府出台的显著影响企业经营活动的各类行业政策、法规； 行业标准改革； 行业性结构变革等。	7 169
企业经营类（三类）	主要分布在微观层面； 能够影响企业战略的实施与控制，即直接影响企业的实际经营行为； 始终动态地发展； 受企业活动的显著影响。	争议性舆论问题（特别是对企业有不利影响的）； 行业政策细则的调整与实施； 地方性（如地方政府、社区等）事项等。	7 696
合计			16 788

为了保证内容分析的有效性与可靠性，在正式研究之前我们进行了预研究。研究小组的三位组员分别独立地对 100 条信息进行了预研究，主要分析事项类型及相应的企业非市场战略行为类型的判断结果。在进行第一次汇总时，我们发现一致的程度是 73.16%。根据 Nunnaly（1978）的观点，信度程度在 0.7 以上时表示前期的研究足够可信。为此，我们联合中国房地产指数研究院华中分院的两位专家共同对标准进行修正和确认，达成了一致率为 94.5% 的结果。为了进一步检验对各类具体的企业非市场战略行为及其结果进行编码的可信度，研究小组中两位经验较丰富的成员再次分别独立地对另外 100 条信息进行分析。我们运用 Perrcault & Leigh（1989）的信度指数来测验评分者间的信度。结果表明各类别的 PRL 估计值均在 0.80 以上。根据 Rust & Cooil（1994）的观点，这是一个较高的数字。

第四，研究小组采取了深度访谈的方法进一步确定并补充内容分析数据，同时收集企业如何将非市场事项及非市场战略纳入传统战略规划过程中的一手资料。

小组成员在中国房地产指数研究院华中分院的相关人员帮助下，于 2014 年 4 月到 6 月期间对恒大、万科、保利、中海外及碧桂园等五家公司及其部分地区分公司（主要是北京、广州及武汉三地）的共 21 位管理人员及员工分别进行了不同时间段及不同方式的深度访谈，了解公司战略管理的基本情况并沟通组员的研究判断，具体访谈样本构成如表 4-5 所示。访谈采取半结构化的方式（semi-structured depth interview）（Hakim，1987；Arksey & Knight，1999；Wengraf，2001），事先拟定了采访提纲，对所有企业都问及相似的问题。我们在事先获得被访者允许的前提下，在访谈时同时采取了笔录与录音两种记录方式，得到了丰富而翔实的文字资料。我们主要围绕以下四个方面的问题（详见附录 1）展开访谈：一，描述过去 15 年内，企业外部环境中出现的各典型非市场事项及其对企业产生了哪些层次上的影响（如目标层、战略层或实施层等）？二，公司采取了哪些战略或行为应对这些事项？三，这些战略及行为的目的或结果如何？四，公司在原有的目标设定、战略制定或战略实施等层次上通过怎样的变革或调整以应对这些事项？

表 4-5　访谈样本构成

访谈对象	高层管理人员	中层管理人员	职能部门（副）经理及员工
样本容量	3 人	7 人	11 人
平均访谈时间	3 小时	2 小时 35 分钟	45 分钟
访谈样本的基本特征	①年龄：46—58 岁，平均年龄 49 岁；②性别：女性占 33%，男性占 67%；③受教育程度：硕士学历占 33%；本科及以下学历占 67%。	①年龄：27—46 岁，平均年龄 33 岁；②性别：女性占 29%，男性占 71%；③受教育程度：博士学历占 28.6%；硕士学历占 42.8%；本科及以下学历占 28.6%。	①年龄：22—37 岁，平均年龄 28 岁；②性别：女性占 27.3%，男性占 72.7%；③受教育程度：博士学历占 9%；硕士学历占 54.5%；本科及以下学历占 36.5%。
抽样方法	判断抽样	判断抽样	随机抽样
主要获得信息	公司战略整体规划；外部环境的整体发展趋势等	公司各部分战略的制定与调整；行业（或某区域）竞争环境的变化与影响等	公司各部门对战略的执行情况和结果；地区经营环境对公司战略行为实施的具体影响等

　　说明：由于成本及地域的限制，小组成员对一些较远地区的分公司人员及一些未能面对面直接接触的人员的访谈则通过多次的电话、邮件、网络聊天工具等方式协助完成，所得资料非常丰富，并未影响数据的完整性和真实性。

4.5　研究结果

4.5.1　非市场事项内容分类及其影响范围

　　根据以上的变量界定及内容分析所得数据，我们对各非市场事项按内容标准进行了进一步的分类，即政治、环境、社会公益及社会舆论四种内容的非市场事项。然后，根据归纳所得的关键词、同义词，我们对深度访谈中被访对象关于第一个问题回答内容进行了整理和结构化，并按其主要影响范围（目标层、战略层、实施层）进行了划分，见表 4-6 所示：

表 4-6   政治、环境、社会公益及社会舆论四种内容的非市场事项的影响范围及其典型代表

影响层次	事项内容分类	在房地产行业中的典型代表
目标层	政治事项	积极的财政政策（扩大内需）、中西部大开发战略、城市规划建设（城市化进程）、稳健的货币政策、土地税收制度改革等
	环境事项	构建和谐社会（科学发展观、可持续发展）、绿色 GDP、循环经济建设、中央号召节能省地（节能减排）等
战略层	政治事项	土地出让方式改革（8.31 大限）、深化城镇住房制度改革，实行住房分配货币化、房地产信贷业务管理、保障中低收入人群住房问题（住房保障体系建设）、稳定住房价格、限购令等
	环境事项	绿色地产（绿色建筑）、住宅发展模式与资源环境状况协调、质量环境标准讨论等
	社会公益事项	企业社会责任建设（企业公民、和谐社会责任地产）、永久慈善基金、诚信地产建设、体育卫生（2008 北京奥运、全民健身等）、低收入人群住房（限价房建设、青年置业计划等）等
实施层	政治事项	市政规划建设（道路规划、地标建筑等）、地方性税收（优惠）政策、城区拆迁法规政策等
	环境事项	生态社区建设、零能耗（绿色住区）、环境（生态、人文等）治理等
	社会公益事项	中国慈善家排行榜、灾难捐款（洪水、海啸、非典等）、教育资助（希望工程、春蕾计划、建学校等）、社区（地方）爱心活动等
	社会舆论事项	房价（涨跌）争议、"仇富"心理、"房地产暴利时代"、"房地产泡沫说"、房地产是（不是）支柱产业（房地产与政府关系）、房产企业圈地论、经济适用房建设争议、房地产信贷与金融体制争议（房地产与银行关系）、（买房）富人优先论、政府该（不该）救市等

如表 4-6 所示，在中国房地产行业中，随着企业战略管理层次的降低，非市场事项的影响内容不断增多，其中影响企业目标设定层的非市场事项主要构成主体是政治事项及环境事项；影响企业战略制定层的非市场事项主要构成主体是政治事项、环境事项及社会公益事项；而影响企业战略实施层的非市场事项主要构成主体则是政治事项、环境事项、社会公益事项及社会舆论事项。

4.5.2   对非市场事项战略和非市场战略结果（目的）的识别

根据对内容分析法及深度访谈法获得数据的整理和结构化，得了表 4-7 及表 4-8 所列内容。其中，表 4-7 归纳了中国转型经济背景下企业应对以上三类事项的缓冲及桥梁型非市场事项战略的 12 种具体策略及 69 种行为方式：

表 4-7　中国转型经济背景下企业应对三类事项的具体策略及其行为方式统计与归纳表

事项战略类型		具体策略	行为方式
缓冲型	政治战略	政治公关	①企业高管针对事项利益相关者采取的一系列游说活动； ②企业针对影响行业或本企业的相关政治事项（如政策、法规的制定、实施等相关的问题）站在行业角度或企业角度提出研究报告，以正式或非正式的方式呈送给有关政府部门和行业组织； ③企业就事项发展向中央或地方政府部委提供有利的行业调查报告及信息反馈，并提交有关行业热点事项的意见和建议报告； ③企业在事项发展关键时刻自发组建短暂的民间联盟组织进行信息交流及共同向政府机构发出一致声音，增加向政府进言的分量； ④企业直接或间接地向政府推荐适合事项要求的企业投资项目并努力获得政府合作和支援； ⑤企业利用高管特别是在政府部门工作过的高管的社会政治关系网寻找关键部委官员为企业争取有利政策或对政策提出修改意见，希望他们就事项的负面影响为企业说话； ⑥企业通过政府官员的家人、同乡、同学、朋友找到政府官员，希望他们为自己代言； ⑦企业找到熟悉的参与事项决策的非政府官员，希望他们为企业说话； ⑧企业直接聘用在职或退休的官员为企业名誉顾问，来争取事项的优惠。
		政治参与	①企业通过高管社会关系网及突出表现争取成为人大代表、政协委员及各地行业协会会长直接或间接地参与全国性及地方性人大代表会议、政协会议（如参与行业政策的制定过程代表企业利益参政议政）； ②企业高管兼任或曾是地方政府机构的官员或地方人大代表，在制定地方具体细则时发挥影响作用； ③企业参与地方政策研讨会掌握事项发展的关键环节； ④企业参加行业协会，以行业角度对事项发展提出意见(如提出行业标准或规则)； ⑤企业参加行业协会，协助并引导各项事项的发展（如政府实施政策、法规）； ⑥企业高管或股东被聘为各级政府决策咨询顾问或委员，能够对相关事项进行拟定与研讨； ⑦企业通过参与由政府组织的访问团、政府工作会议、由政府组织的相关活动、由各级政府召开的各种会议及由行业协会召开的各种会议，就各类事项与政府沟通及荐言。
		政治邀请	①企业邀请政府官员共同参与全国性或区域性行业会议，交流事项信息； ②企业主动与相关政府研究机构（如中国经济体制改革研究会公共政策研究中心）联系，邀请研究员参观企业并举办行业政策研讨会； ③企业组织正式的事项研讨会、展览会或非相关性的宴会、仪式（如为企业雇员颁奖、为企业或新产品题字、参加各种市场活动，如新产品上市（揭幕）活动等），邀请官员参与； ④企业邀请事项发展过程中的关键政府官员、关键外国政府官员、关键人大代表和政协代表及其他关键利益相关者(包括消费者、合作伙伴)参观、访问企业； ⑤企业争取获得事项发展过程中的关键政府官员的接见； ⑥企业争取各种机会定期走访事项发展过程中的关键政府部门及官员。

续表 4-7

事项战略类型	具体策略	行为方式
公共事务战略	公关沟通	①在认可事项的前提下，公开对事项提出符合企业利益的解释与补充； ②积极与公众、媒体、非政府组织沟通、交流彼此对事项的看法（利益），并努力达成相对一致。
	公关引导	①企业高管在主要媒体上就相关事项积极发表有利于企业的观点性言论，引发广泛的关注或争议； ②企业与专家、评论家、学者等权威人士通过商讨，引导其与企业达成关于事项意见的一致口径； ③企业争取博得媒体和社会舆论的支持； ④企业通过主要媒体高调宣传及鼓吹对企业有利的事项意见，并尽可能地暴露事项现状不合理的方面； ⑤企业利用灵活的公关活动获得公众信任，转移事项的不利影响。
	公关（公益）组织	①企业积极组织与事项相关的公益活动，并产生影响； ②企业积极组建与事项相关的公关团队，实施影响活动； ③企业积极组建与事项相关的公益团体，实施影响活动。
桥梁型 政治战略	政治学习	①企业定期举办内部学习研讨会，带领员工（特别是共产党党员）了解、剖析近期发生的相关事项及重要的政府政策及法规； ②企业积极研究国家及地方各级领导对事项所作的相关讲话； ③企业定期就最新事项要求相关人员（特别是共产党党员）撰写学习报告、心得及可行性报告； ④企业定期公布季度公司员工政治学习提纲或计划； ⑤企业定期向全公司员工宣传最新事项进展或全文转发政府发布的重要政策、法规、通知； ⑥企业前瞻性地使其战略项目迎合事项发展趋势。
	政治响应	①企业对政策事项保持高度敏感性，能通过积极响应决策者号召，而起到表率作用； ②为获得政府好感，企业公布一些适合事项的措施，以观望的态度暂时维系事项现状； ③企业高调宣布积极贯彻决策者提出的事项政策、措施及方针； ④企业通过各种途径向事项决策者报告企业针对事项的相关工作情况； ⑤企业从财务上支持与参加事项决策者组织的各种相关活动； ⑥企业通过资助性公益广告、宴会、演讲等公开方式支持、响应事项政策； ⑦在政府相关部门的配合下实施事项决策者鼓励与支持的措施，提出顺应事项环境的战略思路； ⑧企业针对近期领导的一次讲话或某个与事项相关的事件做出迅速的支持性(倡议性)反应。
	企政建设	①企业在内部建立共产党组织、学习共产党历史、定期组织共产党党员会议等； ②企业建立与地方政府的良好关系，希望他们在一些国际或国内同行、专家定期举办的交流、研讨等会议中公开推荐或赞扬企业以获得更多机会； ③为响应某个政治人物的讲话，或顺应某个政治事件，企业借助于政治法规、政治事件或政治人物的发言而策划和实施与事项相关的公益慈善活动； ④在七一建党节、八一建军节等党内重大节日当天进行与事项相关的捐款或其他公益（公众）活动； ⑤企业捐助特别是由政府部门负责的社会公益事业、地方教育及环境绿化，赞助大型文艺及社区志愿活动，资助和谐社区、净化居住环境等的公益宣传活动； ⑥企业在执行事项要求的过程中遇到重要经营事项请示有关机构及官员。

事项战略类型	具体策略	行为方式
公共事务战略	社会慈善	①企业积极支持教育事业，定期捐建学校或成立教育基金； ②企业建立慈善公益基金； ③企业积极为灾民及受灾地区提供经济援助； ④企业积极解决下岗职工再就业问题； ⑤企业积极支持、参与环保活动； ⑥企业高管独自或陪同政府官员、有影响力的公众人物视察贫苦地区并承担（参与）援建工程。
	社会习惯	①企业提出公开公益性口号，将之作为企业行为准则或员工的行为习惯； ②企业服从被社会广泛认可的规则，遵守潜在的、理所当然的规则并努力适应之； ③企业提出能够平衡各利益相关者的事项预期的战略思路； ④企业与相关关键事项利益者联合组织公共活动响应事项； ⑤企业与有影响力的社会组织、公益组织建立战略性合作关系； ⑥企业确定某日（月、年）为企业公益日（月、年），并坚持执行。
	社会认可	①与媒体合作举办社区关怀慰问、人文活动或提倡绿色环保健康居住环境以获得公众好感，得到其赞许及支持； ②企业努力参与国家、地方经济与市政基础设施建设，引进外资、进行有利于政府政绩的投资，解决地方就业问题及促进地方经济发展； ③企业勇于承担并积极协助事项利益相关者在解决事项发展过程中产生的棘手问题，尽量做其推荐赞许的事情； ④企业争取作为地方经济的代表及税收的主力成为政府及地方社会的骄傲，这能获得中央或地方政府、公众的注意或赞同，增加地方与企业的关联性和依赖性，以增加事项优惠政策的可能性； ⑤企业争取一切机会获得各种奖励、称号、荣誉； ⑥企业模仿、跟随行业领导企业或先进企业针对事项的相关措施。

如表 4-7 所示，缓冲型政治战略的三个具体策略分别为：①政治公关：指企业作为主体对政府这个客体通过各种公关手段，如游说、信息咨询、寻找代言人、组织联盟等，进行相互之间的组织关系沟通，以期从政策层对事项的发展产生影响；②政治参与：指企业通过对重要事项决策过程（如政府政策、法规制定与实施过程）的直接参与，对相关事项的发展、决策产生影响，通过各种途径寻求政府的政策及资源支持，并尽可能使之成为独有的竞争优势；③政治邀请：指企业主动邀请各级政府官员及事项相关的其他关键利益者参与（参观）企业重大活动，在此过程中，企业通过宣传（推荐）与事项相关的企业信息、业绩，沟通事项信息、交换意见，并共同讨论事项形势等方式达到影响或引导事项发展的目的。

缓冲型公共事务战略的三个具体策略分别为：①公关沟通：指企业争取各种公

开的途径与除政府以外的各事项利益相关者，特别是公众、媒体等，沟通交流对事项的解释、意见，从而利用公众力量影响事项决策者；②公关引导：指通过企业的力量，引起媒体、消费者群体、股东群体或其他利益相关者对事项的关注，引导他们产生有利于企业的事项意见及舆论倾向，从而间接影响事项决策者的决策行为；③公关组织：指企业公开地（高调地）组织或组建正式的或非正式的与事项相关的公关及公益活动、团队，对事项实施影响。

桥梁型政治战略的三个具体策略分别为：①政治学习：指企业通过内部党组织持续地关注政策变化及事项动态，并定期讨论、分析，增强企业员工对事项的知晓、适应及预测能力；②政治响应：指企业通过各种公开地积极地方式，以口头的或实际行动迅速回应事项决策者的相关举措，以争取行动先机或政治信赖；③企政建设：指企业在内部举办与党有关的一切活动，在外部积极参与、支持与政府有关的一切活动，这些活动均与政府部门的政绩及个人的偏好、意愿等联系起来，以期与事项相关的各级政府机构及关键官员建立良好的互动关系，从利益与情感上增加政府部门及个人与企业的关联性和依赖性，从而增加企业在事项决策过程中被考虑的分量，获得更多优惠。

桥梁型公共事务战略的三个具体策略分别为：①社会慈善：指企业通过各种慈善、环保等社会责任行为，特别是对与事项相关的公众、员工、社区和其他利益相关者直接负责或特别关注的社会公益事业的捐助和财务上的支持，赢得他们的注视及信任，以此来巩固企业的资源基础或减少资源约束，增强企业应对事项的能力和优势；②社会习惯：指企业主动适应、遵守、服从既定的社会习俗，或主动规定、贯彻正确的行为准则（习惯），通过各种方式增强企业在事项执行中的公信力；③社会认可：指企业通过各种主动、高调地行为方式获得与事项相关的所有利益相关者的好感、赞许及依赖，以获得事项更多的决策倾斜及优惠。

表 4-8 显示了这些非市场事项战略的实施结果（目的）。

表 4-8　企业应对非市场事项的战略及行为的结果（目的）统计与归纳表

结果目的	一类事项	二类事项	三类事项
桥梁型	通过积极遵守宏观政策及公认的行为标准、价值观，并起表率作用，使企业获得广泛的认同。	通过积极与相关部门沟通并执行政府关于行业的政策与法规，以获得有利的政治关系； 通过学习并适应政策中的合作，以获得与关键利益者（如银行、供应商等）的稳定关系。	通过积极参与地方政府、社会机构组织的活动，做政府推崇的事情，以获得各种荣誉、得到了政府及公众的好感甚至信任； 通过帮助地方政府提升政绩成为地方政府的骄傲（如成为知名企业、纳税大户等）。
缓冲型	通过企业的积极解释或组织行业其他企业一起行动，一方面获得政府认同，另一方面引导政府及社会对事项的理解向有利于本企业的方向发展。	通过推动一些行业政策与标准的调整来影响政策的制定与发展，并获得更多关键资源（如土地、资金等）； 通过各种建议及游说使一些行业政策与标准能反映本企业的意见，并与关键利益者（特别是政府）建立互动关系。	通过直接参与地方政府的政策之过程并提出一些关于政策执行的方式的看法，以影响政策的执行并获得暂时的竞争优势； 通过质疑事项某些不合理要求并针对一些与企业相关的热点话题发表公开意见，以获得有利的舆论环境； 通过与地方政府的交互，以获得更多政策优惠及资源支持。

根据表 4-8 的统计结果：①企业试图通过桥梁及缓冲型非市场事项战略获得企业与政府、社区公众等关键利益相关者之间的良好关系，并由此争取到包括政策、企业荣誉、公众信任、生产资料等在内的各类资源；②企业试图通过桥梁型非市场事项战略获得企业行为与主要利益相关者期望之间的一致性，包括政府及公众对企业的认可与信任等；③企业试图通过缓冲型非市场事项战略管理及影响外部环境的动荡性（如制度变更及舆论争议等）。

4.5.3　非市场事项及非市场事项战略在企业战略管理过程中的整合

在对各类变量的识别和不同所有制企业的比较之后，我们对深度访谈内容进行了整理与结构化，最终归纳出了案例企业在战略管理过程中整合非市场事项及战略的具体方式，如表 4-9 所示：

表 4-9 案例企业在战略管理过程中整合非市场事项及战略的具体方式

类别	子类别及其描述
非市场事项战略整合	桥梁型：①企业的使命、年度发展思路及各战略战术的目标等都同时体现了企业对社会责任及其他非市场因素（如产业政策等）的关注； ②企业的投资，既考虑盈利前景等市场因素，还考虑了要符合地方发展战略及产业政策等制度因素或获得投资对象的政府关系等资源因素（如投资政府项目）； ③企业的新楼盘，既满足了市场需求（例如房型、小区绿化等），还满足了非市场需求（例如遵守环保标准、节能等）； ④企业在规划及建设过程中，既考虑经济因素（例如效率、成本节省等）的同时，还考虑了社会、政治因素（例如城市环保、市政建设与城镇规划等①）。 缓冲型：①企业在应对竞争对手的竞争策略时，积极运用了法律、规制（产业政策、建筑标准等）以及地方行政补贴等手段来减少进入威胁与保持潜在利润； ②当企业遇到了困难（例如资金困难、政策限制等）时，主动向政府、行业协会或非盈利性企业联盟（如中城联盟）等相关部门、组织寻求帮助，例如降低政策的不利影响、获得更多融资渠道等； ③当企业面临不利的社会舆论（例如顾客对楼盘质量、价格等的质疑、社会公众对企业甚至行业形象的质疑等），企业主动通过公关活动（例如媒体报道、高管言论、参与研讨会等）来消除不利影响，制造舆论，减少风险； ④企业积极参与政府、社会公众所关注或倡导的事项（例如慈善事业、环保、节约能源）中，将其作为重要的战略工作及营销手段。
非市场事项整合	第一类事项整合：指企业将非市场事项与企业战略思路、战略目标设定的整合，例如：企业使命或年度发展思路或各战略目标，即企业有效地将市场目标（利润、市场占有率等）与非市场目标（搞好政企关系、承担社会责任等）整合协同等； 第二类事项整合：指企业将非市场事项与战略方案制定、战略方案的选择与调整的整合，例如： ①企业管理（如人力资源管理与下岗再就业政策、财务预算与慈善捐助等）； ②兼并收购或寻找战略伙伴（如收购国企既是竞争考虑也是整合政府资源的非市场考虑）等。 第三类事项整合：指企业在具体战略行为的实施过程中，同时考虑各战术策略与各事项的不同组合，例如： ①产品策略（新楼盘或建设项目）； ②价格策略（如万科推出低价房是价格竞争因素与保障低收入人群住房的社会责任因素的综合考虑）； ③促销宣传； ④圈地及融资等。

4.5.4 不同所有制企业应对三类事项的非市场事项战略的具体实施情况

根据以上对中国转型经济背景下三类非市场事项、相应的非市场战略及行为结果进行的归纳分析后，我们能够通过对内容分析数据的整理和统计，进一步比较不同所有制的案例企业在应对不同类型非市场事项中采取非市场事项战略的具体情况，见表 4-10、4-11 及 4-12 的统计结果。

---

① 如万科沈阳四季花城在开发过程中，曾因保护了 300 多棵胸径 50 厘米以上的大树，而被传为佳话。

4.5.4.1 案例企业应对第一类事项的非市场事项战略的具体实施情况

表 4-10 案例企业应对第一类事项的 12 种非市场策略统计表

所有制	案例企业	缓冲型非市场事项战略						合计	桥梁型非市场事项战略						合计
		政治公关	政治参与	政治邀请	公关沟通	公关引导	公关组织		政治学习	政治响应	企政建设	社会慈善	社会习惯	社会认可	
国有	保利	9	8	16	3	4	/	40	25	20	9	18	16	9	97
	%	22.5	20	40	7.5	10	/	100.0	25.8	20.6	9.3	18.6	16.5	9.2	100.0
	绿地	7	4	13	/	1	/	25	13	10	5	14	5	5	52
	%	28	16	52	/	4	/	100.0	25.1	19.2	9.6	26.9	9.6	9.6	100.0
	中海外	7	9	21	1	2	/	40	21	17	5	15	11	9	78
	%	17.5	22.5	52.5	2.5	5	/	100.0	26.9	21.8	6.4	19.2	14.1	11.6	100.0
	首开	8	7	17	1	/	/	33	19	15	8	12	13	8	75
	%	24.2	21.2	51.5	3.1	/	/	100.0	25.3	20	10.7	16	17.3	10.7	100.0
	合计	31	28	67	5	7	/	138	78	62	27	59	45	31	302
	%	22.5	20.3	48.6	3.6	5	/	100.0	25.8	20.5	8.9	19.5	14.9	10.4	100.0
民营	恒大	8	3	17	14	8	/	50	11	23	16	11	6	14	81
	%	16	6	34	28	16	/	100.0	13.6	28.4	19.8	13.6	7.4	17.2	100.0
	万科	9	7	21	18	9	/	64	15	27	20	16	10	21	109
	%	14.1	10.9	32.8	28.1	14.1	/	100.0	13.8	24.8	18.2	14.7	9.2	19.3	100.0
	碧桂园	5	/	9	6	4	/	24	8	15	9	7	2	12	53
	%	20.8	/	37.5	25	16.7	/	100.0	15.1	28.3	17	13.2	3.8	22.6	100.0
	龙湖	3	/	7	14	/	/	24	5	15	13	6	6	12	57
	%	12.5	/	29.2	58.3	/	/	100.0	8.8	26.3	22.8	10.5	10.5	21.1	100.0
	合计	25	10	54	52	21	/	162	39	80	58	40	24	59	300
	%	15.4	6.2	33.3	32.1	13	/	100.0	13	26.7	19.3	13.3	8	19.7	100.0
合资	绿城	10	2	13	17	1	1	44	6	14	12	16	6	8	62
	%	22.8	4.5	29.5	38.6	2.3	2.33	100.0	9.7	22.6	19.4	25.8	9.7	12.8	100.0
	华润	5	/	9	12	/	/	26	2	6	9	11	3	4	35
	%	19.2	/	34.6	46.2	/	/	100.0	5.7	17.1	25.7	31.4	8.6	11.5	100.0
	合计	15	2	22	29	1	1	70	8	20	21	27	9	12	97
	%	21.4	2.9	31.5	41.4	1.4	1.4	100.0	8.2	20.6	21.6	27.8	9.3	12.5	100.0

从表 4-10 的统计结果，我们可以看出：①无论是国有企业还是民营企业或外资企业均主要采取桥梁型非市场事项战略中的 6 种策略应对第一类事项；②在桥梁型政治战略中，国有企业更倾向于采取政治学习（25.8%）及政治响应（20.5%）策略应对这类事项，而民营企业则善于运用政治响应（26.7%）策略及企政建设策略（19.3%），合资企业则正好相反，是企政建设（21.6%）及政治响应策略（20.6%）；③在桥梁型公共事务战略中，国有企业与合资企业主要采取的是社会慈善策略（19.5%；27.8%），而民营企业将力量集中在社会认可策略上（19.7%）；④部分企业也采取了少量的缓冲型非市场事项战略应对第一类事项：在缓冲型政治战略中，部分国有企业和民营企业采取了政治邀请策略（48.6%；33.3%）；而在缓冲型公共事务战略中，部分民营企业和合资企业则选择了公关沟通策略（32.1%；41.4%）。

4.5.4.2 案例企业应对第二类事项的非市场事项战略的具体实施情况

表 4-11 案例企业应对第二类事项的 12 种非市场策略统计表

所有制	案例企业	缓冲型非市场事项战略						合计	桥梁型非市场事项战略						合计
		政治公关	政治参与	政治邀请	公关沟通	公关引导	公关组织		政治学习	政治响应	企政建设	社会慈善	社会习惯	社会认可	
国有	保利	34	32	56	43	64	39	268	34	62	29	38	36	18	217
	%	12.7	11.9	20.9	16	23.9	14.6	100.0	15.7	28.6	13.4	17.5	16.5	8.3	100.0
	绿地	28	31	44	37	48	30	218	33	60	25	34	25	15	192
	%	12.8	14.2	20.2	17	22	13.8	100.0	17.2	31.3	13	17.7	13	7.8	100.0
	中海外	27	29	33	31	42	31	193	25	57	25	22	27	24	180
	%	14	15	17	16.1	21.8	16.1	100.0	13.9	31.7	13.9	12.2	15	13.3	100.0
	首开	28	31	46	34	50	36	225	23	45	13	17	30	21	149
	%	12.4	13.8	20.4	15.2	22.2	16	100.0	15.4	30.2	8.8	11.4	20.1	14.1	100.0
	合计	117	123	179	145	204	136	904	115	224	92	111	118	78	738
	%	12.9	13.6	19.8	16.1	22.6	15	100.0	15.6	30.4	12.5	15	16	10.5	100.0
民营	恒大	39	24	67	34	46	12	222	25	67	43	23	40	47	245
	%	17.6	10.8	30.2	15.3	20.7	5.4	100.0	10.2	27.3	17.6	9.4	16.3	19.2	100.0
	万科	74	31	64	45	63	9	286	32	79	51	37	48	71	318
	%	25.9	10.8	22.4	15.7	22	3.2	100.0	10.1	24.8	16	11.6	15.1	22.4	100.0
	碧桂园	56	20	45	41	54	5	221	19	65	38	21	34	62	239
	%	25.3	9	20.4	18.6	24.4	2.3	100.0	7.9	27.2	15.9	8.8	14.3	25.9	100.0
	龙湖	43	19	37	32	39	3	173	13	48	32	17	27	52	189
	%	24.9	11	21.4	18.5	22.5	1.7	100.0	6.9	25.4	16.9	9	14.3	27.5	100.0

所有制	案例企业	缓冲型非市场事项战略						合计	桥梁型非市场事项战略						合计
		政治公关	政治参与	政治邀请	公关沟通	公关引导	公关组织		政治学习	政治响应	企政建设	社会慈善	社会习惯	社会认可	
合计		212	94	213	152	202	29	902	89	259	164	98	149	232	991
%		23.5	10.4	23.6	16.9	22.4	3.2	100.0	9	26.1	16.6	9.9	15	23.4	100.0
合资	绿城	65	25	48	40	23	4	205	5	45	35	19	34	45	183
	%	31.7	12.2	23.4	19.5	11.2	2	100.0	2.7	24.6	19.1	10.4	18.6	24.6	100.0
	华润	52	26	44	41	28	5	196	7	49	39	23	29	48	195
	%	26.5	13.3	22.4	20.9	14.3	2.6	100.0	3.6	25.1	20	11.8	14.9	24.6	100.0
合计		117	51	92	81	51	9	401	12	94	74	42	63	93	378
%		29.2	12.7	22.9	20.2	12.7	2.3	100.0	3.2	24.9	19.6	11	16.7	24.6	100.0

从表 4-11 的统计结果，我们可以看出：①无论是国有企业还是民营企业或合资企业均采取了大量的桥梁型及缓冲型非市场事项战略应对第二类事项；②在桥梁型政治战略中，政治响应策略受到三类所有制企业不同程度地青睐（30.2%；26.1%；24.9%），而国有企业还倾向于采取政治学习（15.6%）应对这类事项，而民营企业及合资企业则选择企政建设策略（16.5%；19.6%）；③在桥梁型公共事务战略中，社会习惯策略及社会认可策略则成为三类所有制企业共同关注的方式，而其中国有企业更倾向于社会习惯策略（20.1%），而民营和合资企业则将致力于社会认可策略上（23.4%；24.6%）；④在缓冲型政治战略中，国有企业主要采取了政治邀请策略（19.8%）应对第二类事项的影响，政治参与策略（13.6%）被实施的比重则位居第二；而民营和合资企业则灵活运用了政治公关策略和政治邀请策略，其中政治邀请策略被民营企业实施的频率更高（23.6%），政治公关策略被合资企业运用的比例更大（29.2%）；⑤在缓冲型公共事务战略中，国有企业主要采取了公关引导策略（22.6%），其次是公关沟通策略（16%），民营企业则在公关引导策略（22.4%）及公关沟通（16.9%）策略上花费较多精力，而合资企业集中主要力量在公关沟通策略（20.2%）上。

4.5.4.3 案例企业应对第三类事项的非市场事项战略的具体实施情况

表 4-12　案例企业应对第三类事项的 12 种非市场策略统计表

| 所有制 | 案例企业 | 缓冲型非市场事项战略 | | | | | | 合计 | 桥梁型非市场事项战略 | | | | | | 合计 |
		政治公关	政治参与	政治邀请	公关沟通	公关引导	公关组织		政治学习	政治响应	企政建设	社会慈善	社会习惯	社会认可	
国有	保利	44	52	46	23	84	39	288	7	13	9	48	16	29	122
	%	15.3	18.1	16	8	29.2	13.4	100.0	5.7	10.7	7.3	39.3	13.2	23.8	100.0
	绿地	44	47	38	27	76	33	265	2	15	3	56	4	26	106
	%	16.6	17.7	14.3	10.2	28.7	12.5	100.0	1.9	14.2	2.8	52.8	3.8	24.5	100.0
	中海外	42	48	40	29	81	36	276	3	18	1	34	8	24	88
	%	15.2	17.5	14.5	10.5	29.3	13	100.0	3.4	20.5	1.1	38.6	9.1	27.3	100.0
	首开	36	40	36	25	70	34	241	2	10	5	39	2	30	88
	%	14.9	16.6	14.9	10.4	29.1	14.1	100.0	2.3	11.4	5.7	44.3	2.3	34	100.0
	合计	166	187	160	104	311	142	1070	14	56	18	177	30	109	404
	%	15.5	17.5	15	9.6	29.1	13.3	100.0	3.5	13.9	4.5	43.8	7.3	27	100.0
民营	恒大	50	42	49	25	62	35	263	8	18	45	35	11	80	197
	%	19	16	18.6	9.5	23.6	13.3	100.0	4.1	9.1	22.8	17.8	5.6	40.6	100.0
	万科	62	58	54	31	89	42	336	6	23	60	43	15	97	244
	%	18.5	17.3	16	9.2	26.5	12.5	100.0	2.5	9.4	24.6	17.6	6.1	39.8	100.0
	碧桂园	34	38	41	23	54	28	218	3	10	48	32	7	75	175
	%	16	17.4	18.6	10.6	24.8	12.6	100.0	1.7	5.7	27.4	18.3	4	42.9	100.0
	龙湖	45	47	43	29	63	36	263	2	17	53	34	13	64	183
	%	17.1	17.9	16.3	11.1	23.9	13.7	100.0	1.1	9.3	29	18.6	7	35	100.0
	合计	191	185	187	108	268	141	1080	19	68	206	144	46	316	799
	%	17.7	17.1	17.3	10	24.8	13.1	100.0	2.4	8.5	25.8	18	5.8	39.5	100.0
合资	绿城	45	32	23	45	41	11	197	2	15	30	35	4	47	133
	%	22.8	16.3	11.7	22.8	20.8	5.6	100.0	1.5	11.3	22.5	26.3	3.1	35.3	100.0
	华润	40	27	21	34	38	13	173	1	12	31	40	7	31	122
	%	23.1	15.6	12.1	19.7	22	7.5	100.0	0.8	9.9	25.4	32.8	5.7	25.4	100.0
	合计	85	59	44	79	79	24	370	3	27	61	75	11	78	255
	%	23	15.9	11.8	21.4	21.4	6.5	100.0	1.2	10.6	23.9	29.4	4.3	30.6	100.0

从表 4-12 的统计结果，我们可以看出：①无论是国有企业还是民营企业或合资企业均主要采取缓冲型非市场事项战略中的 6 种策略应对第一类事项；②在缓冲型政治战略中，政治参与策略受到国有合民营企业不同程度地青睐（17.5%；17.9%），合资企业则更倾向于采用政治公关策略（23%）；③在缓冲型公共事务战略中，公关引导策略受到三类所有制企业不同程度地青睐（29.1%；24.8%；21.4%），而国有及民营企业还采取了公关组织策略（14.1%；13.1%），而合资企业仍然将力量集中公关沟通策略上（21.4%）；④部分企业也采取了少量的桥梁型非市场事项战略应对第三类事项；在桥梁型政治战略中，部分民营企业和合资企业采取了企政建设策略（25.8%；23.9%）；而在桥梁型公共事务战略中，部分民营企业和合资企业则选择了社会认可策略（39.5%；30.6%）。

4.6　研究讨论

作者在参考了图 4-2 所示的整合框架的基础上，根据以上的案例分析结果，可以得到中国转型经济背景下，企业融入非市场环境的分析，以事项管理方式整合非市场环境及战略的战略管理模式（如图 4-3）。这个战略管理模式在融合过去 20 年里有关非市场战略及其与企业战略规划和市场战略整合的相关研究的基础上，在以下四个方面进一步补充和修改了图 4-4 所示的战略管理模型：①识别了中国转型经济背景下，非市场环境中显著影响企业战略管理的三类非市场事项及其相关特征和具体内容；②识别了中国企业为应对各类事项所采取的不同种类的非市场事项战略及行为方式；③非市场事项及战略在战略规划过程中整合的具体内容及各部分间的相关关系；④在战略规划中整合非市场事项及战略的结果。

回应、维护、改进及创造

企业内部环境分析 + 企业外部环境分析

市场环境分析 + 非市场环境分析（事项识别）

战略目标层整合

市场目标
获利性（净利润等）；
成长性（总资产、销售额等的增长）；
效率性（低成本等）；
……
+
非市场目标
政治性（政策优惠、政策利润等）；
责任性（环保、公益等）；
认知性（公众、媒体关系等）；
……

影响

非市场事项的选择与评估

宏观事项环境层
（政治事项、环境事项）

行业竞争事项环境层
（政治事项、环境事项及社会公益事项）

企业经营事项环境层
（政治事项、环境事项、社会公益事项及社会舆论事项）

战略制定层整合

市场战略
成本领先战略；
差异化战略；
目标集中战略；
……
+
非市场战略
政治公关战略；
政治参与战略；
政治邀请战略；
公关沟通战略；
公关引导战略；
公关组织战略；
……

部分地互动

战略实施控制层整合

市场行为
新产品上市；
价格折扣；
渠道优化；
促销宣传；
……
+
非市场行为
信息咨询；
直接参与；
慈善捐助；
在媒体上发表言论；
邀请官员参观企业；
帮政府解决问题
……

显著互动

战略实施结果

市场结果
企业经济绩效；
市场竞争优势；
……
+
非市场结果
企业资源（有形、无形及关系）；
企业经营合法性；
影响外部环境的企业能力；
……

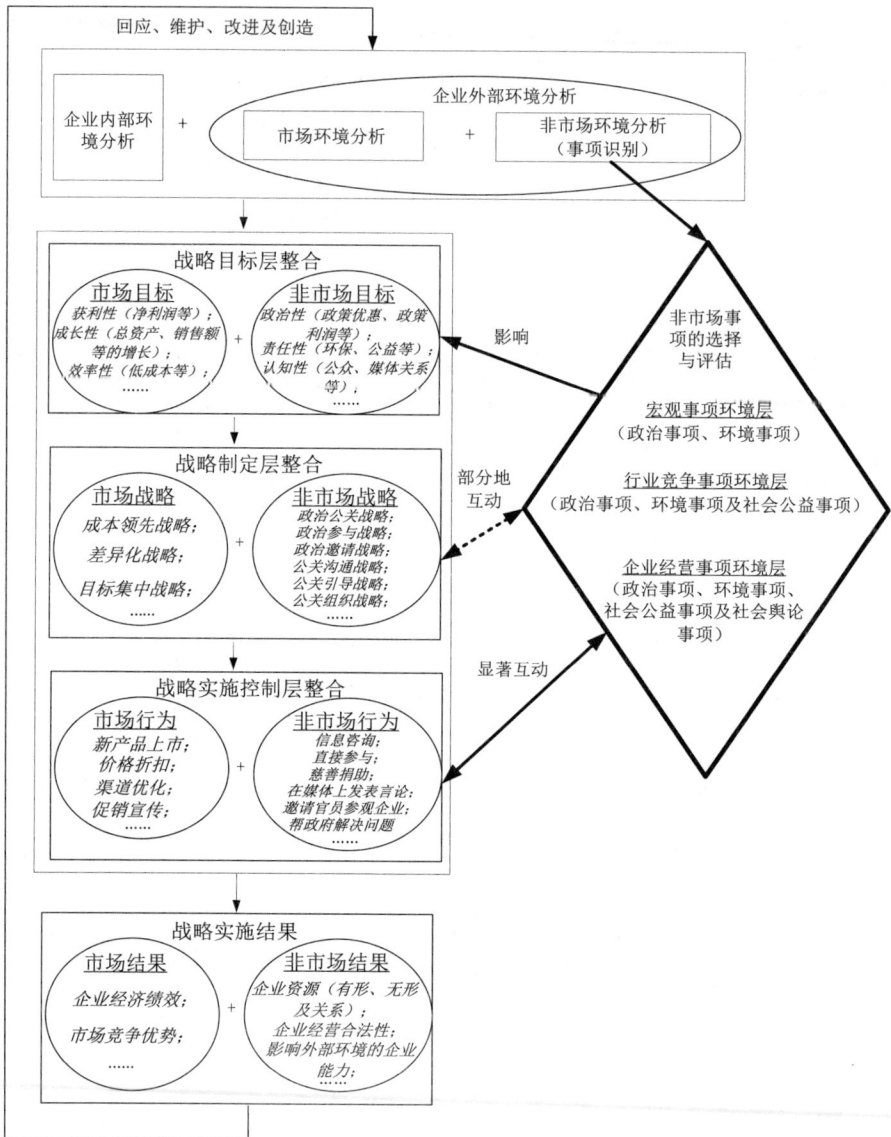

图 4-3 中国转型经济背景下基于非市场事项管理的企业战略管理的整合模式

4.6.1 基于事项管理思路的企业外部整体环境层整合

本章的研究结果进一步细化了 Camillus & Datta（1991）及 Bronn & Bronn（2002）等学者所界定的三类非市场事项，并清晰地指出，在中国转型经济背景下，企业不能像西方学者那样仅仅视外部非市场环境为一个整体影响因素，而是必须以事项管理角度将环境进行分层对待，区分各层非市场事项影响的不同内容，如图 4-4 所示：

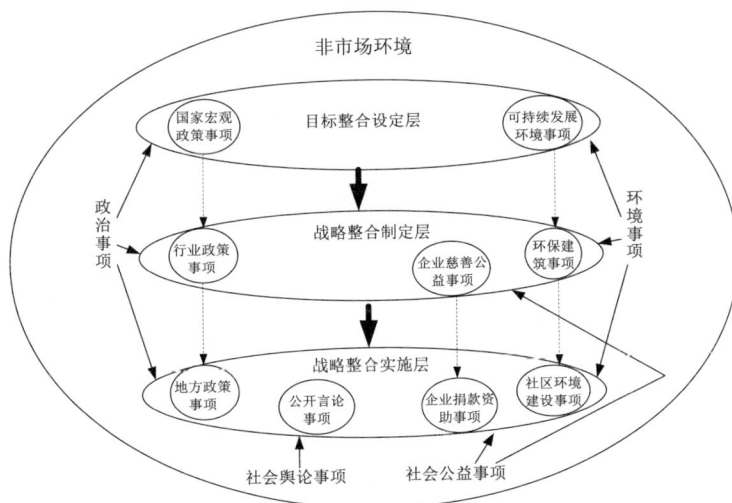

图 4-4 非市场环境中影响企业战略管理各层次的非市场事项内容

4.6.1.1　一类事项的内容及其特征

第一类非市场事项是既定的（一般性）事项，主要涉及经济与社会层的意识形态和价值观的总体趋势及政府提倡的宏观政策趋势等。对中国企业而言，表现为诸如国家宏观法律、政策在内的政治事项及包括全球社会价值观在内的环境事项，它们对企业战略目标有着相对稳定的影响力。自改革开放以来，中国政府主要采取渐进模式逐步推进经济体制及相应机制的转轨（田志龙，张泳 & Hafsi，2002；高勇强，2004）。从纵向纬度看，渐进模式强调的是循序渐进；从横向纬度看，渐进模式强调的是由点带面的协调发展，抓典型搞试点（陈振明，2003）。这一逐步规范的渐进过程是由宏观层面上的指导性思路、总体行为标准及社会价值观的确立为开端，通过逐层的深入影响及反复修改，最终得以完善并最终落实（Tian & Fan，2008b）。因此，一类事项对企业而言非常重要，但并不受企业活动显著影响。

4.6.1.2　二类事项的内容及其特征

第二类非市场事项是部分地动态发展的事项，主要涉及行业环境中对企业价值链各环节活动产生影响的非市场事项。在中国转型经济环境中表现为诸如行业管制政策的颁布、行业标准的制定与修改等的政治事项、行业层环境管理事项及企业战略性慈善公益事项。中国经济体制的改革伴随着政府对各行业政策管制的变化与发展（王凌云，刘厚学，张龙，2003），使得政府成为中国企业面临的最大利益相关者，它既直接干预企业的经营运作又通过不断出台的各种政策及法规改变企业的外部环境来间接影响企业（王爱武，田志龙，白瑞征，1999；汪伟，史晋川，2005）。因此企业必须特别关注外部行业层的政治环境的变动。此外，随着中国经济、社会的发展，环保意识、责任意识已经逐渐深入到各行各业，并通过各种方式逐步贯彻到企业的战略行为当中。"环境管理"、"战略性慈善行为①"等术语也获得了越来越多中国学者及企业家的关注，成为企业战略管理理论及实践领域的新热点之一（苍靖，2001；杨东宁，周长辉，2004；唐更华，许卓云，2005；陈宏辉，2007）。

另一方面，中国共产党长期坚持的"从群众中来，到群众中去"的原则在全国人民代表大会制度上得到了具体体现。人大代表发挥了在党组织和政府与人民间沟通信息、反映情况的"桥梁"和"纽带"作用。因此，行业内少数大型领导企业能够以高管或关联人士的人大代表身份直接参与到政策制定过程中，影响行业政策事项的发展，促使更有利的解释性政策（政策细则）的出台（Tian & Fan，2008b），或通过环境管理、公益慈善等方面的先动行为引导相关事项发展及业内其他企业的从众行为，从而与各非市场事项建立了部分的互动关系，包括：①接受并防御已确定的非市场事项的影响；②影响并引导正在发展的非市场事项。因此，第二类事项的特点是，既影响企业实施战略目标的方案的制定与选择，同时也部分地受到公司活动的影响。

4.6.1.3　三类事项的内容及其特征

第三类非市场事项是显著动态发展的事项，主要涉及企业运营环境中的地区性政治及社会问题。在中国房地产行业中表现为企业所面临的地方政府与社会环境，如地区性政策法规及国家政策的实施方式等政治事项、地方政府和社会公众关注的环境事项及社会公益事项和诸如公共事件与舆论在内的社会舆论事项等。由于中国幅员辽阔，而且地方差异较大，中央政府不可能制定一个放之四海而皆准的政策。在原则性政策的指导下，地方政府便成为中央政府与各行业企业之间的缓冲层（纽带）。它们有权根据地方发展水平及行业企业的实际情况来进一步细化政策的具体

---

①　并非任何慈善行为都会提升企业竞争力，那些与企业经营毫无关系的企业慈善行为只会产生社会效益。只有当企业支出同时具有良好社会效益和经济效益时，企业慈善行为才能与股东利益一致，即只有当企业的慈善行为同时也对企业的竞争环境产生重要积极影响时，企业社会责任与经济目标才能兼容。波特（2003，2006）将这种企业慈善行为定义为战略性慈善行为（strategic philanthropy），从而将企业社会责任理论与其竞争战略理论融为一体。

实施方式。同时，近年来地产行业也暴露了越来越多的地区性问题，如市政规划建设等地方性政治事项、社区环境治理等区域性环境事项、灾难捐助及各类慈善捐款排行榜的片区影响性等社会公益事项、大中城市房价暴涨等舆论事项。企业不仅试图影响地方政府朝着有利于企业的方向来执行行业政策，减少政策对企业的束缚以获得独有的竞争资源，也通过更为灵活机动的行为方式关注地方政治、环境、公益、舆论事项的发展以创造一个宽松的经营环境。因此，第三类事项的特点是，既直接影响企业实际经营行为同时也受企业行为的显著影响。

4.6.1.4 总　结

综上所述，我们可以发现，在中国转型经济环境下，政治事项仍然是影响企业经营和管理的头等大事，这也与中国的特殊国情有关。在中国，政府仍然控制着企业竞争所需的众多资源的配置，是企业经营的乃至生存的最大利益相关者。同时，我们也看到，曾几何时不受国人重视的环境保护问题如今也成为了企业战略管理及竞争的重大事项。近年来，国家颁布并实施了一系列环境保护法规，对企业经营行为进行了强制性约束；同时，社会公众环保意识不断增强，要求企业履行环境保护责任的呼声越来越高；来自市民、环保团体、工商业机构内的股东、投资者、客户、监管机构、往来银行及保险公司的种种压力，也迫使企业不得不从战略的高度处理好追求利润与环境保护的关系。

然而，与西方不同的是，社会公益事项在中国转型时期仍然处于相对的弱势。尽管部分领导型企业已将社会责任、公益意识提到企业使命或战略目标的高度，但更多的中国企业在应对这类事项时仍然采取的是事项驱动型战略或行为（田志龙，邓新明 & Hafsi，2008）。据中国企业家调查系统 2007 年的最新统计，七成企业履行社会责任主要动因是为了提升企业品牌形象，获得公众及政府好感。郭沛源和于永达（2006）指出，社会公益事项影响的更高级的形态应当是企业将与社会公益相关的种种因素整合到战略目标的高度，实现企业经济效益和社会公共福利的双赢。Porter & Kramer（2006）认为，积极主动地将企业社会公益战略与其他商业战略整合，能改善和发展企业的商业和制度环境，直接提升企业竞争优势，快速改善企业绩效。因此，在企业社会公益、责任备受关注的今天，社会责任运动已不仅仅是"社会期待企业应履行的责任"，而是企业获得消费者认同和创造竞争优势的源泉。因此，中国企业应从根本上改变对企业社会公益的看法和参与社会公益、责任运动的动机，从目标高度将企业社会公益事项整合到战略规划中，使企业获得更多市场机会及持续的竞争优势。

4.6.2 企业整体战略规划过程必须既考虑市场战略又关注非市场战略

本章的研究结果指出，案例企业主要采取桥梁型非市场事项战略应对第一类事项的影响，即是将既定事项的要求纳入了企业日常战略管理中的战略目标或战略行为中，这与西方学者的相关研究（Douglas & Judge，1995；Porter & Kramer，2006）是一致的。因此，我们可以将企业应对一类事项的桥梁型非市场事项战略的特征归纳为：通过政治学习及社会习惯战略将这类事项对企业提出的要求与企业的战略目标、企业使命（愿景）相结合，并体现在项目及产品的开发与建设过程中；而少量缓冲型非市场事项战略的特征为：通过政治邀请及公关沟通战略对政治、环境事项的影响做出积极的反应。

在中国转型时期，企业实施桥梁型非市场事项战略是由于外部环境对企业正式的和非正式的制约（North，1990；Oliver，1997；Peng，2002）。首先，尽管政府法规有待进一步完善和成熟，但中国经营环境在市场化进程中也得到了越来越多的调整和改善。因此，这种逐渐规范的经营环境在某种程度上迫使中国企业必须遵守各种规章制度。其次，除了大量法律、法规不断出台外，企业利益相关者的逐渐成熟也使得他们对企业产生了更多期望，这也加大了企业满足外部期望的压力（He & Tian，2008）。最后，中国商业环境受到中国传统文化（如孔子儒家）的深远影响，基本的社会及政治价值系统传承两千多年（Hwang，1987；Hwang & Rosina，1987）。因此，好感、关系及互惠成为描述企业与其利益相关者间关系的共同特征（Wong，Tjosvold & Zhang，2005）。

同时，研究结果显示，企业在应对第二、三类事项影响时，不仅实施了桥梁型非市场事项战略，更充分地利用了缓冲型非市场事项战略试图影响这些事项的发展，为企业的运营建立一个环境"防护网"。特别是第三类事项的缓冲战略更多。Pfeffer & Salancik（1978）指出，企业总是更倾向于利用缓冲行为应对更为动态的非市场事项。因此，我们可以将企业应对第二类事项的桥梁型非市场事项战略的特征归纳为：通过政治响应及社会慈善战略将事项影响作为其目前及未来项目投资与开发的重要考虑因素；而缓冲型非市场事项战略的特征为：通过政治公关及公关引导战略与事项利益相关者讨价还价，试图改进事项要求，以达到阻碍事项干扰或调整事项影响的目的。

而企业应对第三类事项的缓冲型非市场事项战略的特征归纳为：通过政治参与及公关组织战略改变或控制包括舆论环境、社区环境在内的非市场事项的发展，使其更有利于公司发展。而桥梁型非市场事项战略的特征为：通过企政建设及社会认可战略维持事项现状，继续观望其发展，并在可能情况下在企业项目实施中纳入非市场事项要求。

研究发现，缓冲型非市场事项战略在中国背景下特别有效。究其原因，大致包括：第一，中国政府掌控着转型时期关键资源的分配，如土地、资金及政府补贴等，这为企业积极构建与政府的良好关系提供了足够的动机（刘洪军，2002；张建军，2005）。第二，相比西方，中国企业家有更多的机会参与政治，这增加了企业影响公共政策，甚至制定有利的行业政策的可能性。比如，许多中国企业的高管都被选为了人大代表或政协委员，他们有权影响公共政策的制定，在过程中提出有利于企业及行业发展的政治建议。特别是，由于评价中国政府政绩的关键指标之一是地方经济的发展，而企业在经济发展过程中扮演着至关重要的角色，因此，许多大企业（包括国有、民营及外资）常常能够在中央及地方政府制定政策的过程中有话语权。特别是那些高绩效及大规模的企业，则在参政议政中拥有更大的议价能力，能够获得更多诸如资金、有利政策在内的政府支持（高勇强，2004；贺远琼，2006）。

4.6.3　企业战略整合的实施层次

Bronn & Bronn（2002）等学者认为，将事项管理融入企业战略管理过程中是企业应对外部非市场环境影响的有效方法。本章的研究结果还进一步地体现了中国转型经济背景下企业在战略管理过程中整合非市场事项管理及相应的战略战术的具体实施方式及层级。

经典战略管理理论将影响企业战略选择的外部环境分为宏观环境及微观环境。而正如前文的分析表明，由于中国转型经济的特殊性及近年来房地产行业突出的地区性问题，使得产业竞争环境（如影响行业政策、建立竞争壁垒）及企业运营环境（如舆论环境、社区环境等）层的非市场事项对企业的影响更为显著。因此，在本研究中，将微观环境进一步细分为行业竞争环境及企业经营环境两类，以便更详细地分析缓冲型非市场战略如何抵御及塑造外部非市场环境的影响。通过访谈及案例分析，我们发现，为了应对外部非市场环境的影响，企业传统的战略规划过程在各个层次上（主要包括战略环境分析、战略目标设定、战略方案制定以及战略实施等阶段）的整合步骤包括：

4.6.3.1 目标设定层整合

宏观环境事项层，指企业回应包括国家总体的方针、政策及社会价值观等方面的影响。在宏观环境中的一类非市场事项影响下，企业的战略目标设定同时体现了企业对获利性、成长性及效率性等的市场目标及对政治性、责任性及公众认知性等非市场目标的关注。通过经济利益与社会利益的统一，为随后的战略制定提供指导及原则。比如，企业能预见性地进行战略环境分析，并做出战略决策（例如在政府出台某项政策要求之前，主动影响政府政策的出台，争取要求积极有利的政策，从而有助于战略决策）。

4.6.3.2 战略制定层整合

行业竞争事项环境层，指企业维护或改进包括行业政策、行业标准、竞争规则等方面的影响。在行业竞争环境中的二类非市场事项影响下，企业的战略制定层既要考虑以波特提出的三大竞争战略为代表的市场战略，也要考虑各类应对非市场事项影响的非市场战略。

比如，在企业制定项目投资决策时，既考虑盈利前景等市场因素的影响，还要考虑如何通过非市场战略应对符合区域发展规划及产业政策等制度因素影响或获得投资对象的政府关系等资源（如投资政府项目）目的；企业积极关注行业政策的制定与修改，并主动与政府、行业协会等相关部门、组织沟通、商讨解决措施，最终抵挡政策的不利影响或使政策朝着有利的方向发展；企业积极支持政府、社会公众所关注或倡导的事项（慈善公益事业、环保等）中，将其作为重要的战略工作，以塑造有利的竞争环境等。

4.6.3.3 战略实施层整合

企业经营事项环境层，指企业改进或创造包括企业经营所在的城市环境、市政建设、社区环境，以使其更有利于公司发展。在企业经营环境中的三类非市场事项影响下，企业在实际的竞争及经营活动中，既要采取以"4P"为代表的市场竞争行为，也要关注包括本研究归纳的69种具体行为方式在内的非市场竞争行为。比如，企业的项目产品（服务）及定价行为，既要满足顾客及经济效益需求，还要满足非市场需求（如符合环保、节能等公益标准等）；企业直接参与并影响地方政策的实施，并主动通过公关活动（例如媒体报道、高管言论、参与政策研讨会等）来消除不利的社会舆论，减少风险。

4.6.4　战略管理整合的结果协同

西方学者在研究战略整合过程中，从各种角度探讨了企业绩效与整合间的关系（Shaffer，Quasney & Grimm，2000；Quasney，2003）。而我们通过表 4-9 的结果分析，发现中国企业的战略整合实际上是通过赢得企业的各类资源、提升企业经营合法性及提高显著影响外部环境的企业能力而最终获得持久的竞争优势，并获得整体绩效的提高。

这里的资源既包括资金、土地、市场等有形资源，又包括嵌入在非市场环境（包括政府政策、社会关系等）中的无形资源（如政府提供的优惠政策、企业美誉度、企业的公众信赖程度等）及关系资源（如商政关系、银企关系等）（Oliver，1997；Bresser & Millonig，2003）。从表 4-8 的统计结果来看，两种战略都是为了获得更多资源，特别是对企业的经营影响越来越显著的后两种资源。

企业从利益相关者那里获得相关资源的前提是，企业具有经营合法性（Lousbury & Glynn，2001；Tornikoski &Newbert，2007）。即，企业要生存和发展，仅仅只有效率和绩效是不充分的（Epstein，1978），企业的经营目的和手段还必须和习俗、价值观以及社会期望相一致（Dowling & Pfeffer，1975），即被认为是合法的。企业获得经营合法性的途径之一是将自己与已经获得合法性的组织、事项联系起来（Ashforth & Gibbs，1990）。表 4-8 显示了在战略管理中整合桥梁型非市场事项战略以赢得关键利益相关者（特别是合法性最高的政府）的认可及信任，是中国转型时期企业提高经营合法性及整体绩效的有效的途径之一。

最后，表 4-8 的统计结果还显示了，通过整合缓冲型非市场事项战略，企业提高了应对及影响外部环境动荡性的能力。这也说明中国的战略管理与事项管理过程的整合仍然属于短期（或间断）的事项驱动型整合（田志龙，邓新明，2008），即整合非市场事项战略主要是为了应对一段时间内的各非市场事项的影响，动态型事项与战略结合的高度不够。

因此，随着中国经济体制改革的深入，作为经济主体之一的企业已不仅局限于简单利润的竞争，更多地开始重视社会声誉、政府关系等非市场资源的竞争，通过获得政府、社会公众等利益相关者的认可及增强应对外部动态环境影响的能力，从而提升企业的整体绩效。

4.6.5 事项及战略整合过程中不同性质企业间的差异

不同所有制企业采取非市场事项策略的差异归根结底是因为它们拥有着不同的事项资源。实际上，政府、社会公众等非市场因素如同竞争对手、顾客等市场因素一样，对企业的成败有着显著影响（Baron，1995b），因为它们掌握了企业生存、发展所需要的各种资源。而在有着典型转型经济体制特征的中国，政府是企业面临的最大利益相关者，掌握着各种重要资源的调配和管制，也是合法性最高的组织。同时，中国经济体制的改革与政治权力体制的变化有着密不可分的关系（田志龙，贺远琼，高海涛，2005）。转型时期中国政府主要采取渐进的方式逐步调整和完善各行业的管制政策及市场规范，这使得中国企业既要密切关注企业非市场环境中各类事项的变动，也有可能在各类事项的逐步发展过程中实施影响，争夺资源（Tian & Fan，2008b）。

从本章对不同所有制企业应对各类事项的非市场战略实施情况的比较看：

（1）尽管三类企业均倾向于顺应一类事项的相关影响，但在策略选择上则存在少量差异。以案例企业应对企业社会责任事项的整合为例：我们在统计分析中发现，万科、绿城等为代表的民营及合资等"先天不足"型[①]企业在履行事项要求，即承担企业社会责任方面的这类目的性比国有企业更强烈，主要的目的是为了构建政治关系网络及提升公众信赖度，获得更多关键利益相关者的认同。而作为政府形象的间接代表的国有企业则通过学习、响应及确认等方式达到表率及带头影响的目的。

（2）桥梁型及缓冲型非市场事项战略在案例企业应对第二类非市场事项影响时有着相辅相成的互动关系。案例企业均将这类动态非市场事项作为其项目投资与开发的重要考虑因素。它们不仅能快速响应并接纳这类由相关政策引发的非市场事项并调整战略工作，还能通过缓冲行为在政策发展过程中联合行业协会、非盈利企业联盟等相关组织主动与政府沟通，从而影响事项的发展。然而在策略选择上，三类企业则存在显著差异。其中，与政府有直接关联的国有企业对政策性事项保持了高度敏感性，凭着其与政府及关键官员天然的联系，能够较多地通过直接参与或直接联系（邀请或会面）的方式积极地向其建议，获得更有利的事项空间。然而，相对于国有企业与政府之间的天然"血缘"关系，政企关系对转轨期民营企业发展的影响更为重要。在转轨条件下，除了具备传统的企业家能力外，企业家的政治活动能力（主要指处理好与政府关系的能力）对民营企业的发展具有重要影响（汪伟，史

[①] 主要是指与国有企业比较，民营企业没有先天的政府等相关资源，外（港）资企业没有中资企业先天的社区及市场等相关资源。

晋川，2005）。从研究结果来看，民营及合资企业必须通过诸如建议、引导等更多公开的方式以期获得事项决策者对其建议及项目开发模式的关注与认可，从而获得支持。特别是对于民营和外资企业而言，通过政治邀请和政治公关策略，企业一方面向政府展示自己在执行事项要求过程中所取得的成绩，从而引发更多有利的事项政策的出台，更重要的是能反映企业意见、困难，直接呼吁各方为非国有企业创造良好的生存环境（贺远琼，2006）。有时，通过这些策略，它们还能比国有企业更前瞻性地使其战略项目迎合甚至影响事项趋势，以获得先动优势（如中低收入人群的住房事项中的绿城及限制住房面积事项中的万科）。

（3）尽管三类企业均倾向于采取影响甚至控制的态度应对第三类事项的要求，但在策略选择上则存在少量差异。案例企业特别是民营及合资企业均更倾向于通过直接面对公众者的较公开的非市场策略整合外部环境事项因素。Deephouse（1996）认为，由于大企业对外部环境具有更大的影响，会受到更多的媒体关注及经营合法性的挑战，从而促使企业采取更多实质性的措施直接影响和塑造政治与公众意见。Creyer & Ross（1996）的研究表明，76% 的消费者表示在价格和质量相同的情况下，他们愿意转换成与他们所关心的公益事业有关的品牌和企业。

4.7　结论与启示

4.7.1　研究结论

本章通过对中国转型经济环境下典型的房地产案例企业的分析，回答了企业应如何分解并应对外部非市场环境的影响，各种非市场事项的特征、企业应对这些事项的战略、行为及这些战略行为如何融入战略管理过程等关键问题，并在此基础上提出了中国转型经济背景下企业整合非市场事项与相应战略的战略管理模式。

本章的研究结论包括：①中国转型时期，面临非市场环境越来越显著的影响，企业应该以事项管理方式在企业战略管理中应对外部非市场环境不同层次的影响，并整合相应的非市场战略，这已成为企业获得持久竞争优势的有效途径之一。本章还进一步分析了各层非市场事项在中国背景下的具体内容、特征及对企业战略管理的影响范围。②面对不同层次的非市场事项影响，企业分别采取了 12 种相应的缓冲型及桥梁型非市场事项策略以应对，包括：政治公关、政治参与、政治邀请、公关沟通、公关引导、公关组织、政治学习、政治响应、企政建设、社会慈善、社会习惯及社会认可，其中又共分为了 69 个具体行为方式。③在战略管理中，桥梁型非市场事项战略关注的是企业内部的战略决策过程，是企业成功的添加剂；缓冲型非市场事项战略关注的是企业外部的环境及经营空间，是企业成功的防护网。④中国转型时期，整合的结果（目的）主要集中在通过赢得企业经营所需的各类资源、提升企业经营合法性及提高应对及影响外部环境动荡性的企业能力，从而最终提高企业整体绩效，实现持久竞争优势。⑤与政府有直接关联的国有企业能够依靠其独有的政治关系能力，获取更具优势的事项资源，并起到表率作用。而民营及外资企业必须通过诸如媒体宣传的高曝光率、内部高管与职能部门的协调配合等更多方式赢得事项决策者的认可及信任，从而获得事项资源（这里更为重要的是政府关系资源），以期有效地提高经营合法性。

因此，本章的贡献在于，在继承前人研究结论的基础上，通过典型行业的案例研究，回答了企业如何在战略管理中应对外部非市场环境影响，进而整合非市场因素的关键问题，特别是利用中国转型经济背景下的历史性数据明确地提出了一个关于事项管理与战略管理的整合模型，补充了西方学者的相关研究，并对中国企业提高战略管理水平有重要理论价值及指导作用。

4.7.2　研究启示与局限

我们的研究结果对转型经济背景下企业实施战略整合具有一定意义的实践启示：①持续地关注各类非市场事项的影响，并通过前瞻性的战略及行为显著地提高企业应对，特别是后两类更为动态的事项影响的预警能力和反击能力。②从战略高度整合。在激烈的竞争中，企业不仅要关注越来越多的非市场因素的动态影响，更应从战略高度将这些非市场因素整合到战略管理中，使企业获得更多市场机会及持续的竞争优势。③经济绩效与社会绩效的统一。我们的研究表明，企业通过整合主动影响外部环境及变革内部战略规划的过程中，不能仅仅局限于单一的经济绩效，还包括提升企业的经营合法性等问题。

然而，本章仍存在着一些研究局限：第一，本章的研究数据大部分来源于行业公开数据，这可能会遗漏一些内部信息及数据，尤其是一些非市场行为的隐密性；第二，本章只选取了不同性质的十家典型企业为研究对象，可能会在某种程度上影响结论的完整性。因此，未来的研究方向在于：①通过实证数据验证本著作提出的战略整合模型的实用性及有效性；②通过更多的典型研究样本的探讨深入分析整合的实施过程及具体影响因素。

4.8　本章小结

战略管理要回答的最根本问题之一是"企业如何获得竞争优势"（Porter，1985；Rumelt，1984）。Baron（1995b）认为当非市场战略与企业的市场战略整合时，其对企业有最高的价值，是企业在管制或放松管制环境中的重要补充。企业可以通过针对非市场环境实施的非市场战略来获得独有资源并增加公司的竞争优势。特别是当企业的机会掌握在政府手中或受到公众压力挑战时 [①]，非市场战略不仅需要有效的制定和实施，而且它们必须与市场战略整合（Baron，1997）。本章的研究结果反映了，转型时期外部环境（特别是制度环境）的影响成为中国企业（特别是大型企业）战略决策的重要考虑因素，为了构建更为有利的生存空间，他们更愿意选择"揭竿而起"而不是"坐以待毙"。因此，事项管理成为企业应对不同层次非市场环境影响并将相应的非市场战略融入传统战略管理中的有效途径。同时，本章界定的 12 种缓冲型及桥梁型非市场事项策略及 69 个具体行为方式也反映了非市场战略在企业战略管理中越来越重要的作用，其多样性更说明中国转型时期复杂而动荡的环境背景增加了企业战略决策的不确定性（Tan & Litschert，1994），使得企业越来越注重通过非市场战略抵御环境变化，增强市场战略的执行效力（Aggarwal，2001），从而获得持续的竞争优势并提升企业整体绩效。最后，在识别了中国转型经济背景下，非市场环境中显著影响企业战略管理的各种非市场事项内容及其相关特征、中国企业为应对这些事项所采取的不同种类的非市场战略行为方式及其相关特征、非市场事项及战略在战略规划过程中整合的具体方式及各部分间的相关关系及在战略规划中整合非市场事项及战略的结果的基础上，本章明确地提出了一个关于事项管理与战略管理的整合模型，补充了西方学者的相关研究，并对中国企业提高战略管理水平有重要理论价值及指导作用。

但本章的研究只是为企业市场与非市场环境与战略整合提供了一个整体的战略管理模型及思路，至于企业在实践中如何具体地实践战略及行为的整合互动，非市场环境与相应战略又会呈现出怎样的动态发展规律等问题，还值得我们更进一步的深入探讨与研究。这正是本著作第 5 章以及第 6 章中要研究的问题。

---

① 如本研究中的房地产企业，不仅土地等核心资源的调配权掌握在政府手中，同时也因为房价等问题受到公众的广泛关注及争议。

第5章 资源导向的非市场与市场战略的 竞争互动

本章将为第 4 章所构建的战略管理整合模型奠定实践基础，我们将以房地产行业为研究对象，深入分析现实中企业具体实施的战略整合互动的行为模式。通过第 4 章的研究，我们得出企业必须在传统的战略管理过程中整合事项管理的思路来应对企业外部非市场环境的影响。一些西方学者（比如 Minzberg，Ahlstrand & Lampel，1998 等）在考察企业的外部环境时，认为竞争者环境（包括现有与潜在的竞争者集合）给企业带来的竞争影响是最直接的。那么企业实际的竞争互动中，在企业制定与实施战略过程中，是否也必须将视角扩展到非市场领域？企业在与竞争者进行互动的过程中，为何要关注非市场战略及行为？在当今复杂的竞争战中，非市场战略行为和市场战略行为呈现出怎样的互动规律及协同关系？这与传统的竞争互动研究有何异同？企业如何通过关注非市场战略及行为来获取竞争优势？为了突出企业非市场战略在企业竞争实践中越来越显著的作用并进一步地探讨战略管理整合模式下企业非市场战略与市场战略具体的整合规律，本章将以竞争互动研究为基础，探讨以上问题。本章采用的方法是结构化内容分析法（Structured Content Analysis）（Jauch，Osborn & Martin，1980），主要是基于二手资料进行分析。这种研究方法是竞争互动研究的传统方法，被西方学者所广泛采用，其独特性在于研究样本基本元素是企业的具体行为，并且样本来源于企业外部的公共信息，主要针对特定字词、字意、句子、主题、段落或者全文进行（Weber，1985）分析，以获得研究所需的数据，并探索各行为之间的规律。

5.1 引　言

手机的流行使无线电波成为一项稀有且极具价值的资源。在过去十几年中，美国联邦通讯委员会（FCC）一直掌控着无线电波使用权的价格。2004 年，Nextel 公司加入到了无线电波领域的激烈竞争之中。Nextel 公司试图说服 FCC 以 85 000 万美元的价格出售无线电波的使用权（Belson，2004；Birnbaum & Noguchi，2004）。这个谈判引起了华盛顿地区的游说战役，因为现有竞争者不希望看到 Nextel 公司成为市场上的有力竞争对手。于是，Verizon Wireless，Cingular Wireless 及其他几个公司利用强大的资金支持及游说团队进行了一场昂贵的竞争战役。它们试图让政府相信，FCC 与 Nextel 公司进行的将是一场不公平的交易，Nextel 公司不可能为无线电波的使用权支付这么高的价格。它们认为这项有价值的资源不应该在没有竞争投标的情况下被私下出售，这剥夺了其他纳税人对资源的利用权。最终，这些公司的游说行为使 Nextel 与 FCC 的谈判未达到预期结果。

1992 年 7 月，英国航空和美国航空宣称双方准备进行合并，前者计划向这位即将面临财政崩溃的同行投资 7.5 亿美元，以实现英国航空进入美国市场，进行全球扩张计划的目的。毫无疑问，英国航空对美国航空的投资能显著地改变南太平洋航空市场的结构，及美国国内的市场份额。这项举动激起了美国本土航空公司一系列防御性的反应行为。三家公司——美国西部航空、联合航空和达美航空立即联合起来阻碍这家英国公司针对美国航空的救援行动，之后联邦快递公司（Federal Express）也加入了它们的队伍。这四家企业形成的集团被人称为"四巨头"。除了在市场方面的一系列措施外，各航空公司也开始从非市场方面着手进行竞争。彼此不甘示弱的对手分别组建了游说的队伍，双方的人员凭借自己的努力和机智，四处访问，寻求各方的支持。而代表三大航空公司或者说"四巨头"的队伍则拥有更为有利的条件，其中有一名游说者叫作安德鲁·卡尔德（Anderw Card），之后担任了美国交通部部长和乔治·布什的参谋长。加上"四巨头"采取了大量的公共关系、立法、媒体及政治行动，许多都是通过与其他航空运输商的合作实现的。竞争对手与其他利益团体联合采取的集体或独立的反击行为，削弱了英国航空直接投资的力量，终于在全球最大的商业航空市场上，战略性地阻止了英航的市场进入与扩张。英国航空公司打入美国市场计划的失败，为竞争战役中政府限制因素产生的巨大影响提供了一个生动的例证。

1999 年，面对一些购房者对好位置、好品质住房的情有独钟，万科再次刮起"涨价风"，寓意其品牌效应的深入民心。尽管其多个项目楼盘在一年内连涨数次，但仍取得了较好的销售业绩。国内许多开发商采取了降价手段予以应对。但是，万达则通过公开强调"三项承诺"的质量宣言，随后又联合大连市建委全文转发《万达宣言》以增强其公信力等非市场行为予以回击，它们公开强调，万达向消费者出售的不仅是房子，而是一种生活环境和居住理念。这样一来，万达便将价格竞争转向了产品质量、生存环境的理念竞争，不仅扩大了品牌效应也获得了极好的销售效果。

以上三段有趣的事例生动地描述了企业如何在生产资料市场、政治市场、社会舆论市场等传统产品、顾客市场以外的"非市场"上相互影响（互动）及激烈的竞争，不仅在于争夺它们认为有价值的稀缺的资源，还在于尽力去控制它们竞争对手的资源。尽管在生产资料市场、政治市场、社会舆论市场等"非市场"中的竞争也逐渐成为企业战略的重要考虑要素，但是发挥资源环境中的竞争力量并攻击对手的资源的想法却没有在现有文献中予以完全的解释清楚。

近 20 年以来，企业间竞争的逐渐加剧和频繁的互动都要求学术界和企业界能够明确地理解企业间竞争互动的规律（Chen，1988）。竞争互动（Competitive Interaction）被定义为产业内企业通过一系列的进攻和反应活动来相互竞争的一个动态的过程（Chen，1988；Chen，Smith & Grimm，1992；Chen & MacMillan，1992）。竞争互动研究的基本观点是，战略是动态的，企业所发动的竞争行为会引起其他参与竞争的企业的一系列回应。这类研究以企业间的实际竞争行动为基点，关注行为之间的互动关系及规律。然而，一直以来，在竞争互动的相关研究中，学者们主要关注的是价格、促销等典型的针对产品、顾客的竞争行为（Baum & Korn，1999；Silverman & Baum，2004），并没有清晰地探讨过企业在社会、立法及政治等领域利用法律的或行政手段减少进入者威胁等的竞争行为（Gale & Buchholz，1987；Quasney，Grimm & Shaffer，1997；Quasney，2003）。实际上，近些年来，企业在激烈的竞争环境中，越来越频繁地通过这类非市场竞争行为实现建立市场壁垒、维系利润、塑造及控制竞争环境等的竞争目的（Getz，1997）。因此，美国斯坦福大学 Baron 教授明确地将企业竞争行为分为基于产品、顾客等传统竞争因素的市场行为及基于政策、舆论等政治、社会因素的非市场行为，并强调了两者在企业竞争及绩效中的协同与互动关系（Baron，1995b，1997）。Quasney（2003）认为，市场与非市场行为都是从企业的核心竞争力中获取价值，不管是低成本生产，还是有效的公关或游说行为（Keim & Baysinger，1988）。

特别是，作为具有代表性的转型经济社会，中国在从计划经济向市场经济转轨的过程中，中央政府对各行业仍然保持着持续的政策干预并掌握资源分配，加上中国源远流长的独特文化，使得中国企业的非市场行为（如针对行业管制、立法、公共关系、媒体及政府关系等）在竞争中显得尤为重要（Guthrie，1997；Peng，1997）。因此，研究这一社会中的企业竞争行为无疑具有非常重要的理论和应用价值。但是，随着改革开放及我国社会主义市场经济的逐步建立，直到 20 世纪 90 年代末，企业间的竞争互动行为才逐步引起了国内企业界和学术界的重视（蓝海林，2001；谢洪明，蓝海林，刘钢庭，曾萍，2003；谢洪明，蓝海林，叶广宇，杜党勇，2003；刘勇，黎婷，2005）。而且，他们的研究也仅局限于传统竞争互动研究中的市场行为，而忽略了非市场行为对转型经济背景下企业竞争的重要作用。

因此，本章的目的是在企业的竞争互动分析中同时考虑市场与非市场行为，探讨彼此的互动关联，从而对传统竞争互动理论做出新的解释，并进一步地分析企业市场战略行为及非市场战略行为整合互动的具体行为模式，为企业的战略整合研究提供更完整的分析及更广阔的视野。特别是，在传统竞争互动研究的基础上加入企业的非市场竞争行为分析，探讨在新的理论框架下企业传统竞争互动规律有哪些新的特点？而企业竞争的领域、行为及互动关系等内容有哪些变化？企业在中国经济转型过程中采取了哪些竞争性非市场行为？在竞争过程中，市场与非市场行为之间存在着怎样的相关关系？在进攻与反应的过程中，市场与非市场行为如何互动？等等，都是本章关注的焦点。本章以转型时期拥有不稳定的制度环境及激烈的竞争环境的中国房地产行业为案例，通过系统查阅行业期刊新闻报道资料，采用内容分析法研究了上述问题。本章的贡献是，第一，分析中国企业的市场与非市场行为在竞争过程中的相关关系，补充传统动态竞争理论中的单一市场行为分析，构建对竞争互动理论的新的解释；第二，探讨典型企业的市场与非市场行为的互动规律，完善企业战略整合的理论研究。

5.2 研究背景及框架

竞争互动（Competitive Interaction）是动态竞争理论的重要研究内容。动态竞争的研究始于 20 世纪 80 年代初，至今仍是国外企业战略管理学界最重要、讨论最热烈的研究方向之一。其研究路线的基础是，战略是动态的：企业所发动的竞争行为会引起其他参与竞争的企业的一系列回应行为，研究的重点是企业间竞争行为之间的内在规律及其缘由。在西方文献中，动态竞争的英文名称一般为 Competitive Dynamics，台湾学者吴淑华将其翻译成"竞争动力学"，大陆学者吕巍等将其翻译成"竞争原动力"。相关研究也使用 Dynamic Competition。我们赞成将这类研究译为"动态竞争"，因为相关研究对企业间竞争动力的考察最后都落到了企业的行为层面，研究中使用的基本变量主要是企业的具体行为。相对企业战略的产业组织模式（IO）和资源基础模式（RBV），这一研究路线对企业战略实践的指导作用更大，当然，该研究路线对企业战略的 IO 和 RBV 模式做了一定的整合。

5.2.1 竞争互动相关研究的概述

竞争研究是战略管理的核心问题，而有关竞争互动的研究是竞争研究一个非常重要的方面，一直是国外学者研究的热点。近几十年，国外大量战略管理方面的文献讨论了有关企业竞争行动与其相互作用的特征和规律。

竞争互动研究主要就是对企业的竞争行为和竞争反应之间的关系进行研究。竞争行为是一种相关生产产商之间的一种敌对活动，敌对状态则是一种竞争双方在市场上你来我往的竞争活动的交互过程。企业采取任何的竞争行为的最终目的都是为了获取竞争优势。但现实是，很多时候企业的竞争行为不但没有为自己获得竞争优势，相反埋下了失败的祸根。究其原因，是企业在采取竞争行为前只是从企业自身的情况出发而忽视了竞争对手可能对其竞争行为的反应，因此在竞争对手做出激烈反应后，因为自己准备不足而导致失败。因此，竞争互动的研究主要的研究对象就是进攻和回应之间的关联关系。所谓进攻，是指有一个企业发动的特定的可发觉的竞争行动，例如推出一种新产品、进入一个新市场、开展一次大规模的促销活动，这类行动的结果是获得竞争对手的市场份额，减少竞争对手的收益或降低竞争对手的市场地位。回应则是指一种明确的可察觉的对抗手段，这类行为用来抵御或改善本企业在产业中的市场份额或地位（Chen，1988，1996；Chen，Smith & Grimm，1992；Ferrier，Smith & Grimm，1999）。Chen & Miller（1994）就认为，市场是企业间各种互动行为所形成的社会结构，因此，企业密切关注与其相关企业的竞争行动，并由此来决定自己的行为。Porter（1980）也指出，竞争的显著特征就是，企业是相互影响的。一个企业竞争行动的结果依赖另一个企业的反应。这也就是为什么进攻、回应会成为竞争互动理论研究的焦点问题的原因了。

5.2.2　传统竞争互动研究的相关结论

在传统竞争互动研究中，以哥伦比亚大学的陈明哲教授为代表的学者们先后细致地分析了企业在产品及服务等竞争领域中参与的交互式市场竞争行为，并探讨了企业实际的进攻与反应之间的关系及对企业绩效的作用。有关竞争互动研究主要从理论和实证研究两个方面展开的。

理论研究主要是从信息处理、博弈论、期望理论、竞争惯性等角度展开的。表5-1 显示了传统竞争互动研究的主要学者及其观点，如表 5-1 所示：

表 5-1　西方学者关于竞争互动的相关研究

代表学者	研究角度	研究内容	主要结论	备注
Smith & Grimm (1987)	信息处理	从信息处理的角度通过对美国航空产业的实证研究，确定了企业如何通过关注竞争对手的竞争行为和反应来建立自己的竞争优势。	①一个企业会对竞争对手的战术性行为做出快速的反应，进攻企业行为的种类（主要是指使战术行为还是战略行为）能够作为预测反应企业反应滞后性的指标，但是它却不能预测一个企业是否会做出反应；②一个企业若拥有发达的外部感官系统，那么它就更可能对进攻企业的行为做出反应，但是相应的反应时间会延长，同时也更容易采取与进攻企业不同的行为类型做出反应；③一个企业的组织结构越复杂，其对竞争行为做出反应的可能性越低；④最后从竞争反应和企业绩效之间的关系来看，较早做出反应的竞争对手可以获得更多的经济利益。	作者对美国航空产业八年间 191 个竞争行为以及由此产生的 418 个竞争回应进行了实证研究，希望对有关竞争对手反应的假设进行检验，同时确定其对企业绩效的影响。
Chen & Macmillan (1992)	博弈论	首先假设了进攻者已经开展了一次进攻，接着站在防御者的角度构建模型。在这里，学者们首次考虑到了没有回应以及进攻者进一步进行行动的情况，然后根据这一模型学者们提出了相关的假设，并用美国航空企业 1979—1986 年的数据进行了实证分析。	①防御者对被攻击市场依赖的程度越大，回应的可能性也越大，并且会针对进攻行动采取回应，或者直接采取与进攻者行动类似的报复；②如果回应进攻性行为所需的资源越多，那么不回应的可能性越大；③降低价格的竞争行为是最容易引起报复的进攻行动，所引起的报复行动最快，也最直接；④防御者对被攻击市场依赖的程度越大，回应的速度越慢；⑤进攻性行为的变更难度越大，回应越慢。	对竞争互动进行了分析。提出了基于防御者的进攻—反应的博弈模型。

续表 5-1

代表学者	研究角度	研究内容	主要结论	备注
Chen & Mille（1994）	期望理论	同样对美国航空运输业的实证研究，学者们试图通过引入期望理论模型来判断出攻击行为如何能够减少遭到报复的几率。	①进攻性行为的可视性越强，那么由此进攻性行为引起的报复也就越多； ②对进攻行为作出反应的难度越大，其受到报复的可能性也越小； ③受到进攻的市场越重要，其引起的报复也就越多； ④进攻的可视性越强、做出反应的难度越小，进攻行为将会受到越多的报复； ⑤进攻的可视性越强、对手进攻的市场越重要，进攻行为受到的报复就越多； ⑥一次进攻引起的报复越多，那么这次进攻所带来的绩效越差，也就是说二者之间存在负相关。	进一步对进攻、回应和企业绩效之间的关系进行了研究。文中根据Vroom（1964）的期望理论模型提出竞争互动研究中相应的一般模型。
Miller & chen（1994）	竞争惯性	两位学者对美国航空运输业竞争惯性的研究。	①过去绩效较好的企业一般有较高的战术行为惯性，而战略行为的惯性却与过去的绩效无关； ②市场增长与否与战略行动惯性无关，但是战略行动惯性却与市场增长负相关； ③战略行动惯性与企业绩效正相关，战术行动惯性与企业绩效的关系不明显。	竞争惯性指的就是指企业在改变其竞争态势中所表现出来的活动的层次。它反映了一个企业在试图吸引顾客和超越竞争对手时所做的市场导向的变化的大小。当相对于具有相似规模的竞争者，企业在实践中做的变化较少时，就认为惯性较高，反之较低。

　　近年来国内学者也有从竞争互动的角度进行实证研究的，如中国科技大学的谢武、陈晓剑以及华南理工大学的蓝海林、谢洪明等。他们采用中国家电行业、制药行业、日用品行业的企业进攻与回应的数据，从企业竞争活动反应特性的相关关系进行实证研究，证明了国外学者研究结论在中国转型环境下的适用性。他们的研究表明，一项竞争活动中竞争者数量以及该活动对于竞争者的战略重要性与竞争反应数量和速度之间存在着正向相关关系；战略活动和高竞争执行条件却与竞争反应数量和速度呈负向相关关系。相反，战术活动和低竞争执行条件却与竞争反应数量和速度呈正向相关关系；国有企业对于竞争活动的反应无论从速度和数量上都低于私有企业。

　　总结当前学者对竞争互动的研究，大致可以用图 5-1 的框架来表示：

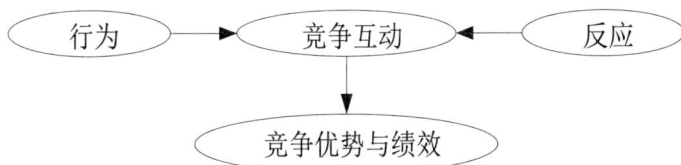

图 5-1 传统动态竞争理论中的竞争互动分析框架

资料来源：根据 Smith，Grimm & Chen，1991；Smith，Grimm & Gannon，1992；Chen，1988 等文献整理。

5.2.3 传统竞争互动研究的局限性

Furrer（2002）认为，Chen 等人的研究框架仅适合于分析战略决策涉及的变量较多而环境又可预测（静态）的情况，但往往忽略了企业外部的政治、社会环境的变化。随着 20 世纪 70 年代美国企业非市场行为在数量上的增多及形式上的多样化，越来越多的战略管理文献开始关注非市场行为在企业竞争中对绩效的作用（Keim，1981；Mitnick，1981；Gale & Bucholz，1987；Shaffer，1995）。Baron（1995a，1995b）认为，非市场行为（如游说立法机构及提出政策建议）能够管理公共事务及政府关系，是塑造及控制企业竞争环境的手段（Preston & Post，1975；Aplin & Hegarty，1980；Boddewyn & Brewer，1994；Harris，1989）。Parsons & Smelser（1956）认为，由于政府制定决策影响着许多利益群，企业必须试图独立或联合代表它们的利益。MacMillan，McCaffery & Van Wyjk（1985）认为，进攻企业改变了市场竞争环境，增加了其竞争对手判断与把握竞争环境的难度，从而引发了对手非市场活动的实施。比如，对手能通过管制、媒体等非市场活动限制市场环境中关键信息的流通，从而提高竞争的市场壁垒，阻止进攻企业试图改变竞争环境并创造有利经营条件的意图。实际上，过去关于竞争互动的研究集中于基于市场的行为，如定价及新产品推介等行为之间的进攻与反应及其对竞争优势的影响，越来越多的企业认识到，在激烈的市场竞争，有时采取政治性、社会性的非市场反应行为能更有效地对抗竞争对手的进攻。

综上，传统竞争互动研究的缺陷在于，其研究基点还仅仅是基于市场方面的竞争行为，而越来越多的包括为政府会议、政策决策者提供意见信息、游说、组织新闻发布会或公开广播节目、发起"绿色"运动、慈善捐赠、主办教育奖学金等涉及政治、社会层面但仍然对企业竞争环境产生重大影响的非市场行为则没有被考虑进来。特别是像中国这样处于经济体制转轨的不稳定环境下，企业采取了哪些非市场行为？这些行为能像过去文献中对市场竞争行为及反应那样归类吗？它们如何与市场行为互动？这都是我们需要探讨的问题。总之，企业竞争互动分析必须在传统研究的基础上加入更多非市场因素分析，以扩展和补充现有竞争互动研究框架。

因此，本章在传统竞争互动研究框架基础上，将市场与非市场竞争行为整合到统一的分析框架中（如图5-2），根据文献研究探讨竞争领域、竞争行为等传统变量在扩展框架下的新界定，并基于中国转型经济背景下房地产企业的实例来探讨它们的互动关系与规律。

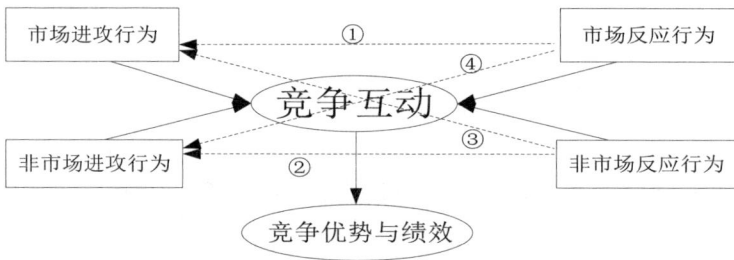

图 5-2　竞争互动研究的扩展框架

资料来源：基于 Chen 等人（1991，1992）及 Quasney（2003）的竞争互动模型的整理与归纳。

5.3　扩展研究框架

5.3.1　资源导向的竞争互动研究

正如本著作第三章所叙述的那样，将非市场竞争行为加入传统的以市场行为为焦点的竞争互动研究中去，是基于企业资源理论及竞争理论的整合，在本著作中被称为"资源导向的竞争互动研究"。从以上对竞争互动研究局限性的描述也可以看出，以市场及产品为核心的传统竞争互动研究所忽略的，正是企业通过非市场行为能够获取的包括政治、社会及立法等领域内的更广泛的核心竞争资源及能力。

从资源基础理论视角出发的学者们研究了企业如何通过发展其自有资源构建有效的竞争地位（Barney，1991；Peteraf，1993；Wernerfelt，1984），但是他们忽视了企业与外部资源环境的关系及企业对竞争对手资源的进攻（争夺）行为。而竞争互动的研究主要集中在产品市场（例如，Armstrong & Collopy，1996；Gimeno &

Woo，1996；Karnani & Wernerfelt，1985），但却很少关注企业在生产资料市场或政治领域内的竞争互动现象。因此，一些战略学者（例如，Gardner，2002，2005；Rao & Drazin，2002；Sorensen，1999；Ziedonis，2004）开始认识到企业在资源市场上的竞争互动问题及这些行为对竞争对手具有的潜在的反击价值（Lerner，Tirole & Strojwas，2003）。从近来资源观的研究方向来看，学者们正将资源的概念外延扩大化，这些资源不仅既包括资金、市场等有形资源，还包括政府提供的优惠政策、企业美誉度、企业的公众信赖程度等无形资源，以及企业与政府部门和相关利益者（如银行、非政府组织、公众等）的关系资源（福斯·J & 克里斯第安·克努森，1998），这进一步完善和丰富了资源观，也为资源导向的竞争互动研究提供了更充分的理论支持。

　　资源导向的竞争互动研究聚焦于竞争企业如何通过获得独有资源或影响其对手资源的行为创造并维持竞争优势。正如资源基础视角的学者清楚地指出，"竞争优势来源于企业的特有资源，这些资源稀有且优于对手"（Peteraf &Barney，2003：311）。竞争优势是一个相对的概念，竞争企业能够通过各种行为获得之（比如，提高自己资源的地位或消融其对手的资源地位），从而扩大其与对手间的距离。为了获得这种资源优势，企业可以在其资源竞争环境中展开各种竞争战略及行为提高自身的资源数量及 / 或效力，或降低对手资源的数量及 / 或效力。其中，竞争企业可以采取这两类行为试图控制其对手的资源：①竞争企业可以减少对手可得资源的数量。在这个情况下，对手所储存的资源被限制，无法再服务相同水平的市场需求，因为其产出被资源所限制。②竞争企业还能削弱对手的资源效力（如质量或价值创造的能力）。在这个情况下，对手的资源被削弱，无法再以相同水平的效力服务于其需求。我们将资源效力定义为其为顾客创造价值的能力（如其购买意愿）与其需要并使用特别资源的成本之间的差值（Besanko，Gupta & Jain，1998；Brandenburger & Stuart，1996；Peteraf & Barney，2003）。

　　自 20 世纪 60 年代以来，资源开始走进竞争战略理论研究的视野，但直至 90 年代初，资源要素伴随着竞争优势理论研究的深入才逐渐发展成为竞争战略理论的一个重要基点。综上所述，加入了非市场资源环境分析及非市场竞争行为的资源导向竞争互动和其他竞争战略研究相比较具有两个基本特征：一是以资源要素为企业竞争战略研究的逻辑重心；二是以资源要素为连接企业竞争优势与成长决策的纽带。因此，资源导向竞争互动研究不仅为竞争战略理论开拓了新的研究方向和领域，而且也能为企业的竞争实践提供新的思路和路径。

5.3.2 研究框架的解释

5.3.2.1 竞争领域的拓展

在传统的竞争分析中，竞争就是企业之间（特别是同行业企业之间）针对市场上的最终消费者而开展的各种针对对手的生产经营和管理活动（魏宇，赵波，2002）。过去，学者们更多关注的是企业在产品或服务以及顾客等领域的竞争，也即是基于企业竞争市场的下游领域（Smith，Grimm，Gannon & Chen，1991）。随着竞争越来越动态化，这种观点严重制约了企业对现代竞争领域、竞争概念的深入认识。作为一个开放系统，现代企业的竞争应在更广阔的领域内与供应商、竞争者、政府机构及社会公众等多方利益相关者建立关系并相互影响（魏宇，赵波，2002）。近些年来，以 Porter 为代表的竞争理论和以 Wernerfelt，Barney 等人为代表的资源能力理论正互相吸纳对方的观点并逐渐走向融合（贺小刚，2002；Barney，2001）。而学者们一致认为，竞争互动研究正是对这两类理论做了一定的整合（Grimm & Smith，1997）。然而它却忽略了一个事实，即部分竞争资源是嵌入在非市场环境（包括政府政策、社会关系等）中的（Oliver，1997），而非市场环境强烈地影响了企业的生存和竞争成功（Bresser & Millonig，2003），企业可以通过针对非市场环境实施的非市场战略来获得资源并参与竞争。因此，本章将基于企业产品（服务）、顾客或技术本身的传统竞争领域扩大到包括企业资源配置及整合在内的更为广泛的领域构建，使融入了非市场行为的战略性竞争行为能够通过优化、整合企业的资源结构产生整体竞争优势。这些资源既包括资金、土地、市场等有形资源，又包括政府提供的优惠政策、企业美誉度、企业的公众信赖程度等无形资源以及企业与政府部门和相关利益者（如银行、非政府组织、公众等）的关系资源（福斯·J & 克里斯第安·克努森，1998），如图 5-3 所示。图中椭圆型部分是非市场竞争行为主要针对的领域。

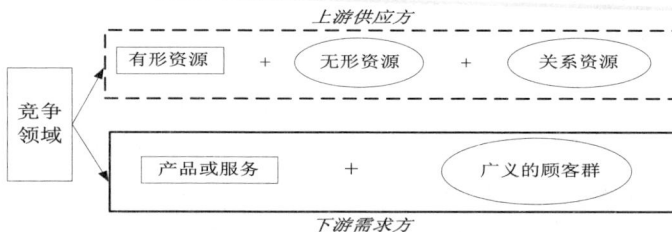

图 5-3　竞争互动研究扩展框架中的竞争领域

说明：图 5-3 中广义的顾客群是指企业的各种利益相关者，包括目标消费者、公众、合作伙伴、非政府组织、供应商及政府（如政府工程项目承包）等。

除了下游需求方的竞争领域外，企业能在以下三类资源环境的上游供给方领域内参与竞争：①生产资料市场。生产资料市场是企业需要在其产品市场竞争的资源的交易市场（Barney，1986）。竞争企业对生产资料市场的涉及不仅是为了通过有效的资源寻求提高其自有资源的地位（Barney，1986，1988；Makadok，2001），还为了有意图地削弱对手的资源地位。②政治市场。政治市场（或政治影响市场）是政策的需求者（如企业及消费者）与政策的提供者（如政治家及行政当局）通过相互影响形成对需求者利益有利的政策的领域（Baron，1995a；Boddewyn，1993；Bonardi，Hillman & Keim，2005；Buchanan，1987）。政治市场在企业之间的交易及分配资源的过程中起到了非常重要的作用，因此，竞争企业可以在此市场中争夺有价值的政治资源，或影响对手资源的数量及效力（Maijoor & Van Witteloostuijn，1996）。政策需求者向政策供给者提供信息、财务刺激及选票，以换取有利的政策（Buchanan，1968，1987）。在政府政策制定及调整的过程中，企业采取政治战略塑造其政治环境并产生有利于其经济性生存及成功的公共政策结果（Hillman，Keim & Schuler，2004；Keim，2001；Keim & Baysinger，1988；Marcus，1984；Mitnick，1981；Schuler，1996）。③公共市场。包括舆论环境、文化环境、社会关系环境等都属于公共市场的范畴。比如在中国的东方文化中，社会关系这个被西方学者文献中以"GUANXI"作为专业术语的概念在中国企业的竞争过程中扮演着极其重要的角色。

5.3.2.2　行为类型的划分

Porte（1980，1985）及 Chen（1988，1992）等学者描述了基于市场进攻及反应行为的许多关键特征。其中行为量级（magnitude）是用以划分行为类型的一个特别重要的指标，指企业执行竞争行为所需的资源要求（Smith，Grimm & Gannon，1992）。根据量级的高低，竞争行为可以被分为"战略性"及"战术性"行为（Chen，Smith & Grimm，1992）。战略性行为包含具体的、特殊的资源要求，量级较高，比如并购、战略联盟等。而战术性行为常常被定义为战略行为的细化，相对战略行为而言，它包含了少量而更一般的资源要求，量级较低，比如降价及广告促销（Chen，Smith & Grimm，1992；Chen & MacMillan，1992）。然而，到目前为止，在非市场竞争行为的研究中却并没有被普遍接受或简单分类的战略性及战术性行为划分（Quasney，2003；Quasney，Grimm & Shaffer，1997）。学者们仅仅根据构成企业非市场环境的政府政策及法律因素以及社会公共因素的特点将之分为企业政治行为和公共事务行为。因此，在竞争互动研究扩展框架下，为了便于统计与比较，我们按扩展的竞争领域将市场与非市场竞争行为统一划分为三类：明显针对各类资源的上游供给方的竞争行为；明显针对产品及顾客的下游需求方的竞争行为及混合的竞争行为。

5.3.2.3 互动关系的多样化

传统的竞争互动主要指企业间一系列市场进攻与反应行为的动态过程。而当非市场竞争行为参与互动后，两者的关系更为多样化，包括①针对市场进攻行为的市场反应行为；②针对非市场进攻行为的非市场反应行为；③针对市场进攻行为的非市场反应行为；④针对非市场进攻行为的市场反应行为（如图5-3）。

因此，在传统的竞争互动研究中加入被企业常规地用于赢得竞争优势的非市场行为分析后，企业竞争的领域、行为类型及行为互动关系都发生了变化。本章综合了许多文献研究线路：企业的资源基础观（RBV）、企业非市场行为（CNA）及竞争互动（CI）研究来探讨资源导向的竞争互动。其中，资源基础观帮助我们了解有价值的资源和稀缺租金对竞争企业的作用。而产业组织经济学及企业非市场行为研究则帮助我们了解竞争企业能通过市场及非市场机制尽力控制其外部资源环境。结合以上三个研究所提供的价值，本章运用竞争互动理论考虑企业外部竞争环境中市场行为与非市场行为的竞争互动，探讨以下问题：

在扩展框架下，传统竞争互动的相关研究结论是否仍然成立，又产生了哪些差异？企业采取的非市场竞争行为的一般模式是什么？非市场行为能像过去文献中对市场竞争行为及反应那样归类吗？这些非市场竞争行为如何分类及归纳特征？企业如何整合其市场竞争行为与非市场竞争行为？行为的频率是否能使商业环境更为复杂以至对手无法有效反应？在中国这样不稳定的经济体制转型环境下企业市场与非市场行为的竞争互动（进攻与反应）是如何发生的？

5.4 研究方法与设计

5.4.1 研究的对象和范围

5.4.1.1 样本行业的选择

我们课题组基于[①]Baron（1997）的观点，根据市场机会被市场与政府控制的程

---

① 由田志龙教授负责的国家自然科学基金"企业市场战略与非市场战略的整合互动模式研究"的研究团队。

度来预测市场与非市场因素整合对行业企业经营的重要程度，将中国的行业进行了粗略的分类 ①（见图 5-4）。课题组将所调查的行业划分为三大类，分析来自外部制度环境存在较大差异的行业内企业的战略整合机制。第一类（图中的行业 1 类）代表的是那些市场机会绝大多数被政府（非市场环境）控制的行业，例如电信、电力等。第三类（图中的行业 3 类）代表的是那些市场机会绝大多数被市场（市场环境）所影响与控制的行业，例如家电、食品等。而处于中间区域的第二类（行业 2 类）受到政府及市场的影响和控制介于第一与第三类行业之间，例如地产、汽车等。

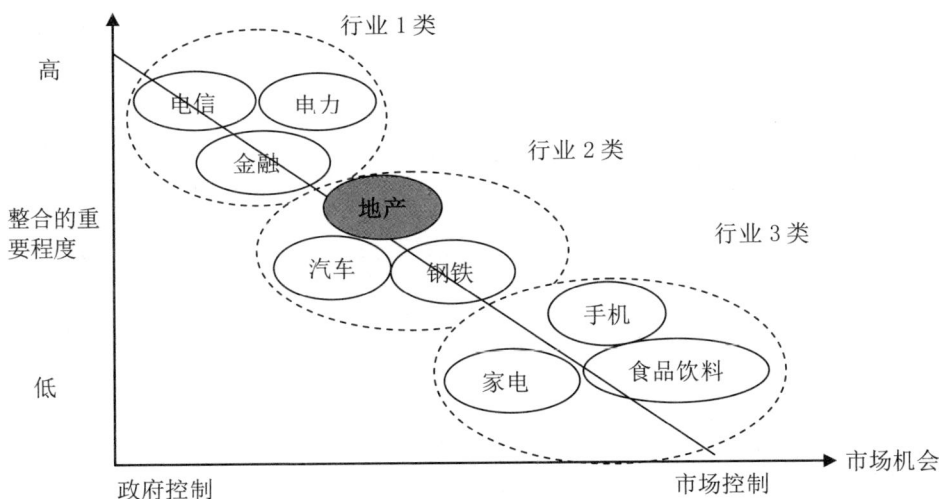

图 5-4　战略整合重要程度的行业划分图

鉴于本章要探讨的是市场行为与非市场行为的竞争互动规律，因此研究选择第二类行业是比较合适的，而其中的房地产行业又是相对典型的样本，原因在于：

从市场竞争方面来看，随着改革开放和我国社会主义市场经济的逐步建立，中国房地产行业逐步成为了国家的支柱产业和新的经济增长点。特别是政府自 1998 年 7 月后颁布的一系列房改政策真正开启了中国房地产行业的市场化竞争时代，房地产企业如雨后春笋般的大量涌现。同时，住房消费观念的逐年深入及越来越多的企业跨地域、跨行业的多元化发展，使地产企业间的竞争越来越激烈。

此外，从非市场竞争方面考虑，房地产行业因其商品特性（既是奢侈品，又是增值保值的投资品）及公共品特性（"居者有其屋"的必需品）而受到市场、政府

---

① 这里对管制程度的判断，我们是在邀请了各行业中代表企业的部分人员（可联系的）或华中科科技大学 MBA 学生和有关学者进行评分得到的结果。

及公众的极大关注。一方面是转型时期中国政府对房地产业政策管制程度的不断变化，另一方面是社会各界对房价、居住环境、房产泡沫等焦点问题的争议和抨击，使得能够影响政策、舆论及企业社会形象等因素的非市场行为在企业激烈的竞争战中显得尤为重要。因此，伴随着中国经济体制的转轨，地产企业间的竞争也必然是包含着大量的市场与非市场竞争行为的动态互动过程。房地产行业成为最适合本著作研究的行业样本之一。

5.4.1.2 样本企业的选择

Chen（1988）提出了一系列行业特征作为其竞争互动研究样本选择的指导，包括：行业必须识别一定时期内主要产业运营者间的互动；行业必须有可识别的一系列主要产业竞争者；行业必须有关于企业间竞争（包括行为及反应）的丰富的信息来源等。

这也是本章选择房地产行业及其中的大型地产企业作为研究对象的标准。此外，房地产行业竞争特殊的地域性特征使得许多中小房地产企业间的竞争仅局限在部分地域，不具有整体代表性，而选取常常见诸于报刊的大型企业间的竞争能更典型地反映出目前行业中企业间的竞争互动态势。

因此，研究小组[1]以每年中国房地产百强企业综合实力排行评选活动[2]所产生的一系列的排行榜[3]中的所有曾上榜的企业为搜寻对象，通过统计并比较包括《中国地产》、《中国地产周报》、《房地产世界》等主要行业报刊 1999 年 1 月 1 日到 2013 年 12 月 31 日中对这些企业报道的频数，最终列出频数排名前 10 位的企业作为研究对象。它们是万科企业股份有限公司、万达集团股份有限公司、广州富力地产股份有限公司、天津顺弛集团股份有限公司、合生创展集团有限公司、保利房地产（集团）

---

[1] 由教授及学生共同组成的五人组成的研究小组对房地产行业中的企业竞争行为方式做初步的统计与归纳，其中两名组员具有丰富的数据结构化内容分析的经验，他们负责对数据进行初次编码。为了检验竞争数据编码的有效性，另外三名学生（他们已完成了战略管理的相关课程）共同对行业企业行为进行重新编码。在数据收集过程中，研究小组得到中国房地产指数研究院华中分院的三位专家及案例企业的 6 位中层管理人员的帮助，最终提炼和归纳出的竞争行为具体形式主要都集中于那些易于在公开的资料中查询及判断的，对于那些较隐晦甚至不适宜公开（比如处于"灰色地带"的行为）的行为则不作为本章研究的重点。

[2] 该活动是由国务院发展研究中心企业研究所、中国房地产指数研究院及清华大学房地产研究所等三家国内权威的房地产行业研究机构于 2003 年共同组成的"中国房地产 TOP 10 研究组"所发起，2007 年更加入了中国房地产行业协会等专业机构，百强研究成果已成为评判房地产企业经营实力及行业地位的重要标准，引起了广泛的关注，并受到社会及业界的普遍认同。

[3] 研究目的是通过企业规模和发展潜力、盈利能力的量化研究，发觉综合实力强，管理水平优，以及具备较强社会责任感的优秀企业群体，包括中国房地产百强企业盈利能力 TOP 10、中国房地产上市公司综合实力 TOP 10、中国房地产百强企业规模性 TOP 10 等数十项评选排行榜。

股份有限公司、中国海外发展有限公司、华润置地有限公司、复地（集团）股份有限公司、恒大地产集团有限公司[①]。这些企业在研究中将分别简称为：万科、万达、富力、顺弛、合生、保利、中海、华润、复地、恒大。

作为业内重要的大型企业，这十家企业堪称中国大型地产企业的典型代表，较易引起实践和理论界的极大关注。在过去十几年中，它们基本参与了行业内重要的竞争战役，企业的竞争性行为几乎可以天天见诸各大媒体，它们之间的"战斗"也是不断地发生。各界对它们的评论、报道也比较详细及公开，其行为信息更易从新闻报道中采集。这非常有利于本著作的资料的收集和分析。因此，选择这些企业作为研究对象具有较大的可行性和科学性。

5.4.2　变量设计

根据竞争互动扩展框架中对竞争行为的分类及研究小组对房地产行业的初始研究，我们列举了各类行为在地产行业中的比较典型的具体表现形式，并就其中一些行为特别是非市场行为方式给出了有代表性的案例，如表 5-2 所示。

这里要注意的是，表 5-2 中列举的各类非市场竞争行为来源于本著作第 4 章的研究结论中所归纳的企业应对各类非市场事项的非市场事项战略及相应的具体行为方式。然后根据我们对房地产企业间的竞争行为的初始统计结果，进一步归纳出其中具有易获得、易分析及典型性等特点的竞争行为。在初始统计中，我们发现，在第 4 章归纳的 69 种非市场行为方式中，部分并不适合作为第 5 章竞争互动研究的行为样本被提出，原因有二：①部分非市场行为方式在企业的具体竞争中的表现形式相似，在研究中可用同一个概念描述之，如社会慈善中的企业积极支持教育事业，定期捐建学校或成立教育基金及企业建立慈善公益基金，在企业的实际竞争中更多是以"慈善捐助"的形式出现，用之概括更为形象、具体；②由于第 4 章主要是基于事项管理的角度，因此部分非市场行为方式具有明显的事项性质，如企政建设中的在"七一"建党节、"八一"建军节等党内重大节日当天进行与事项相关的捐款或其他公益（公众）活动等，这在企业的实际竞争中出现频率不高，也无法准确界定其行为效用（主要是指其对竞争的实际作用很难通过新闻信息被确定），因此不计入本章的研究中。

---

① 这 10 家企业的顺序主要是以其竞争行为在行业新闻期刊中被报道的频数统计作为排名依据，并不考虑综合实力或行业地位等其他标准。

表 5-2 竞争行为类型及其内容界定

类型	内容		备注
	市场竞争行为	**非市场竞争行为**	
明显针对各类资源的上游供给方的竞争行为	①圈地：即地产企业在全国各地购买土地以增加其土地储备量（如2001年合生创展连续购买了北京五块大型开发用地）；②兼并收购；③融资；④开拓市场；⑤与竞争对手短期合作项目或建立战略联盟关系等。	①直接参与：即以人大、政协代表或行业协会代表等身份参与政府机构或行业协会组织的相关会议或活动，从而影响行业政策及标准的制定（如2005年万达集团董事长参与云南省政府经济发展咨询会议）；②信息咨询，即向政府提交行业报告或政策建议以影响政策决策者（如2003年121号文件颁布后，以万科为首的几家大型地产企业集体向中共中央上万言书以反映业界声音）；③帮（地方）政府解决如烂尾楼、下岗工人再就业等棘手问题，从而获得其信赖及政策支持（如富力集团2000年对老城区旧厂房的拆迁和新居住社区的建设）；④资助（地方）政府举办的相关活动（如2005年合生创展向惠州政府举办的元旦庆典活动资助250万元）；⑤邀请政府官员参与企业活动或被官员接见，实地介绍宣传企业，从而获得政治关系资源（如2006年恒大多次邀请各地地方市长、人大代表及政协代表参观企业或新楼盘项目）等。	这类行为拥有较高的行为量级，因此主要聚集着战略性市场行为及要求专业技术及能力的企业政治行为。
明显针对产品及顾客的下游需求方的竞争行为	①品牌宣传；②购房价格折扣；③竞争性涨价①；④重要促销活动（除价格外）；⑤提升服务质量；⑥楼盘概念创新/推出新楼盘等。	①积极支持或参与环保活动（如2006年，保利武汉分公司与中国儿童教育机构——雏鹰在线共同发起旨在培养儿童早期环保责任感的"雏鹰环保行"活动，在武汉市少先队工作委员会的组织下，成立了"环保自律基金"）；②慈善捐助（如2007年，中海地产在上海、北京、广州、成都四地同时举办了持续时间达一个月的"海无涯·爱无疆"公益品牌项目——"情满七月，感动草原"青海公益征图片展暨济贫助学一对一捐助活动。）；③举办公众、社区活动（如2005年万科集团自行举办或与政府合作开展了形式多样的健康社区活动）等。	这类行为拥有的行为量级相对较低，因此主要聚集着战术性市场行为及企业公共事务行为。
混合的竞争行为	业务拓展：即地产企业进入除地产外的其他业务领域（如万达集团大举进军文化产业）。	①与各级政府合作项目，即企业将政府作为顾客角色投资、承包政府工程项目，同时在合作过程中获得政府赞许赢得关系资源（如2000年深圳万科接管建设部大院物业项目）；②通过获得重要荣誉、称号、积极成为地区典型企业等方式成为地方政府骄傲及公众认可的企业；③企业在主流媒体上对行业热点问题、关键政策等发表公开言论以影响舆论及社会公众。	这类行为的竞争对象既有资源层又包含产品及顾客层。

资料来源：作者根据对相关文献及房地产行业初始研究信息的整理与归纳。

---

① 由于房地产行业中的价格因素不仅是企业间竞争的重要手段之一，也是政府、社会各界关注的三大新民生问题之一，因此本著作将降价、竞争性涨价（由于成本增加或其他因素造成的公司单方面涨价不作为本著作考虑的范围之类）作为单独的市场行为进行分析。

5.4.3　研究方法

本章采用的数据分析方法是"结构化内容分析"方法（Structured content analysis）（Jauch，Osborn & Martin，1980）。结构化内容分析法的独特性在于，被研究样本的基本元素是企业的具体行为，并且样本信息来源于企业外部的公共信息，通过分析特定的字词、字意、句子、主题、段落或者全文（Weber，1985）获得研究所需的数据，并探索各行为之间的规律。在竞争互动研究中，Chen（1996），Miller & Chen（1994），Smith，Grimm & Gannon（1992）等学者通过对行业杂志的结构化内容分析，较好地实现了对行业的长期观察和竞争数据的采集。因此，这种方法也极适合本章的研究。

5.4.4　数据收集与编码

5.4.4.1　数据来源

本章内容分析的数据主要来源于中国房地产行业的重要期刊《中国地产》、时事报纸《中国房地产报》及专业收费网站"房地产信息网"自 1999 年 1 月 1 日到 2013 年 12 月 31 日的相关新闻报道。当然，为了避免研究的片面性，除期刊资料来源以外，我们还充分利用了案例企业其他公开可得的数据来提高研究信息的真实性，例如其官方网站信息①、关于企业的相关出版物（如公司年报、内部期刊及相关书籍等）、咨询公司的分析报告以及企业的各种研究报告和调查资料等。更重要的是，就研究期刊中的不确定或缺失信息，我们还通过电话或 email 等形式向样本企业中的相关人员（对其中在华科大就读的 MBA 及 EMBA 学员则进行了面对面的交流）进行了询问和补充。

5.4.4.2　数据收集及编码

首先，我们按年代顺序阅读行业报刊及专业数据网站，检索了自 2000 年 1 月 1 日到 2013 年 12 月 31 日期间每一篇有关以上 10 家企业的新闻报道。我们以所收集到的信息内容作为分析单位，然后对行为及其特征进行编码（如表 5-3）。编码工作是从 2014 年 2 月份开始的，一共花了 3 个月多的时间。我们首先浏览了信息条目的题目，识别出与对象企业竞争行为相关的文章。如果文章题目就可以识别出行为类型及其特征，则直接对其进行编码。如果题目不够清晰，我们将进行二次资料查找，

---

①　通过这 10 家企业网站中新闻数据的查询补充期刊报道。这 10 家企业都是业内优秀或领导企业，因此具有较详细及完善的网站资料，其中万科、万达、顺弛等企业还有完整的电子期刊资料。

阅读文章本身找出行为类型与特征进而对其进行编码。最后共收集了明显与对象企业竞争行为相关的文章3 638篇，其中大概有48.4%的文章仅仅通过题目就可以进行编码了，而剩余的文章则需要进行二次查阅（其中包括对行动日期的确定），另外，我们将那些企业内部人员变动、组织机构重组之类没有对竞争带来显著影响的行为以及一部分竞争指向对象或竞争影响时效不易明确的模糊信息剔除掉（大约占13.2%）。经过企业官方网站及人员、公开的行业或其他权威资料等相关信息的确认，得到较重要的竞争行为共3 128条。其中每篇文章只对一个竞争行为进行编码，如果出现两个或以上的行为，我们将确定一个主要的行为作为编码的依据。

表5-3　中国主要房地产企业竞争行为编码样表

项目或变量	编码或取值
序号	以信息作为分析单位，采取时间先后的原则进行编码
企业	万科=1；万达=2；富力=3；顺驰=4；合生=5；保利=6；中海=7；华润=8；复地=9；恒大=10
行为类型	针对上游供给方=1；针对下游需求方=2；混合=3
市场行为	圈地=1；并购=2；融资=3；市场扩张=4；合作或联盟=5；品牌宣传=6；购房价格折扣=7；涨价=8；重要促销活动=9；提升服务质量=10；新楼盘=11；业务拓展=12
非市场行为	直接参与=14；信息咨询=15；帮地方政府解决问题=16；资助地方政府举办的相关活动=17；邀请官员或被官员接见=18；支持环保=19；慈善捐助=20；举办公众、社区活动=21；与政府合作项目=22；政府骄傲及公众认可=23；媒体公开发言=24
行为日期	竞争行为发生的具体日期
进攻或回应	进攻=0；回应=1

然后，我们采用类似德尔菲法的分析方式对竞争行为进行分类。在前人的研究基础上，我们根据以上行为变量分类的范围及行为样本的内涵、外延将之分为市场竞争行为及非市场竞争行为，然后再进一步归类到针对资源方、产品及顾客方和混合的行为类型中。对于竞争行为类型的划分，我们主要是基于以上对文献的理论回顾及房地产行业的初始研究后所界定的变量内容，确定相应的关键词来判断的。对于以上竞争行为（包括市场行为、非市场行为）的关键性特征（针对资源方、产品及顾客方和混合的行为类型、进攻及反应行为），我们则是基于研究小组的反复讨论与判定。

对于发起进攻的企业和反击的企业的竞争性行为的辨识是非常重要的，这对于最终的结论有很大的影响。正如Chen（1988，1996）和Smith，Grimm & Gannon（1992）所指出的，在竞争互动的研究中，最大的挑战就是竞争行为和竞争反应的辨识，了解竞争活动双方行为的关键是明确划分发起者和反应者，因为在实际竞争中，发起者和反应者有时是交织在一起的（Bettis & Week，1987）。为了应对这种挑战，陈明哲教授在其论文中采用了关键字的研究方法来辨识竞争反应。这些关键字主要包括："对……做出反应"、"紧跟……"、"在……压力下"、"为了应对……挑战"等类似的关键字。研究小组遵循 Chen 等学者的研究方法，将所有反应行为与其进攻行为相联系，方式是对报刊报道向后追溯，开始于 2013 年 12 月 31 日，结束于 2000 年 1 月 1 日。同样通过搜寻类似"回应"、"跟随"、"匹配"、"在……压力下"、"为了与……争夺……市场"、"……我们更应……"、"进一步……"及"对抗"等的判定反应行为的关键词，我们首先确认反应，然后向反方向追踪寻找关于其进攻的报道 ①。比如，在 2002 年 3 月 14 日合生创展联手珠江投资宣布将进一步加快向北京市场扩张步伐来回应富力（2 月 28 日）在北京的圈地行动，我们则将富力记为进攻者，合生创展记为反应者。这就组成了一个竞争事件。

最后，对所有行为进行编号及统计后，企业竞争行为统计表（表 5-4a，b）列出了对象企业自 2000 年 1 月 1 日—2013 年 12 月 31 日的竞争行为。我们发现非市场行为的数量为 1 704 次，占竞争行为总数的 46.8%。这一结果说明了仅仅强调市场行为的传统竞争互动研究是难以真正把握企业竞争行为全貌的，在企业的实际竞争中非市场行为实际上扮演了十分重要的角色，从而反映了本章的研究是对现有的竞争互动研究的有效补充与完善。

表 5-4a　房地产企业市场竞争行为统计表

编号	市场竞争行为		万科	万达	富力	顺弛	合生	保利	中海	华润	复地	恒大	合计
1	针对上游	圈地	32	18	13	19	18	23	23	23	26	25	220
2		兼并、收购	24	13	15	11	9	11	12	16	24	14	149
3		融资	52	24	35	35	24	20	19	21	25	15	270
4		市场扩张	43	19	23	29	21	21	21	13	15	21	226
5		短期合作或战略联盟	31	18	19	25	17	16	21	17	22	17	203
	小计		182	92	105	119	89	91	96	90	112	92	1 068
6	针对下游	品牌宣传	28	29	18	14	16	18	12	13	9	11	168
7		购房价格折扣	20	11	17	16	10	9	5	8	3	15	114
8		涨价	18	7	9	9	11	6	6	7	5	6	90
9		重要促销活动	21	19	24	14	17	20	15	16	17	7	170
10		提升服务质量	24	14	13	7	19	8	16	16	16	12	145
11		新楼盘	26	12	23	13	15	9	14	11	13	7	143
	小计		137	92	106	73	91	76	72	67	70	46	830
12	混合	业务拓展	6	7	5	7	5	3	3	1	2	1	40
	合计		325	191	216	199	185	170	171	158	184	139	1 938

———————

① 对于部分市场及非市场进攻行为所产生的无反应现象，我们不仅通过研究小组分阶段进行了两次的新闻搜索加以确定，同时也就其中的一些典型事例专门询问了中指院华中分院的专家及案例企业的 6 位中层管理人员（面谈、电话及邮件方式），得到了与我们判断基本一致的结果。

表 5-4b 房地产企业非市场竞争行为统计表

编号		非市场竞争行为	万科	万达	富力	顺弛	合生	保利	中海	华润	复地	恒大	合计
1	针对上游	直接参与	11	17	13	4	9	20	21	5	5	5	110
2		信息咨询	14	16	15	9	11	19	14	13	9	18	138
3		帮地方政府解决问题	20	19	16	17	12	16	17	17	13	16	163
4		资助地方政府举办的相关活动	17	14	17	7	8	7	15	15	15	15	130
5		邀请官员或被官员接见	21	25	22	13	15	19	18	15	16	12	176
		小计	83	91	83	50	55	81	85	65	58	66	717
6	针对下游	支持环保	28	21	17	13	19	14	16	18	14	17	177
7		慈善捐助	12	11	8	6	8	5	11	11	7	4	83
8		举办公众、社区活动	26	24	20	11	15	8	9	16	11	8	148
		小计	66	56	45	30	42	27	36	45	32	29	408
9	混合	与政府合作项目	19	13	23	14	15	14	12	11	15	9	145
10		地方政府骄傲及公众认可	36	29	21	25	19	17	17	21	19	16	220
11		媒体公开发言	37	35	28	34	26	13	16	12	5	8	214
		小计	92	77	72	73	60	44	45	44	39	33	579
		合计	241	224	200	153	157	152	166	154	129	128	1704

5.4.5 预研究

为了保证内容分析的有效性与可靠性，在正式研究之前我们进行了预研究。研究小组的三位组员分别独立地对 100 条信息进行了预研究，主要分析企业的行为类型及界定进攻与反应并给出各自的判断结果。在进行第一次汇总时，我们发现一致的程度是 71.43%。根据 Nunnaly（1978）的观点，信度程度在 0.7 以上时表示前期的研究足够可信。为此，我们联合中国房地产指数研究院华中分院的三位专家共同对标准进行修正和确认，达成了一致率为 97.6% 的结果。为了进一步检验对竞争行为进行编码的可信度，研究小组中另外两位经验较丰富的成员再次分别独立地对另外 100 条信息进行分析。我们运用 Perreault & Leigh's（1989）的信度指数来测验评分者间的信度。结果表明各类别的 PRL 估计值均在 0.90 以上。根据 Rust & Cooil（1994）的观点，这是一个较高的数字。

5.5 研究结果与分析

5.5.1 企业竞争行为的一般特征

竞争行为因实施企业的能力、行业环境及行为所需资源的差异而有着不同的实施频率及效力。那么，在转型经济背景下的中国房地产行业中，哪些市场及非市场竞争行为使用的频率相对较高？为什么？各类行为之间的相关性又如何？反映了什么竞争特征？

5.5.1.1 竞争行为的实施频率

根据表 5-4a、b，图 5-5a、b 显示了 2000 年 1 月到 2013 年 12 月间各企业所采取的不同市场及非市场竞争行为所占的比例。各市场竞争行为按照数量递减趋势依次为："融资"、"市场扩张"、"圈地"及"短期合作目或战略联盟"等；而非市场竞争行为则包括："媒体公开发言"、"成为政府骄傲及公众认可的企业"、"积极参与或支持环保活动"及"邀请官员参与公司活动或被官员接见"等。

2000—2013 年各市场竞争行为的相对比例

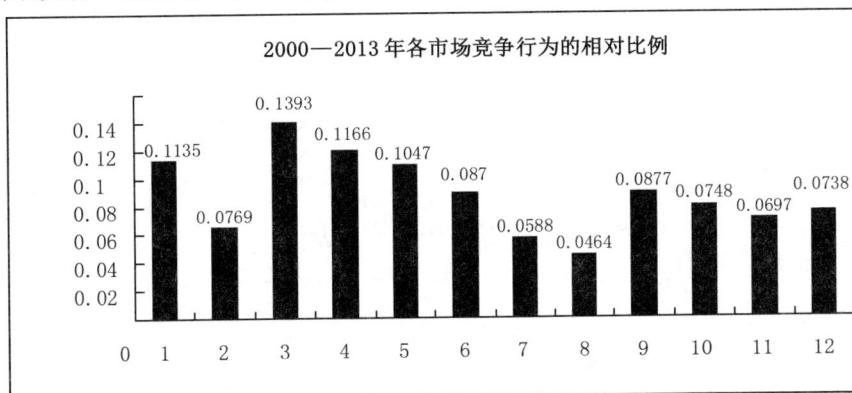

图 5-5a 各类市场竞争行为相对实施频率

2000—2013 年各非市场竞争行为的相对比例

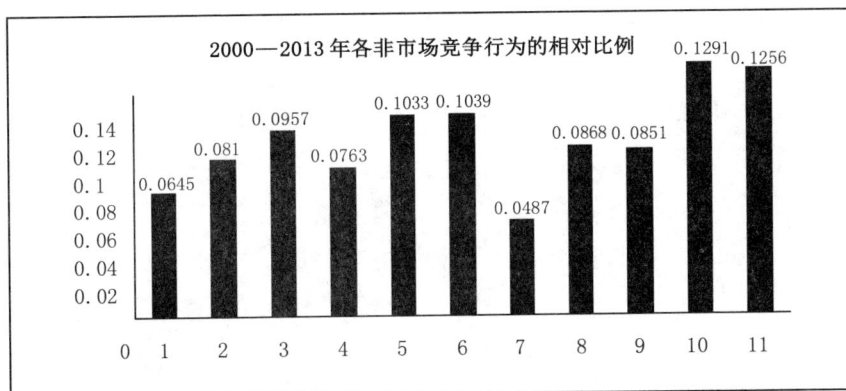

图 5-5b 各非市场竞争行为相对实施频率

（1）市场竞争行为的实施频率分析。

从我们的研究结果看，被实施频率较高的市场竞争行为方式都属于针对上游资源供给方的竞争类型。在传统的竞争研究中，价格被认为是竞争活动中最敏感的因素（Baum & Korn，1999）。国内很多学者在考察企业的竞争时，除了价格战以外，很少提及企业间的其他互动行为。而从我们的研究结果看，价格、促销等传统竞争手段并不是大型企业间竞争的"重头戏"。对资金、土地及市场等资源的争夺才是它们竞争的焦点。而从期刊对各企业之间的短期合作或战略联盟的报道来看，也是以共享土地资源、缓解资金压力、优势互补实现共赢为目的的。这验证了部分西方学者的观点：由于较大的市场能力及认知（Edwards，1955；Pfeffer & Salancik，1978）和较广的市场领域（Chandler，1962；Scherer & Ross，1990），大型企业会产生更激烈的资源竞争，以获得优先资源（Aldrich & Auster，1986；Haveman，1993）。同时，这一结果也与中国转型经济的基本现实和房地产行业的实际吻合。在转型经济的大背景下，中国当前经济的增长主要靠资本（信贷）、资源、廉价劳动力及能源拉动而不是靠效率和科技。这决定了目前中国房地产开发公司主要是资源依赖型公司而不是效率型，市场对于其认可主要是看其资源占有程度，有资源就会有投资或借贷，包括品牌认知度等一系列公司价值因素，如，全国各地不断出现的新"地王"[①] 每每受到了各方的极大关注。

（2）非市场竞争行为的实施频率分析。

从我们的研究结果看，被实施频率较高的非市场竞争行为方式在针对上游资源供给方、针对下游需求方及混合类型中均有分布。这说明企业在竞争互动中实施非市场行为能够为企业的整体绩效及竞争优势提供帮助（Baron，1997；Quasney，2003）。

MacMillan（1982）及 Ghemawat（1991）等学者认为，大型企业更希望通过媒体尽量提高其行为可见度，以达到胁迫对手及威慑反击的作用。因此，"媒体公开发言"方式被地产企业实施的频率最高，地产企业试图通过行为公开化甚至高管的"名人化"（Fombrun & Shanley，2001）来强化竞争行为的信息（Chen & Hambrick，1995）。此外，在当前中国市场经济不完善，法律制度不健全的转型经济环境下，虽然市场机制发挥了一定作用，但是企业的发展在很大程度上仍然依赖非市场体系（如政府控制和社会网络等）获取资源（Li，Li & Tan，1998；Luo，2003a，2003b；Peng，2003；Tan & Xia，2008），尤其是依赖资源的房地产企业。比如，很多情况下地产企业获

---

① 泛指在全国各地区的土地交易、拍卖中拿地面积最大及拿地价格最高等企业，如"武汉地王"、"上海地王"等。

得银行贷款并不是以其盈利能力和偿债能力为条件的。企业与银行和地方政府的关系、企业的公信度、企业的公众认知度等因素很大程度上决定了企业能否获得银行贷款及经营资本，从而促使企业的规模的增长。因此，"成为政府骄傲及公众认可的企业"、"邀请官员参与公司活动或被官员接见"及"帮地方政府解决问题"等直接与政府相关的非市场行为能最大效力地建立企业与地方政府的良好关系，增强企业在公众中的公信力和知名度，获得政府及公众的赞许及支持，以此支撑企业间激烈的资源争夺战。最后，随着中国经济、社会的发展，20 世纪 90 年代中后期在全球兴起的"企业社会责任"运动也逐渐引起中国学者及企业家的关注。特别在房地产这类关乎国计民生的行业中，企业的社会责任问题更是一个颇受关注的热点事项。而地产企业承担社会责任的典型方式则是积极开展开发建设节能节地节水节料的房地产产品，并参与到促进资源节约型和环保型的城市与和谐人居的公益活动中来，这成为近些年来地产企业提升企业形象与品牌影响力，增强产品公信度及美誉度的一个有效竞争利器。

从我们的结果中还看出，"慈善捐助"及"直接参与"这两种非市场竞争行为方式被实施的频率相对较低。我们通过对新闻报道中进攻行为与反应行为的内容分析及过程中对企业人员的咨询后发现，"慈善捐助"①方式多数仍属于一种事项（如"非典"、"申奥"等事项）驱动型的竞争行为，或者由于社会公众期望的影响使企业必须定期参与的公益行为，这表明中国企业并未从真正意义上将慈善捐助提升到战略高度，而仅仅将之作为应对突发事项的企业态度或完成社会期望的简单工具。实际上，战略性慈善（strategic philanthropy）的概念在 20 世纪 80 年代便已诞生，学者们认为捐赠和利润是相互兼容而不是相互冲突的，企业捐赠能吸引客户、员工、社区和其他利益相关者，以此来巩固企业资源基础或减少资源约束，帮助企业形成核心能力，增强竞争优势（Mescon & Tilson，1987；Smith，1994）。简而言之，捐赠会产生价值增值作用，直接或间接改善企业绩效（Porter & Kramer，2002）。

此外，从竞争行为散点图（如图 5-6b）可以看出，企业的"参与行为"有递增趋势，这一点表明地产企业在外部环境面前并不总是被动的，而是越来越有意识地主动参与到行业标准及行业政策的制定与讨论中来，并争取更多的机会引导社会规范及行业法规的形成或调整。而且我们还发现，企业的"参与行为"既有单独行动，

---

①　本著作中所统计的"慈善捐助"行为主要是在竞争中样本企业采取的反应行为，目的多为帮助新产品宣传、打击对手的品牌宣传进攻、在进入新市场时短时间内获得地方公众的认可等。那些单纯的个别捐助及针对突发事项的大众捐赠行为不计入竞争行为样本中。

比如 2003 年合生创展联合北京朝阳区政府建立房地产联席会议制度就是一个企业单独与政府联合起草行业标准使行业集体受益的典型例子；也有采取"非市场联盟"的集体方式进行，比如 2003 年央行 121 号文件颁布后，这几家大型地产企业都参与了集体向中共中央上万言书以反映业界声音的事件就是一个企业集体向政府决策者提出行业政策意见从而使行业集体受益的典型例子。

（3）不同竞争行为被实施频数的变化趋势。

企业所实施的竞争行为频数分布的变化趋势如图 5-6a 及 5-6b 所示。我们发现，各行为在 2000—2013 年的分布并不均匀，但我们仍然可以发现一些规律：

从图 5-6a 中，我们发现在市场竞争行为中，第一，"兼并收购"及"短期合作或战略联盟"等竞争方式的数量呈明显递增趋势，这与 2002 年后国家对房地产行业的土地、信贷等重要资源的宏观调控分不开。随着法规的逐渐规范化，国家控制资源的力度加大，房地产迎来了一次又一次大规模的行业洗牌，大型企业越来越倾向于通过重组、并购及联盟等方式获得更多资源，保持稳定的资源占有率和市场份额。第二，"价格折扣"、"重要促销"等方式的数量呈现明显降低趋势，进一步说明大型地产企业间的竞争渐趋理性，传统的针对下游顾客方的竞争手段已不再是最有效的方式，它们越来越关注非价格的资源竞争。第三，"市场扩张"等方式虽呈稳步递增趋势，但变化并不是特别明显，说明房地产行业企业一直以来都普遍关注通过扩大市场战线来弥补资源的稀缺，实现更稳定的资源优势。

从图 5-6b 中，我们发现在非市场竞争行为中，第一，针对政府政策资源的"直接参与"、"信息咨询"等方式被实施的频数呈现显著上升趋势，说明随着近年来国家对地产行业宏观调控力度的加大，地产企业越来越积极地参与到行业政策的制定过程中来，并通过非市场行为中的政治手段来争夺政策资源。第二，"参与及支持环保"及"慈善捐助"等方式被实施的频数也有一定程度的递增，说明随着地产行业的逐渐规范化，地产企业开始意识到承担社会责任，发挥企业公民职能已不仅仅是单纯的慈善行为，而是能够实际地帮助企业赢得资源，强化竞争优势。第三，"地方政府骄傲及公众认可"及"媒体公开发言"等方式虽呈稳步递增趋势，但变化并不是特别明显，说明房地产行业企业一直以来都普遍关注通过获得各种荣誉及称号、保持较高的曝光率来提高其市场地位和品牌知名度，赢得利益相关者的青睐。

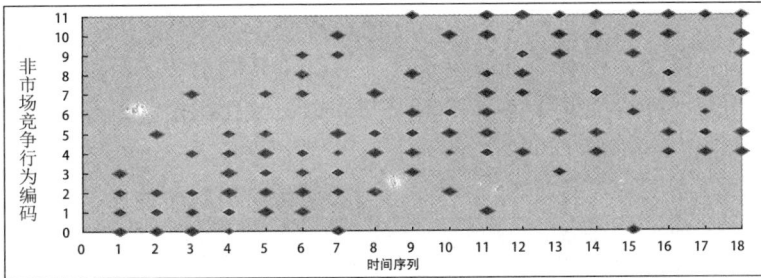

图 5-6a　市场竞争行为散点图

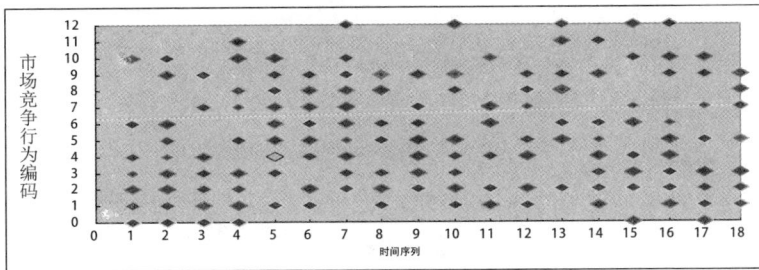

图 5-6b　非市场竞争行为散点图

说明：此处横轴是以两季度为一单位的顺序进行编码，比如 2000 年第 1、2 季度为"1"，第 3、4 季度为"2"，依此顺延。

（4）不同性质企业所实施的各类竞争行为的数量差异。

为了进一步地比较不同性质企业实施各类竞争行为数量的异同，我们通过对各企业所实施的不同类的市场及非市场竞争行为的统计，计算出民营、国有及港资三类企业实施行为的平均值，具体见表 5-5 所示：

表 5-5　不同性质企业所实施的各类竞争行为的平均数量

竞争行为		样本企业性质		
		民营 （ n=6，万科、万达、富力、顺驰、复地、恒大）	国有 （ n=2，保利、中海）	港资 （ n=2，合生，华润）
市场	针对上游型	117	93.5	89.5
	针对下游型	87.3	74	79
	混合型	4.7	3	3
非市场	针对上游型	71.8	68	75
	针对下游型	43	34.5	40.5
	混合型	64.3	52	44.5

我们发现，在市场竞争方面，第一，国内企业更关注对资源层的争夺，对资源的依赖性更强；第二，民营企业及港资企业更注重针对下游需求方的市场竞争。在非市场竞争方面，第一，国有企业在针对上游资源方（特别是争夺政府资源）的非市场竞争中更具优势；第二，民营企业及港资企业更注重环保、捐助等公益行为及媒体公关行为来获得更多竞争优势，其非市场竞争行为的混合目的更强。我们给出的解释是，在中国，政府是企业面临的最大利益相关者，也是合法性最高的组织。中国经济体制的改革与政治权力体制的变化有着密不可分的关系（田志龙，张泳，Hafsi，2002；胡旭阳，2006）。因此，与政府有直接关联的国有企业对特别是政府掌控的资源分配保持了高度的敏感性和优惠性，并通过资源导向的战略目标、企业使命而获得了先动优势。然而，与国有企业和政府部门存在先天的密切关联不同，民营及港资企业必须通过更多方式赢得政府的认可及信任，从而获得"政府"资源，以期有效地提高经营合法性及整体绩效。而环保、捐助等公益行为及媒体公关行为等直接面对利益群体（包括政府、消费者等）的较公开的竞争行为则成为它们的首选。Deephouse（1996）认为，由于大企业对外部环境具有更大的影响，会受到更多的媒体关注及经营合法性的挑战，从而促使企业采取更多实质性的措施直接影响利益群体，获取有效资源。

5.5.1.2　竞争行为之间的相关性

（1）进攻与反应行为的相关性。

通过对进攻与回应行为进行相关性分析，发现进攻与回应之间在总体上存在显著的相关性，这说明企业在发动进攻之前在一定的程度上已经考虑到了潜在的报复或者其他企业的回应对进攻的影响。进一步，我们发现市场进攻与市场反应、市场进攻与非市场反应均存在显著的相关性。这一结果表明在企业通过市场行为发动进攻时，竞争企业不仅会采取市场行为进行回应，同时也会采取非市场行为来进行反应。因此，从预测竞争的观点来看，传统竞争互动中一味地强调企业的市场反应而忽略大量越来越多的非市场反应的研究是有其局限性的。另外，我们还发现非市场进攻只与非市场反应存在显著的相关性，而与市场反应之间的相关性并不显著。说明当企业通过非市场行为发动进攻时，竞争企业更倾向于通过非市场行为进行反应。比如，致力于成为中国房地产行业领跑者的万科，于2004年3月24日在北京东方君悦酒店举行"磐石行动北京会议"，向外界阐明了万科的质量观、客户理念及供方理念。针对万科的这次质量誓师大会，万达在对往昔成功经验与教训进行了客观的分析与评价之后，针锋相对地公开提出了"2004 万达地产新地产观——鹰式行动"计划，其意义就是要求传承"与时俱进、开拓创新"的万达企业精神，要求万达地产每个人都要像展翅翱翔的苍鹰一样，不断地提高自己，为万达的腾飞夯实基础。

（2）市场与非市场竞争行为的相关性。

通过对各行为之间的相关关系分析（表 5-6），我们能够回答：哪些市场行为、非市场行为及市场与非市场行为之间更相关，更能促进彼此的竞争效力并形成积极的互动关系？

1）市场竞争行为间的相关性。

表 5-6a　2000—2013 年中国主要房地产企业市场竞争行为及其相关关系

	圈地	兼并、收购	融资	市场扩张	短期合作或战略联盟	品牌宣传	购房价格折扣	涨价	重要促销活动	提升服务质量	新楼盘
圈地	1										
兼并、收购	0.650671	1									
融资	0.218687	0.50252	1								
市场扩张	0.38792	0.278938	0.848234	1							
短期合作或战略联盟	0.525743	0.600652	0.852233	0.824026	1						
品牌宣传	0.024759	0.105692	0.555531	0.544161	0.31152	1					
购房价格折扣	-0.15385	0.087046	0.859712	0.749876	0.616996	0.570775	1				
涨价	0.335097	0.390215	0.865594	0.865558	0.66356	0.615229	0.79187	1			
重要促销活动	-0.23735	0.216747	0.545457	0.235698	0.189718	0.568585	0.65832	0.589766	1		
提升服务质量	0.464317	0.548025	0.418659	0.33493	0.424397	0.320065	0.271934	0.395571	0.24083	1	
新楼盘	0.046392	0.451776	0.873637	0.681376	0.665876	0.487614	0.829696	0.770192	0.684108	0.593114	1

由表 5-6a 的统计结果可知：一，在针对上游资源类竞争行为中，圈地行为与兼并收购行为最相关；融资行为与新楼盘行为最相关；市场扩张行为与涨价行为最相关。这说明针对上游资源类的市场竞争行为之间的有效关联性较大，也即是说针对下游方的市场竞争行为对上游资源市场竞争的帮助作用并不明显。同时，结果也说明企业间的并购或合作联盟均是以获取诸如土地、资金等重要资源为主要目的。例如，2005 年万达联姻国美、顺驰牵手绿地等。顺驰董事长孙宏斌说："在资金压力下，强强联手，合作开发，能让企业有更多可周转的资金，用于企业的其他项目和其他事业，能最大化企业的赢利能力。"这与中国房地产行业中，资金、土地是联系最紧密的核心资源，也是企业市场竞争焦点的事实相符。也同时反映了在转型经济背景下，尽管房地产行业发展迅速，但即使是业内主要大型企业仍然需要借助信贷及廉价土地的争夺来维持快速增长态势，相比美国房地产资金构成中银行贷款只占 15%，而企业自有资金占 70% 的发展水平，中国房地产企业的整体实力仍有待进一步提高。此外，圈地与并购的相互关联性说明了在大型房地产企业不断壮大的进程中，土地竞争成为了最关键的环节。中国经济的快速发展、人口结构的逐渐变化等因素使市场的需求旺盛到近乎饥不择食，这给房地产企业提供了汹涌而至的机会，使它们只需跟着一个接一个的机会走，就能完成一个又一个好买卖。大部分中国房地产企业走的都是圈地扩张式的发展道路。但是，我们同时发现"市场扩张"与"品牌宣传"的关系也很显著，说明随着行业的快速发展，一些领导型大企业越来越重视品牌扩张的影响力。最具代表性的是龙头房地产企业万科，它凭借品牌对客户的强大号召力，在新城市拓展速度上是任何一家房地产公司都无法比拟的。二，在针对下游产品顾客类竞争行为中，品牌宣传行为与涨价行为最相关；房价折扣行为与重要促销活动行为最相关；涨价行为与融资行为最相关；提升服务质量行为与兼并收购行为最相关；推出新楼盘行为与融资行为最相关。这说明针对下游产品顾客类的市场竞争行为与针对上游资源类的市场竞争行为间的有效关联性较大，也即是说针对上游资源类的市场竞争行为对针对下游产品顾客类的市场竞争行为有较大的帮助作用。

2）非市场竞争行为间的相关性。

表 5-6b　2000—2013 年中国主要房地产企业非市场竞争行为及其相关关系

	直接参与	信息咨询	帮地方政府解决问题	资助地方政府举办的相关活动	邀请官员或被官员接见	支持环保	慈善捐助	举办公众、社区活动	与政府合作项目	地方政府骄傲及公众认可	媒体公开发言
直接参与	1										
信息咨询	0.557641	1									
帮地方政府解决问题	0.290625	0.372099	1								
资助地方政府举办的相关活动	-0.01694	0.136912	0.35544	1							
邀请官员或被官员接见	0.679138	0.351713	0.489649	0.344119	1						
支持环保	0.089703	0.16616	0.537537	0.466837	0.47421	1					
慈善捐助	0.283203	-0.14211	0.507427	0.49708	0.548071	0.663417	1				
举办公众、社区活动	0.074789	-0.00687	0.520946	0.446354	0.706136	0.823772	0.698091	1			
与政府合作项目	0.136202	-0.13762	0.040338	0.220313	0.532154	0.288527	0.191044	0.553493	1		
地方政府骄傲及公众认可	-0.02697	-0.13335	0.693671	0.244264	0.509936	0.771364	0.589664	0.844789	0.398985	1	
媒体公开发言	0.146818	-0.12796	0.508711	-0.0807	0.500341	0.541957	0.422594	0.727125	0.505239	0.791429	1

由表 5-6b 的统计结果可知：一，在针对上游资源类竞争行为中，直接参与行为与信息咨询行为及邀请官员、被接见行为最相关；信息咨询行为与帮地方政府解决问题行为最相关；帮地方政府解决问题行为与地方政府骄傲及公众认可行为最相关；资助地方政府举办的相关活动行为与慈善捐助行为最相关；邀请官员或被官员接见行为与和举办公众、社区活动行为互为最相关。这说明上游资源类非市场竞争行为与针对下游产品顾客类的非竞争行为间的有效关联性较大，也即是说非市场竞争行

为较之市场竞争行为，彼此之间的互动关系更为显著。同时，直接参与行为与信息咨询行为及邀请官员、被接见行为的相关性及信息咨询行为与邀请官员、被接见行为的相关性说明，中国房地产企业主要通过参政及议政两种方式建立企业在政界的人脉关系。而在西方企业可以通过两种途径培养关系：一是通过找中间人，二是雇用退休的政府官员（Yoffie，1987；Schuler，1996）。中国的人民代表大会政体及半官方性质的行业协会产生了中国企业特别是大型企业的高管同时能够兼任政府官员或行业协会会长（半官方代表）等的特殊现象，特别在房地产行业中，土地、城市规划、资金等都与政府有着千丝万缕的联系，良好的企政关系能够为企业争取更多的意见输送渠道及相应的政策倾斜和优惠。此外，帮地方政府解决问题行为与地方政府骄傲及公众认可行为的相关性及邀请官员或被官员接见行为与和政府合作项目行为的相关性也说明，中国企业习惯于通过支持地方经济建设、争取与政府合作（如城市地标建设、市政基础设施建设等项目）等诸多能够提升地方政府政绩的方式来获得政府及公众认可及支持，从而更容易地获得参政及议政的机会。最后，资助地方政府举办的相关活动行为与慈善捐助行为的相关性反映了某房地产企业高管的访谈观点："目前中国企业的慈善捐助行为中政治性目的占有极大比重"。二，在针对下游产品顾客类竞争行为中，支持环保行为与举办公众、社区活动行为互为最相关；社区活动行为与支持环保行为最相关。这说明在针对下游产品顾客类的非市场竞争行为中环保行为成为企业争夺顾客及产品形象的有利武器，中国大型企业在非市场环境的竞争中越来越意识到慈善、环保等行为的战略性意义。简而言之，捐赠会产生价值增值作用，直接或间接改善企业绩效（Porter & Kramer，2002）。Creyer & Ross（1996）的研究表明，76%的消费者表示在价格和质量相同的情况下，他们愿意转换成与他们所关心的公益事业有关的品牌和企业。而且当消费者发现企业参与了不道德的行为之后，消费者会由于该企业开展了诸如慈善事业等非市场行为而减弱对其的消极评价。三，在混合类竞争行为中，政府骄傲及公众认可行为与支持环保行为最相关，这也与近些年来国家对可持续发展观的重视及企业环保意识的不断增强等有关，使得政府及公众的关注焦点成为了企业行为追求的标准；同时媒体公开发言行为与政府骄傲及公众认可行为最相关，说明成为政府骄傲、信赖的企业及得到公众认可能够增加企业公开议政的信心及影响力度，同时也是高管宣传、"名人化"的有利筹码。

表5-6c 2000—2013年中国主要房地产企业市场与非市场竞争行为及其相关关系

	圈地	兼并收购	融资	市场扩张	合作联盟	品牌宣传	房价折扣	涨价	重要促销	提升服务	新楼盘	业务拓展
直接参与	0.333176	0.185299	0.092832	0.30022	0.160056	0.610183	0.093513	0.356935	0.327121	0.046154	0.13938	0.493007
信息咨询	0.306091	0.270223	0.14241	0.355692	0.157272	0.755731	0.034331	0.369634	0.358663	0.190557	0.098883	0.536998
帮地方政府解决问题	0.315183	0.582127	0.516992	0.698958	0.637271	0.757362	0.231117	0.536625	0.272699	0.25798	0.271114	0.631397
资助地方政府举办的相关活动	0.027726	0.764546	-0.02619	-0.06355	0.152494	0.148479	-0.28132	0.007981	0.062867	0.641624	0.227686	0.042752
邀请官员或就官员接见	0.17793	0.460686	0.457824	0.566886	0.433373	0.906631	0.351799	0.555405	0.618911	0.456647	0.391345	0.823644
支持环保	0.434854	0.566509	0.584721	0.736579	0.649209	0.869893	0.372006	0.602804	0.430847	0.730057	0.473301	0.645777
慈善捐助	0.360769	0.667201	0.421164	0.574706	0.536985	0.845831	0.209795	0.445215	0.378188	0.797692	0.366224	0.634604
举办公众、社区活动	0.051011	0.527653	0.593984	0.605601	0.536704	0.855221	0.439341	0.600056	0.660688	0.64117	0.623465	0.792433
与政府合作项目	-0.189098	0.306774	0.4048392	0.370588	0.2566191	0.146281	0.399966	0.418518	0.742205	0.379393	0.492841	0.833408
地方政府骄傲及公众认可	0.34854	0.638358	0.703235	0.814515	0.788445	0.795653	0.45648	0.57959	0.376596	0.673157	0.451909	0.676459
媒体公开发言	-0.02704	0.256947	0.862167	0.845782	0.698167	0.853994	0.801684	0.730045	0.750548	0.303948	0.651068	0.35239

3）市场竞争行为与非市场竞争行为间的相关性。

由表 5-6c 的统计结果可知：一，在针对上游资源类竞争行为中，兼并收购行为与资助地方政府行为最相关，合作联盟与地方政府骄傲及公众认可行为最相关。这说明中国企业最擅长通过对政府的直接财务支持及成为地方经济代表等方式保持与政府及相关利益主体的密切关系，获得更多直接或间接的利益（如政策倾斜、借助政治权力获得支持和帮助等），从而促进或支撑市场竞争。这反映了由于转型经济形态下中国政府的强大影响力，使得中国企业更注重实现政府与企业的双赢目标。企业一方面通过参与地方经济建设帮助政府官员提高其政绩来增强其对企业的依赖，另一方面也能通过资助政府的项目及活动获取更多更独有的资源，从而实现企业的经济绩效。例如，万科集团于 2006 年出资参与了深圳市政府的廉租房项目，赢得了极佳的口碑。随后，万科与九洲地产公司建立了合作关系，双方在市政府的支持下共同出资进入旧城改造的业务领域。这一系列的举措加快了万科扩张的步伐。二，在针对下游产品顾客类竞争行为中，支持环保、慈善捐助及社区活动行为均与品牌宣传行为最相关。随着中国经济、社会的发展，20 世纪 90 年代中后期兴起的"企业社会责任"运动也逐渐引起中国学者及企业家的关注。2006 年 5 月，中国的房地产巨头们会集上海，针对高涨的房价，以万科集团董事长王石为首的企业家就履行企业社会责任的议题发表了各自见解。这是中国企业家第一次从与消费者的关系方面意识到了企业的社会责任。因此，越来越多的环保、慈善、公众活动等非市场竞争行为加入到企业的动态竞争中，反映了中国大型企业已经越来越重视企业社会责任在商业战略战术中的体现与实施。但是，据中国企业家调查系统最新统计，七成企业履行社会责任主要动因是为了提升企业品牌形象，获得公众及政府好感。这也得到了以上统计结果的验证。我们在统计分析中也发现，万科、合生创展等为代表的民营及港资等"先天不足"型[①]企业在承担企业社会责任方面的这类目的性比国有企业更强烈，且主要的方式是捐赠、参与举办社区（政府）活动、提倡环保和其他慈善活动。然而，这些行为方式仅仅是企业社会责任的低级形态，主要目的仍然是提升企业的品牌形象及社会声誉。而实际上，更高级的形态应当是企业将与社会责任相关的种种因素整合到业务流程中，实现企业经济效益和社会公共福利的双赢（郭沛源，于永达，2006）。Porter & Kramer（2006）认为，积极主动地将企业社会责任

---

① 主要是指与国有企业比较，民营企业没有先天的政府等相关资源，港资企业没有中资企业先天的社区及市场等相关资源。

战略与其他商业战略整合，能改善和发展企业的商业和制度环境，直接提升企业竞争优势，快速改善企业绩效。因此，在企业社会责任备受关注的今天，社会责任运动已不仅仅是"社会期待企业应履行的责任"，而是企业获得更多竞争资源、创造竞争优势的源泉。因此，中国企业应从根本上改变对企业社会责任的看法和参与社会责任运动的动机，从战略高度将企业社会责任整合到战略规划中，使企业获得更多市场机会及持续的竞争优势。

（3）在混合类竞争行为中，与地方政府骄傲或公众认可行为与市场扩张行为最相关；这说明得到政府、公众支持的企业能够获得更多市场机会，从而可以进行土地、资金等资源的整合互补。而媒体公开发言行为与融资行为最相关。Axelrod（1984）及 Schelling（1960）等学者认为，为了获得公众关注、威慑对手及表明姿态，大型企业更倾向于通过媒体发布竞争信号。因此，企业可能首先通过媒体发言的方式应对诸如融资等需要长期关注的战略性竞争行为。

总之，由表 5-6 数据发现，所有市场与非市场竞争行为均与其同性质行为最相关。这说明在房地产行业中，对手的行为性质很大程度地决定自身行为，同性质行为的针对性及影响效力较高。这反映了自 1998 年市场化以来的房地产行业，虽然企业间的竞争日益激烈，但总体仍处于一个针锋相对型的被动竞争状态。同时我们也应该清晰地看到，随着现代竞争日益的激烈和复杂化，已经有越来越多的非市场竞争行为加入传统的市场竞争当中，与企业市场竞争行为产生了积极的互动作用，特别是各种建立并维系企业与政府的良好关系的与政府相关的行为有着密切的关联非市场竞争行为，其对市场中的资源竞争战起到了显著的配合和支撑作用。

5.5.2　企业竞争行为的动态特征

竞争互动理论的核心是研究企业如何通过关注对手的行为与反应构建竞争优势（Chen，1988；Chen，Smith & Grimm，1992；Porter，1980），它强调了竞争的动态性与交互性。进攻的效果很大程度上取决于回应者的表现（MacMillan，1978），即进攻是否能最大程度地延迟回应者的反应或最小化其反应数量。因此，我们不仅要从实施频率及相关关系等方面分析各类市场与非市场竞争行为的一般特征，更要关注两者的动态互动，包括反应时间、反应行为数量及其与进攻行为的关联等竞争行为的动态特征。

5.5.2.1　市场与非市场竞争行为的反应时间

在这里，反应时间被定义为反应者对进攻者竞争行动采取反应所需的时间长度（Chen，Smith & Grimm，1992）。反应时间是一个重要的信号工具。如果进攻者能使对手的反击行为延迟发生，则表示企业发动的竞争行为有效，因为进攻者能从对手反应行为迟缓所获的时间中赢得更多利益（Chen & MacMillan，1992）。我们在关于以上十家公司的新闻报道的范围内搜寻，从其第一次报道一个进攻的日期开始到第一次报道出反应的日期为止共经历了多少天，图 5-7a、b 显示了市场及非市场反应行为的时间间隔，同时表 5-7 是对图 5-7 信息的归纳。

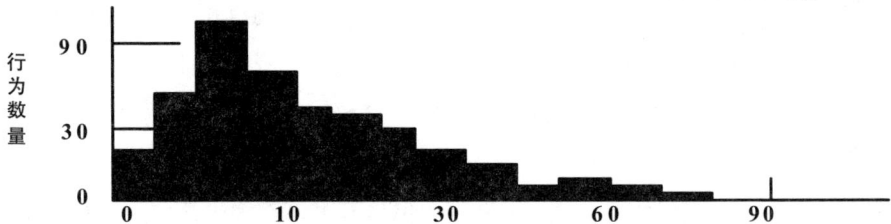

图 5-7a　市场竞争行为的反应时间间隔分布图

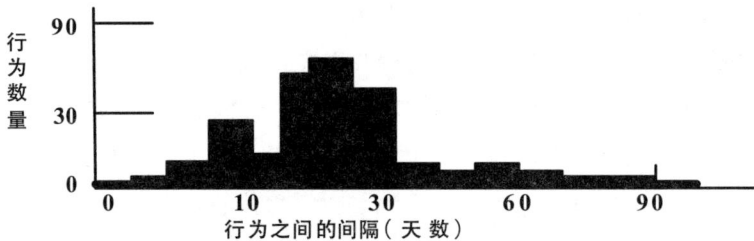

图 5-7b　非市场竞争行为的反应时间间隔分布图

表 5-7　各类市场与非市场进攻行为的反应时间间隔

进攻行为类型	市场进攻行为反应时间（1—87 天）	非市场进攻行为反应时间（1—90 天）
针对上游供给方	主要集中在 21—40 天	48—90 天或无反应
针对下游需求方	主要集中在 15 天以内	主要集中在 30 天以内
混合型	超过 90 天或无反应（业务拓展）	10 天以内（媒体发言）；30 天以内（地方政府骄傲或公众认可）；90 天以内或无反应（与政府合作项目）

传统竞争互动研究认为，拥有较高量级的竞争行为能有效延迟对手反应的时间（Chen & MacMillan，1992），即行为越不可逆，反应者采取反应的时间越长。在

我们的研究结果中，针对上游供给方的市场与非市场进攻行为所产生的明显的反应延迟（response delay）现象验证了这一结论。然而，过去的研究还认为当对手的进攻对其重要市场有威胁时，企业一般会有较强的反应动机且反应更为迅速而强烈（Grimm & Smith，1997）。但是我们发现，企业市场行为间的互动过程能验证这一结论，特别是针对下游需求方的进攻行为更易遭到对手激烈而迅速的回击。如 2005 年 7 月 30 日，富力地产举办的盛大的北方区域开盘活动使得同为"北伐军团"的合生创展在 8 月份立刻加大了北京地区楼盘的销售及促销力度。

但是对于非市场竞争行为而言，虽然某时段内对手的部分非市场进攻行为对企业的重要利益相关者（如地方政府、社会公众等）的影响甚至大于市场进攻行为，但受攻击企业却未在短期内予以回击而是采取了观望及犹豫态度。如，2004 年 4 月合生创展联合具有官方背景的北京市房地产信息网组织推出了房地产业"阳光工程"，这不仅加强了合生与北京市政府部门的交流合作，还增强了消费者对合生产品质量及品牌的信任度，从而刺激了其新楼盘的销售。合生此举虽对同为"北伐军团"的富力集团产生了较大的竞争威胁，但富力却未立即予以明显的回击而是采取密切关注事态发展的观望态度。Baron（1997）认为，在某种程度上说，当企业拥有一个非市场优势时，其非市场资产和能力很难被复制。由于此非市场优势的独特，其他企业必须花很长时间才能回应之，或付出巨大代价才可能复制之，而这项优势正是企业独有能力的来源。因此，案例企业对多数非市场特别是针对上游供给方的进攻行为都首先保持了观望或犹豫态度。这一方面说明了量级较高的非市场进攻行为能够对对手起到较强的威慑作用，企业对其反应更为谨慎，需要调配更多的资源及付出更大的执行努力（Smith，Grimm & Gannon，1992）。另一方面也显示了中国转型时期，地产企业在非市场竞争方面还未具备完善的预测机制及敏捷的反应系统。它们尽管感受到了来自非市场进攻的威胁，但对其回击速度及能力并不高。

同时，我们还发现针对上游供给方的部分非市场进攻行、混合型市场及与部分政府合作项目等非市场进攻行为都产生了超过 90 天的反应行为甚至产生了无反应（non-responses）现象，这将在下文做进一步的解释和分析。

5.5.2.2 市场与非市场进攻行为的反应行为数量及性质

我们统计了各市场与非市场进攻行为的数量及其引起的反应行为的数量，然后通过其引起的反应行为数量除以进攻行为数量计算出的平均反应次数作为该类进攻行为引起反应行为数量相对比例的衡量指标，最后统计出这些反应行为中市场及非市场行为的比重及典型的异性质反应行为类型，列于表 5-8a、b：

表 5-8a 企业市场进攻行为的反应行为相关属性统计

编号	市场进攻行为		行为数量	引起的反应行为数量	平均反应次数	典型的非市场反应行为类型（按数量递减趋势取前2位）
1	获取资源型	圈地	114	165	1.45	与政府合作、政府骄傲或公众认可
2		兼并、收购	67	23	0.34	媒体发言、与政府合作
3		融资	97	135	1.39	与政府合作、媒体发言
4		市场扩张	87	98	1.13	资助政府、政府骄傲或公众认可
5		短期合作项目或战略联盟	78	34	0.44	媒体发言、邀请官员
6	开发产品或获取顾客型	品牌宣传	56	76	1.36	政府骄傲或公众认可、邀请官员
7		购房价格折扣	36	35	0.97	媒体发言、慈善捐助
8		涨价	29	24	0.83	邀请官员、支持环保
9		重要促销活动	65	87	1.34	举办公众活动、邀请官员
10		提升服务质量	45	38	0.84	支持环保、媒体发言
11		新楼盘	54	32	0.59	慈善捐助、举办公众活动
12	混合型	业务拓展	16	4	0.25	媒体发言、帮政府解决问题

表 5-8b 企业非市场进攻行为的反应行为相关属性统计

编号	非市场进攻行为		进攻行为数量	反应行为数量	平均反应次数	典型的市场反应行为类型（按数量递减趋势取前2位）
1	获取资源型	直接参与	56	—	—	—
2		信息咨询	65	—	—	—
3		帮地方政府解决问题	98	42	0.43	价格折扣、品牌宣传
4		资助地方政府活动	65	35	0.54	重要促销、提升服务质量
5		邀请官员或被官员接见	86	54	0.63	融资、合作或联盟
6	获取顾客型	支持环保	79	58	0.73	品牌宣传、推出新楼盘
7		慈善捐助	34	40	1.18	价格折扣、提升服务质量
8		举办社区、公众活动	78	89	1.14	重要促销、品牌宣传
9	混合型	与政府合作项目	65	42	0.65	合作或联盟、提升服务质量
10		地方政府骄傲及公众认可	90	101	1.12	重要促销、合作或联盟
11		媒体公开发言	90	120	1.33	品牌宣传、重要促销

（1）反应行为数量。

从表 5-8a 可看出，除了针对下游需求方的"品牌宣传"（1.36）及"重要促销"（1.34）等市场进攻行为外，"圈地"（1.45）、"融资"（1.39）等针对上游供给方行为引起的反应数量也较多，这与 Chen 等学者强调的执行要求较高的战略性进攻行为相对于战术性行为而言，引起的回应数量较少（Chen & Miller，1994）的结论并不完全一致。

实际上，正如前文所说，由于中国转型经济的特征，决定了目前中国房地产企业主要是资源依赖型公司，市场对于其的认可主要是看其资源占有程度，有资源就会有投资或借贷，包括品牌认知度等一系列公司价值因素。因此，价格、促销等传统竞争手段并不是大型地产企业的"重头戏"。对资金、土地及市场等资源的争夺才是它们竞争的焦点。

同时在传统竞争互动研究中，许多学者都特别强调价格进攻在竞争中的重要性（Poter，1980），并认为相比其他进攻行为，价格效应的立竿见影使其比其他任何行动更具刺激性，引起更多反应行为（Baum & Korn，1999）。但在我们对大型地产企业的案例研究中发现，不管是涨价（0.83）或降价（折扣）（0.97）所引发的反应倍数都不高。这一方面说明当竞争领域扩大到上游的资源供给层后，由于较大的市场能力及认知和较广的市场领域，大型企业会产生更激烈的资源竞争，以获得优先资源（Smith，Grimm，Gannon & Chen，1991）；另一方面是受到了转型时期中国房地产行业复杂而动荡的非市场环境影响的结果。随着 1998 年房改政策的实施及市场化时代的开启，房地产行业呈现出了急速发展的态势。然而，随着行业快速发展所带来的地方政府"寻租"、企业暗箱操作、银行信贷风险等一系列问题，也亟待政府解决。因此，从 2000 年后，中国政府加大了对地产行业的宏观调控力度，颁布了一系列关于土地、信贷、建设的法规政策，加强了行业的规范与管制，使得包括政府政策、社会经济发展等因素在内的非市场环境对企业竞争行为的影响效应越来越明显，加剧了房地产企业间的资源争夺战。

从表 5-8b 可看出，针对下游需求方的"慈善捐助"（1.18）及"公众活动"（1.14）及混合型的"媒体发言"（1.33）、"政府骄傲或公众认可"（1.12）等非市场进攻行为引起的反应行为数量较多。相比其他非市场行为，这几类行为具有明显的公开性和显著性等特点，短期影响范围较大。因此，Chen（1992）等学者基于市场行为得出的竞争威胁（影响）较大的进攻性竞争行为引起的回应数量较多的结论也适用于这几种非市场进攻行为（主要是公益及环保行为）。然而，针对上游供给方的非市场进攻行为（主要是企业政治行为）的研究结果却与 Chen 的结论恰恰相反，尽管相比其他行为而言，这类进攻行为对对手的潜在威胁可能更大更深远，但其回应的数量却极少甚至没有反应。Getz（1997）认为，相比公益及环保行为，企业政治行为主要影响的是政府政策决策与执行过程，在执行过程中要求包括独特政治关系、联盟能力、专业咨询等在内的多种资源需求及承诺（Baron，1995a，1995b）。因此，其极高的执行要求限制了对手的反应行为（Chen，Smith & Grimm，1992）。这说明企业政治进攻行为对竞争对手具有更强的威慑作用。

（2）进攻行为所引起的反应行为的性质。

在扩展框架中，我们总结了市场与非市场竞争行为间存在的四种互动关系，这里我们主要关注市场进攻与非市场反应及非市场进攻与市场反应这两种很少被学者研究的交叉型互动关系，并回答：企业为何及如何利用非市场行为来应对市场进攻行为？

在转型经济形态下，中国政府对企业经营环境的强大影响力使得企业必须注重维系与政府等利益群体的良好关系，同时它们也能够通过非市场行为发挥这些资源优势，更有效地回应对手的市场进攻行为，从而最终实现企业的经济绩效（田志龙，高勇强，2003；卫武，田志龙，刘晶，2004）。从表 5-8a 可看出：针对下游需求方的市场进攻行为引起的主要非市场反应行为也集中在该领域。如类似于捐助、公众活动、环保等针对下游需求方的非市场行为主要是为了回应对手的价格、品牌宣传或促销等市场进攻行为。传统竞争互动研究认为：进攻行为的执行要求越低且短期影响范围越大，对手的回应可能性越大且会采取类似的有针对性的报复行为。因此，这个结论也适用于针对下游需求方的市场与非市场行为。同时我们还发现，案例企业运用了不同类型的非市场行为来回应针对上游供给方的市场进攻行为。这说明当竞争领域扩大到上游资源层后，企业处理复杂环境（如非市场力量）的能力及其对资源的依赖程度成为影响（或制约）其是否采取针对性回击行为的重要因素

从表 5-8b 可看出，除"与政府合作"外，其他非市场进攻对应的典型市场反应行为主要都是针对下游需求方的，如"促销"、"服务"及"品牌宣传"等。也即是说，当竞争包含了如政府政策优惠、社会公众支持等在内的更多非市场因素后，中国企业短期内只能通过一些量级较低的战术性市场行为迂回地回应对手的非市场攻击。这反映了当竞争领域及竞争行为延伸到非市场环境中后，中国企业面对争夺上游供给方的市场与非市场行为的竞争仍然缺乏长远考虑和整体的战略性运筹。

5.5.2.3　无反应（non-responses）现象

如上所述，我们仅发现市场进攻行为中的"业务拓展"产生了无反应现象。Chen（1992）等人认为，进攻行为越不可逆（即行为执行要求越高），反应时间越长，无反应产生的可能性越大。"业务拓展"行为所包含的较高的资源承诺及执行要求恰恰验证了这一结论。但是，在非市场领域内的无反应现象却并非该结论所能解释。

Baron（1999，2006）强调了非市场行为的公共利益特点，即在许多非市场事项中，企业的市场竞争者也许是它的非市场同盟者，当非市场事项通过相似的模式影响行业成员时，它们常常通过行业协会或合作方式一起来执行非市场行为。Hillman & Hitt（1999）等学者按照企业非市场行为的参与水平将之分为单独参与及集体参与，这与 Yoffie（1987）关于"领导者"（单独从事）与"跟随者"（与其他人一起参与）的研究一致。即，在非市场竞争领域，企业可能作为"领导者"单独从事非市场行为获得个体或集体利益，也可能作为"跟随者"集体从事非市场行为获得集体利益。因此，这些非市场竞争行为所产生的无反应现象更应被理解为企业在非市场竞争领域中形成的特殊的"竞合"关系，以集体受益为目标增强行为的效力。

5.6　研究结论

5.6.1　主要结论与启示

本著作在传统竞争互动研究的基础上融入了企业非市场竞争行为的分析，并通过分析中国转型经济背景下典型地产企业的市场与非市场竞争行为的动态互动规律，得到了以下结论：①大型地产企业在关注资金、土地及市场等资源争夺的同时，也非常注重利用非市场行为与地方政府及公众维系良好的关系来支撑激烈的市场竞争；②企业的竞争领域不仅包括传统竞争互动研究所聚焦的产品及顾客领域更应涵盖企业的资源（包括有形、无形及关系资源等）供给领域；③样本企业的市场与非市场竞争行为之间、针对上游资源层的非市场竞争行为及针对下游产品顾客层的非市场竞争行为之间存在着较显著的相关关系，这反映了它们在竞争中越来越紧密的互动关系；④企业一方面对市场进攻行为的反应速度明显高于其对非市场进攻行为的反应，另一方面也越来越倾向于依赖非市场行为回击对手的进攻；⑤传统竞争互动的相关研究结论基本适用于针对下游需求方的市场与非市场竞争行为。但是，在行为量级、企业处理复杂环境的能力及其对资源的依赖程度等因素的影响下，针对上游供给方的市场与非市场竞争行为及其反应行为的相关属性均与传统研究结论有部分差异，包括：①尽管非市场进攻行为对对手的威胁较大，但对手仍表现出了观望或犹豫态度，未在短期内予以迅速回应；执行要求较高的针对上游供给方的市场进攻行为仍会引发较多的反应行为。②部分能产生集体受益结果的非市场行为也会产生无反应现象，反映了企业在非市场环境中特殊的"竞合关系"。本著作的结论为进一步研究企业的竞争互动提供了理论补充和实例支持。

本著作的结论对企业的实践意义在于：①重视非市场行为在竞争中的重要作用，提高其与市场行为的互动和协同程度；②关注市场与非市场进攻对应的反应时间，增强预测竞争对手反应速度的能力；③充分利用非市场竞争领域中企业间"竞合"关系的集体影响力量。

5.6.2　研究局限与建议

本章的研究结论主要是基于公开信息的内容分析所得到。由于所选企业样本的适用性和公开性，及所选竞争行为方式的易关注和易收集性，因此，本章的分析结果基本上能够窥探出转型经济背景下中国企业市场及非市场行为竞争互动的相关规律。然而，本章的研究仍存在一些不足，主要体现在：①本章的数据主要来源于行业期刊，由于数据较多，时间周期较长，我们尽最大可能使这信息得到企业网站资料及相关专业人士的确认，但仍可能有不尽确凿的地方；②采用媒体公布的数据进行研究，可能会遗漏一些媒体没有公布的信息和数据，尤其是一些非市场行为的隐秘性，这可能会对本章研究结论的准确度有部分影响。

因此，未来的研究应包括：①用实证的方法研究市场与非市场行为的竞争互动对企业绩效的长期影响。在更长的发展中，竞争对手资源导向战略可以潜在地降低企业自身的影响力：一是失去企业声誉；二是雇员积极性下降；三是减弱其内在资源发展的努力（由于发展竞争对手资源导向战略带来的机会成本）；②企业如何才能提高市场与非市场行为的竞争互动程度；③影响企业选择市场或非市场竞争行为的因素；④通过深入访谈及问卷调查等方式收集更多一手资料以弥补内容分析法可能忽略的未公开数据。

总之，研究出一套有中国特点的市场与非市场动态竞争战略的理论与方法，提高企业的竞争能力和管理水平是转型经济环境下中国企业必须面临的挑战。

5.7　本章小结

本章是在第4章战略规划过程中整合非市场环境及战略的基础上，从资源理论角度出发，进一步探讨企业如何在实际的竞争中综合考虑市场行为及非市场行为，并利用两者的互动关系及动态规律实现持续的竞争优势。我们希望促进未来对企业非市场与市场整合及企业资源间的相关研究。未来研究集中在论证企业如何通过在非市场环境中的战略实施及其与市场战略的整合互动来增强企业的整体资源基础。实际上，本章是整合市场及非市场战略及行为在实际竞争中的一个实施范例。我们认为将竞争领域扩大到资源端后，将引发企业在两类资源环境（市场资源及非市场资源）中的竞争扩大（尽管未来的研究还需要探讨更多关于两个环境中竞争互动的细小差异性）。然而，未来还需要更多的关注市场及非市场战略间的内在关系。未来的研究应在生产资料及政治市场等非市场竞争环境中研究资源导向竞争行为的协同性或危害性。为了使竞争更具动态性，其在市场环境中实施的行动必须与其在非市场环境中保持持续的互动或一致。

第 6 章　事项生命周期视角下非市场环境与战略的动态演进

本章是在第 4 章构建的企业战略管理整合模型及第 5 章归纳的企业实践中战略整合的具体行为模式的基础上，通过共同演进的视角进一步剖析以非市场事项为识别方式的企业外部非市场环境影响的发展过程和相应的企业非市场事项战略的演进路径。本章的研究综合了第 4 章和第 5 章的相关结论，并以动态地角度深入地探讨在整合过程中企业环境与企业战略的可能变化和演进规律，弥补过去相对静态的非市场战略及整合研究，包括：企业在战略管理过程中通过什么方式（或视角）动态地分析并评估外部复杂的非市场环境影响（特别是转型经济背景下不稳定的制度环境）的发展；企业相应的战略行为又如何随之发生变化；企业环境与战略间呈现了怎样的共同演进规律及相应路径等问题都是本章需要回答的内容。为了保证论文研究的前后一致性，本章仍然选择了房地产行业为研究样本，通过内容分析法进行数据的历史追踪，以非市场事项生命周期的研究视角，探讨了企业的非市场事项战略在中国转型经济时期复杂的外部非市场环境中动态的演变过程。

6.1 引　　言

战略管理理论认为，组织成功的关键因素是保持与环境一致性的能力，只有适应不断变化的外部环境的组织才能生存。战略作为组织与环境连接的一种工具，追求战略与环境的适应性成为战略管理的核心理念。

纵观对非市场战略及其与市场战略整合的现有研究，我们发现多数学者采取的都是相对静态的研究方法，比如横截面数据研究的抽样调查与统计分析等，这使我们根本无法回答一些关键的问题，比如企业战略行为如何随外部环境的发展而演变？在外部环境的不同发展阶段，企业应如何应对，并通过不同行为方式的变化施加影响？过程研究（process research）为解决这类问题提供了一种全新的视角，它提倡利用历史性追踪数据对企业战略作动态的纵向研究（Langley，1999；Pettigrew，1997），从而对现有的静态研究进行有效的补充。因此本章采用过程研究中的生命周期观点（Van de Ven & Poole，1995）来探讨企业非市场环境与战略行为的演变，为前文的整合研究提供一个动态的分析路径。

制度理论认为，由于转型经济中政府掌握着关键资源的分配，因此其市场机制只能发挥一部分作用，企业的发展在很大程度上仍然依赖非市场体系（如政府控制和社会网络等）获取资源（Li，Li & Tan，1998；Luo，2003a，2003b；Peng，2003；Tan & Xia，2008）。同时，企业也不再被动地接受政府的管制，而是通过在政府政策与法规形成的过程中采取各种行为施加影响，为企业创造一个有利的经营环境（田志龙，高勇强，2003）。这其中除了经典战略管理理论中强调的企业市场战略行为外，还产生了近些年来被越来越多的战略学者所关注的能显著影响公共政策过程的企业非市场战略行为（Baron，1995a，1995b）。特别是，转型经济时期的企业非市场环境是通过一个个具体的非市场事项的演化而向前发展的（Aggarwal，2001；Bronn & Bronn，2002）。因此，部分西方学者关注在一个具体非市场事项的生命周期过程中，企业所使用的非市场战略行为的差异（Getz，1997）。他们的结论是：在事项关注期，企业通过信息策略影响公众舆论的政策偏好；政策制定（引入）期则采取财务刺激策略、政治行动委员会（PACs）与信息策略；政策执行期则采取选民培养策略（constituency building）以得到政府与公众的认可（Lamberg，Skippari & Makinen，2004）。但是纵观国内的相关研究，我们却并未发现有学者对此进行过深入探讨。因此，本章从非市场事项生命周期视角出发，研究相应的企业非市场事项战略及行为的动态演进，探讨在转型经济时期，企业如何通过战略及行为的变化来应对外部非市场环境的动态影响。

无论是发达国家还是发展中国家，其政府都通过制定和调整相关政策对经济进行一定程度的干预（Ansoff，1979）。政府政策的出台通常会经历这样一个过程：公众期望与现实之间的差距引发某种事项的出现；随着事项范围的扩大引起了更多利益相关者的广泛关注及争论；由各方利益相关者的影响行为推动事项进入正式的法制程序导致政府政策的出台；最后是与事项相关的政策及相应的实施细则的深化及落实（Post，1978；Bigelow，Fahey & Mahon，1993）。整个过程即构成了非市场事项完整的生命周期。同时，在这个过程中，企业会通过各种战略及行为影响事项的进程，从而使事项过程中不断出台的相关政策更有利于企业的经营（Keim，1981；Mitnick，1981；Gale & Bucholz，1987），以应对由于这些事项带来的企业经营环境的变化（Mahon，Bigelow & Fahey，1994；Ulmann，1985）。这些现象成为企业界和学术界广泛关注和研究的一个话题（Preston & Post，1975；Post，1978；Tombari，1984；Buchholz，1988；Mahon & Waddock，1992）。

　　本著作第 4 章的研究结论指出，在中国转型经济背景下的非市场环境中，政治事项仍然是影响企业经营和管理的头等大事，在非市场环境对企业战略管理的三层影响中均涉及了政治事项的内容。实际上，这也与中国的特殊国情有关。在中国，政府仍然控制着企业竞争所需的众多资源的配置，是企业经营的乃至生存的最大利益相关者。从计划经济向市场经济体制转轨过程中的政治环境对中国企业的战略行为产生了特别显著的影响。越来越多法律法规出台、实施及调整的民主过程，潜在的增加了外部政治环境的不确定性及动荡性。政府的干涉，不管是通过宏观调控或是直接干预，都使得政治环境更为复杂。这种复杂性增加了各级政府机构对企业战略及行为的影响。这使得中国企业既要密切关注企业外部政治环境的变动，也有可能在政治环境的逐步完善过程中实施影响（高勇强，田志龙，2004）。同时，中国与西方不同的环境模式，文化及伦理，资源及经济行为差异，也是一个重要的问题。因此，中国转型时期政治环境的特殊性，会对起源并发展于西方的研究内容带来怎样的影响？即是说，中国的转型经济背景会使企业外部的政治环境发展及相应的事项战略行为的演变产生哪些特殊性？这些具有中国特色的企业事项战略行为在事项发展的生命周期中又有什么不同的演变路径？我们发现国内学者还没有对这些问题进行过深入研究。因此，通过过程研究的角度探讨处于转型经济时期的中国企业环境与战略行为，特别是政治环境及非市场事项战略行为的动态演进路径是对现有西方大量相关研究的中国数据的验证及补充修正。

　　综上所述，本章以转型时期对中国企业经营和管理活动有显著影响的非市场政治事项为例，通过分析具有典型的事项生命周期演变特征的中国房地产行业数据，探讨了企业外部环境与相应战略之间的动态性。本章的贡献在于：①基于非市场事项生命周期角度研究企业外部政治环境的发展及企业相应的战略演变，为战略管理提供了动态的纵向的过程研究思路；②中国的经济、政治环境与西方存在着极大的不同，将起源并发展于西方的研究内容放在中国大背景下研究，探讨转型经济背景下政治事项生命周期及过程中企业事项战略行为的具有中国特色的演变规律，为中国企业更好地应对转型背景带来的外部政治环境的不稳定性提供理论及实践指导，也为西方的相关研究提供中国数据的补充。

6.2　研究综述

6.2.1　非市场战略及行为

6.2.1.1　西方相关研究

以市场竞争为核心的经典战略管理理论强调了市场战略是企业赢得顾客和打败竞争对手的直接战略，如定价及新产品推出等。市场行为的重要性在过去对企业绩效的许多研究中已被广泛认可（Chen，1988；Grimm & Gannon，1992；Ferrier，Grimm & Smith，1999）。但如何系统地解释企业越来越多的非市场行为，经典的战略管理理论则存在一定的局限性。

企业非市场行为中的政治行为研究从20世纪60年代起日益增多，特别是政治学及社会学领域（Buchanan，1962；Epstein，1969）。这些前人的研究主要关注的是企业与公共政策之间的关系，强调政策产出及社会中不同利益组织的权力分配。70年代以后，企业政治行为的研究延伸到了管理学领域（Griffin，Fleisher，Brenner & Boddewyn，2001）。随后，企业政治行为的延伸引起了管理学领域众多学者对非市场行为的关注（Griffin，Fleisher，Brenner & Boddewyn，2001）。

实际上，管理学已经把分析非市场行为的视角从政府政策转向了企业管理和企业本身，强调企业对公共政策过程的影响是塑造并控制一个企业竞争环境的手段之一这样的理念（Boddewyn & Brewer，1994；Hillman & Keim，1995；Mahon & McGowan，1998；Shaffer，Quasney & Grimm，2000）。在具体的研究主题中，不同学者从理论描述及实证分析两种途径研究了非市场行为的动机、影响因素、具体策略等众多问题（Yoffie，1988；Mahon & McGowan，1998；Shaffer，Quasney & Grimm，2000）。但是，只有少数学者是以纵向视角探讨非市场战略及行为的动态过程。Hillman & Hitt（1999）将企业的非市场战略决策过程划分为三个阶段：参与方式、参与层次与战略选择。Grier，Munger & Robert（1994）基于行业层面将非市场战略的决策过程划分为两个阶段。Lamberg，Skippari & Makinen（2004）构建了一个过程模型，强调企业的非市场战略是一组行动，并将其描绘成一个复杂系统，并且认为企业非市场行为的过程是动态与路径依赖的。而 Bonardi，Hillman & Keim（2005）则试图通过显著环境事项管理来探讨企业非市场行为的相关问题。这些提倡过程研究的学者们均试图将行为与环境联系起来，从而动态地分析战略行为的演变过程。其他多数学者采取的则都是相对静态的研究方法，关于企业非市场战略随着环境的演变产生怎样的动态过程及差异性等问题是没有清晰的解答的。

6.2.1.2 中国背景下的研究

中国的经济、政治环境与西方存在着极大的不同，将起源并发展于西方的研究内容放在中国大背景下研究有意义吗？实际上，处在转型经济背景下的中国企业虽然随着改革开放的深入而越来越有自主权，但政府与企业之间仍然留下了复杂的互动关系。高层经理做重要决策时不仅要考虑诸如顾客、竞争者及需求方等因素，还包括中国不同政府主体的重要作用（Li & Zhou，2005）。同时，处于向市场经济体制过渡时期的中国政府也在不断探索、修正对市场环境的管制程度及方式，使得中国企业不得不面临比西方更为复杂多变的外部政治环境。因此，随着外部环境的不确定性而保持企业非市场战略行为的动态性对中国企业来说显得尤为重要。

其实，许多中国学者（如贾生华，陈宏辉，2002；孙明贵，2002；田志龙，高勇强，2003；黄忠东，2003；陈剩勇，马斌，2004；张建君，张志学，2005；Tian & Fan，2008a 等）都在试图探讨中国背景下非市场战略行为的相关问题。在西方，企业公共关系的实践从 20 世纪 60 年代就开始了（乔治·斯蒂纳，2002），而我国企业的公关实践是在改革开放之后才逐渐有了初步的尝试（薛中文，1998）。与西方的研究结论相比，中外学者都强调了企业非市场战略及行为在不同制度环境下的重要性，都发现了一些相似的政治策略，如信息咨询、舆论影响等。但中国企业非市场战略及行为更体现了中国特色，如中国企业高管以人大政协代表身份直接参政议政的现象来源于中国特殊的政治体制；企业维系与政府官员的密切关系的行为更强调中国社会的"关系"网络。但是，他们的研究主要还是立足于将西方学者的主流静态研究应用于中国背景下，很少利用中国特有的转型环境来对企业非市场战略行为做动态的过程研究。然而，Meyer（1990）和 Peng（2000）提出，中国转型经济过程中连续性剧烈动荡为诸如环境变化与战略反应等组织管理领域动态关系的研究提供了一个得天独厚的机会。Tan & Tan （2005）进一步提出可将中国转型经济视为一个复杂适应性系统（Axelrod & Cohen，1999）。正是由于中国转型经济所具备的以上特性，才导致企业战略行为在动荡的行业环境中表现出显著的阶段差异性及动态性，从而为在中国背景下非市场战略及其与市场战略整合互动的过程研究提供了有利的条件，特别是大大提高了数据采集的可行性。因此，这些带有中国特色的企业非市场战略及行为在中国转型环境下的非市场事项生命周期过程中呈现出什么新的特征和演变规律？这需要我们用中国数据进一步探讨，以填补国内相关研究的空白。

6.2.2　事项生命周期

6.2.2.1　事项的定义

西方学者们从不同角度出发，对事项进行了定义及解释，见表 6-1 所示：

表 6-1　对事项解释的不同角度及相关内容

角度	主要领域	事项解释	主要学者	主要内容
影响（impact）	企业战略	可能对企业产生重要且不连续影响的环境趋势及可能事件。	Ansoff（1975，1980）；Moore（1979）	主要关注事项对企业的重要性及可能来源。
争论（controversy）	公共政策	两个或更多组织关于市场份额或资源等要素分配的冲突。	Cobb & Elder（1972）；Eyestone（1978）	强调公共政策事项的公众性及冲突性。
期望差异（expectational gaps）	社会学	利益相关者关于企业实际绩效与期望绩效的观点分歧。	Post（1978）；Ryberg（1982）	强调事项发展感知的重要性。

实际上，事项可以用许多种方式来定义（Bigelow，Fahey & Mahon，1991；Dutton，Fahey & Narayanan，1983；Heath & Nelson，1986），取决于不同利益相关者的角度（Wartick & Mahon，1994）。以上对事项不同角度的识别及解释正是事项管理过程中的关键环节，为事项生命周期研究打下了坚实的理论基础。本章中的事项是指影响一个组织绩效及其目标实现能力的事物发展（Ansoff，1979；King，1982）。而非市场事项则涉及政策、社会等利益竞争的多重利益相关者及其行为（Buchholz，1988）。

6.2.2.2　事项生命周期

许多年来，学者们研究的大量模型都用来解释事项如何与企业及公共政策一体化，它们如何在公共政策议程中出现（Eyestone，1978；Cobb & Elder，1972；Kingdon，1984；Post，1978；Preston & Post，1975；Tombari，1984）。实际上，事项管理最流行的方法就是生命周期模型（Post，1978；Buchholz，1990），其认为事项发展的阶段可以这样来描述：首先，在一个阶段中，公共期望与企业绩效之间的差距一般涉及改变公共期望；其次，政治争论或政治活动的阶段，政府开始对事项形成一个立法性内容；再次，立法阶段，关于事项的法律法规的制定及颁布；最后是诉讼阶段，在企业及相关政府机构之间实施具体细节。而每个事项的开始到完结再到下一个事项的开始的循环过程便是由一个个事项所组成的企业外部环境的演进过程（Wartick & Mahon，1994；Reeves，1993）。这种过程研究的生命周期论对于探讨随着事项生命周期的阶段进程，企业的行为模式的纵向分析尤为有用，因为纵向时序数据主要关注的是：发生了什么事项、是何时发生的和是什么因素导致了事项的发生，即事项、活动与选择。它可以合理地解释动态事项，而且能够分析嵌套于复杂环境中的现象（Pettigrew，1997；Langley，1999）。

综观西方学者对事项生命周期的描述，主要是从公共政策角度和企业战略角度提出了两种事项生命周期模型：

（1）公共政策角度。

Post（1978）及 Buchholz（1988）等学者是公共政策角度的事项生命周期模型的代表，他们描述了事项在产生、争议、立法及细则实施等各阶段的特点。他们认为公共政策领域的关键事件会推动事项从一个阶段发展到下一个阶段，主要关注公共政策领域发生了什么。该角度生命周期模型假设所有事项都遵循着相同的生命周期，即所有事项都能分解为政治—立法—公正领域（比如公共政策），在这些阶段中都遵循一个相似的曲线路径。

这类生命周期模型的优点是在事项分解过程中能直觉性地了解哪些是最主要、最可见的。聚焦于关键事件要求历史地分析是什么，何时，哪里，公共政策如何参与，以及它们塑造和形成了什么。这个方法还假设所有事项都遵循着相同的周期，但是，它无法给我们提供每个阶段发生了什么及事项如何从一个阶段向另一个阶段演进等信息。这个模型没有解释管理者在每个阶段做什么及跨阶段做什么。因此，该模型忽略了企业等事项利益相关者对事项生命周期的重要影响作用。

（2）企业战略角度。

从企业战略角度出发的事项生命周期模型主要用来解释事项发展中的"阶段"及企业与公共政策回应之间的相互影响，主要关注事项发展的过程中企业实施的战略及战术对事项进程的影响作用。因此，部分学者对 Post（1978）及 Buchholz（1988）提出的模型进行了两个方面的修改：第一个修改是 Mahon & Waddock（1992）提出的综合系统事项生命周期模型。这个模型清晰地认识到一个事项的不同时期将牵涉不同的利益相关者，一个事项可能在不同阶段同时发生，取决于每个利益相关者的态度和行为。然而，这些因素如何影响一个事项的进化还有待研究。另一个修改试图综合战略事项管理文献与生命周期观点（Bigelow，Fahey & Mahon，1991）。他们描述了事项的四个阶段：出现、解释、定位及解决。还有一些学者提出了综合模型，强调将生命周期方法用于政治领域（Bigelow，Fahey& Mahon，1993），假设事项的线性前进（Mahon & Waddock，1992）。这些综合模型认为，所有事项并不都是遵循着相同的进化路线，新因素的出现或对现有现象的重新解释，利益相关者的改变等因素都潜在地影响着一个事项的发展路线。从企业战略角度出发的事项生命周期模型最具有代表性的是 Tombari（1984）的相关研究。他以关注程度及时间为纵横坐标描述了非市场事项经历的四个生命阶段：少量关注、大量关注、政策引入及政策执行阶段，见图 6-1 所示。

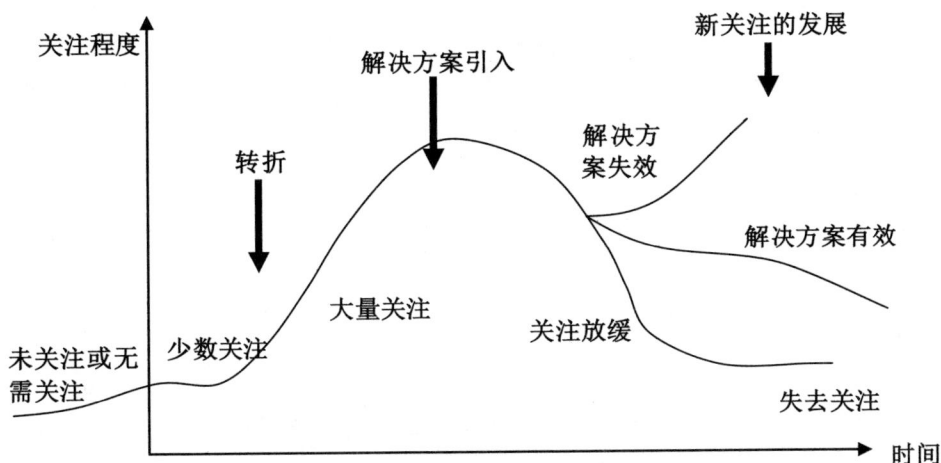

图 6-1　事项生命周期曲线图

他的模型探讨了三个问题：第一个问题是在一个政策引入后事项是否仍然持续。第二个问题是事项可能会出现何种结果：一种可能是政策失效，政府采纳利益相关者的建议重新制定并实施新政策，另一种可能是政府对政策的效力有信心，使得事项利益相关者不得不将，关注焦点转移至其他事项上，最后一种可能是政府既没有坚定实施政策的信心也没有重新制定新政策，事项可能回归到冷漠阶段。政府等待该事项在未来重新引起注意时再修改现有政策；第三个问题是是否会有新事项的出现从而导致前一个事项的解决。这个模型的贡献在于它试图连接企业及政府，帮助理解在事项的不同生命周期阶段，企业管理者及政府等利益相关者的所有可能的行为对事项进程及最终结果产生了哪些影响，弥补了公共政策视角的不足，对企业战略管理的理论及实践均有较大贡献。

作为战略管理学者，我们应该站在企业的角度，去探讨以事项生命周期为表现的企业外部非市场环境的演变对企业经营及其战略行为而言意味着什么。特别是中国这种处于不稳定及动荡的经济转型环境下的国家，政府对宏观经济有较大的掌控权，这种管制体现为政府对各行业持续的政策干预（陈富良，万卫红，2001）。因此，把握中国转型经济背景下的非市场政治事项生命周期演变的特殊性对企业战略行为的制定与实施更为重要和关键。

6.3　研究框架

6.3.1　研究视角

从20世纪七八十年代以来，基于横截面数据研究的抽样调查与统计分析一直是企业非市场行为领域的一种重要研究方法，主要探讨哪些制度环境变量、行业环境变量、事项变量以及组织因素变量会影响企业非市场战略的制定与实施（Langley，1999）。这种方法对该领域的发展做出了较大的贡献。但是，这种方法采取的是一种静态的研究视角，无法解释一些动态性演变问题。因此，西方学者开始关注对企业非市场战略与行为的过程研究，试图将企业行为与外部环境联系起来，并且基于纵向数据动态地分析非市场战略与行为的演变（邓新明，田志龙，2007）。因此，过程研究（process research）为非市场行为研究提供了一种全新的视角与理念，它促进了企业战略的纵向研究，尤其是将以市场为核心的传统战略变革的研究拓展到了非市场领域，从而对现有的文献进行了有效的补充与拓展。

过程研究认为，重大事件发生的时间顺序对于结果是至关重要的。该方法主要利用事件发生的先后顺序来对结果进行解释，这对于纵向战略分析尤为有用，因为纵向时序数据主要关注的是：发生了什么事件、是何时发生的和是什么因素导致了事件的发生，即事件、活动与选择。它可以合理地解释动态事项，而且能够分析嵌套于复杂环境中的现象（Pettigrew，1997）。Langley（1999）和Mohr（1982）认为，过程法可以有效地解释企业的战略演变现象。

以下对研究战略过程的学者提出三个建议。第一，定义过程。第二，弄清过程理论。从过往文献中可识别四种类型的理论：生命周期，目的论，辩证及进化。第三，以某种方式观察战略过程，并设计研究。

6.3.1.1　过程的定义

Zahran （1998）将过程定义为三个方面：过程定义，过程学习及过程结果。Van de Ven & Poole （1995）将过程定义为一段时期内组织中事件的进展（比如次序）。其定义聚焦于发展，即一个变化的过程。过程研究解释了一个组织为何及如何变化和发展 （Van de Ven & Poole 1995）。Van de Ven & Poole （1995）的定义采取的是一种历史发展的观点，关注事件、行为及阶段演进的次序。尽管不同的过程模型关注的是不同事物的发展，但它们有两个相似的地方：第一，Cohen，March & Olsen （1972）认为，所有过程模型都是基于在不同企业内的跨部门观测或回顾案例历史来归纳发展的。每个模型中行为的阶段或状态都能通过企业自身的历史性来推导。由于无法实际的观测一个公司或组织单位在一段时间内经历模型中所有的阶段或状态，因此，需要一个系统且纵向的研究来证实及详细描述这些过程模型的发展。第二，过程模型中没有变量。相反，发展的过程模型关注一个组织实体在一段时间内的变化所经历的行为或事件的进程（如次序）。在战略文献中，进程的最普遍形式是发展阶段的一个线性次序（March & Simon，1958）。

6.3.1.2　过程研究的理论基础

当变革席卷行业、组织及利益群体时，过程理论及动态现象中组织研究者的大量研究焦点包括组织学习（Cohen & Sproull，1991），竞争互动（Illnitch，D'Aveni & Lewin，1996），创新与变革（Van de Ven & Poole，1990）及战略性演进（Barnett & Burgelman，1996）等。有些研究者通过过程理论及纵向时间序列，历史事件方法来处理这些动态性。另一些研究者深入过程本身，收集详细的定性数据（Bower，1997；Pettigrew，1992；Van de Ven，1992）。特别是，近年来西方学者对企业非市场行为的过程研究实质上是将以市场为核心的传统战略变革的研究拓展到了非市场领域，他们不仅开始利用过程方法来动态地分析企业非市场战略的纵向演变，还开始积极探求对企业非市场战略与行为动态性的理论解释，从而为企业非市场行为的过程研究提供了扎实的理论基础。因此，由于一些特别有趣的组织现象通过静态理论无法完全解释，因此学术界对采用进化发展观点的需求日益增长（Barnett & Burgelman，1996）。Van de Ven（1992）认为应弄清过程理论以建立其理论基础，并设计实施实证研究。在过程理论中有四个基本组成部分（生命周期，目的，辩证及进化），模型由两个层次组成（Van de Ven & Poole 1995；Poole，Van de Ven &

Holmes，2000）。他们认为这四种理论足够解释所有组织变革及发展，见表6-2所示。

表6-2　过程研究的理论基础

属性		生命周期	进化	辩证	目的论
组成部分		发展论	达尔文进化论	冲突理论	目标设立，计划
		个体发生	孟德尔遗传学	辩证唯物主义	功能主义
		变形	跳跃	复数	社会构建论
		阶段及循环模型	间断平衡论	集体行为	象征性互动
关键词		组织成长	竞争性生存	敌对，冲突	有目的的合作
逻辑		内在计划	在竞争中优胜劣汰	互相矛盾的力量	想象的终极状态
		预期次序		对立面，综合	社会构建
		顺从的适应			相似几何学
产生的力量（结果）		受到自然、逻辑或制度管制的预期计划或规则	人口稀缺	在敌对力量、利益或群体中的冲突与对抗	以一致的目标设定作为合作或互惠的手段

6.3.1.3　事件数据

过程研究主要关心事物是如何随着时间演变以及它们为何以这种方式演进（Van de Ven & Huber，1995），因此过程数据大部分由一些故事组成，包括发生了什么，谁做的，何时等，即，一段时期内的事件、活动及决策。过程数据的分析，要求事件概念化及探测模式的方法。Van de Ven & Poole（1995）认为，这种模式有不同的形式，但文献中最普遍的模式是将在一段时期内发生的"现象"的次序线性化以产生给定的结果（Burgelamn，1983；Rogers，1983）。过程数据的复杂性，反映了组织现象的复杂性。越来越多学者质疑那种线性的简单过程模型（Schwenk，1985；Van de Ven，1992）。这个研究视角对我们的研究有许多重要的结果。第一，它要求我们引入一个动态模型。这意味着结构化的理论能预测变化的模式，包括变化率（变化发生的速度）及变化可选的路径（特别是事件的次序）（Tuma & Hannan，1984；Anderso，Arrow & Pines，1988）。其次，进化观点使组织所追求的战略具有多样性。

6.3.2　研究框架

正如前文所述，企业的经营环境不仅包括市场要素，还包括非市场要素，因此企业在制定战略时要同时考虑市场环境和非市场环境。而非市场环境对企业的影响主要表现为事项的形式，比如政治、社会公益等事项（Baron，1995a，1995b）。事项管理是企业主动影响环境的一种有效方法。然而，事项是具有周期性的，处于不同事项周期阶段的企业在对事项做出反应并选择战略方面是否存在差异，这是我们要重点关注的问题。

在图 6-2 中，过程被描述为一个生命周期，它解释了发展过程的进程。生命周期在行业发展环境中非常普遍，比如商业过程，产品及发展生命周期都是普遍运用的概念（Hammer & Champy 1993）。生命周期理论假设变化是随时可能发生的。外部事件及过程可能影响发展，但仍然要通过内在逻辑慢慢渗透。

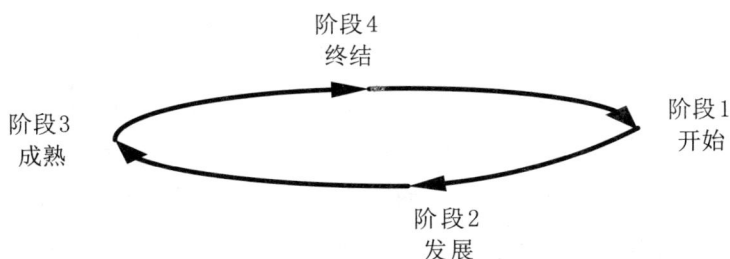

图 6-2　生命周期理论

生命周期理论的动力（不同事件次序及产生的机制）可以被描述为一个通过阶段的必要次序而演变的实体。一般来说过程有三个组成部分：开始条件，如投入；发展或改变过程；活动终点，如产出。更具体地说，Mahon & Waddock（1992）认为，对企业经营有显著影响的公共政策事项的生命周期分为三个阶段，即公众舆论形成、公共政策制定以及公共政策实施。舆论形成和政策制定是公共事务的识别、形成与反应阶段，在这两个阶段中可能存在前摄性的非市场行为。但是，政策的实施是指规章、法律等的制度化与执行阶段，所以在这一阶段中可能存在反应性的非市场行为（参见图 6-3）。

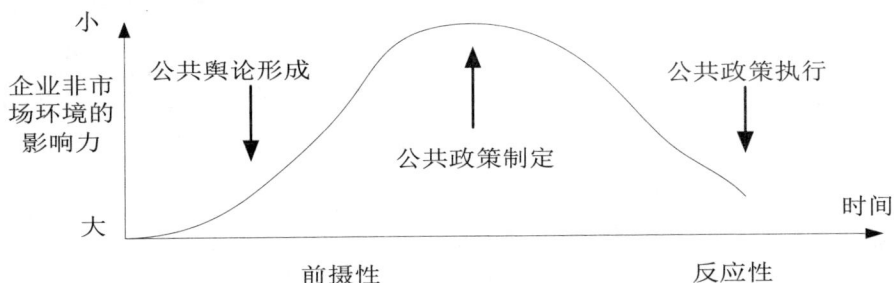

图 6-3　公共政策事项生命周期中的企业非市场行为演变

163

随着事项在其各个阶段中的发展,合适的企业管理及/或战略回应也因此而变化:随着事项通过立法及执行过程而变得制度化,这些反应从随和的(适应性的)[在Post(1978)研究中的术语为,反应性]到前摄的互动性,然后回到反应性(Buchholz,Evans & Wagley,1985)。Bigelow,Fahey & Mahon(1991)指出随着一个事项生命周期通过相似的阶段前进,关于处理这个事项的管理判断力会下降,且组织的一系列敏感反应从议程设立及牵制(containment)战略(拖战略)向形成战略转移,最终以执行这些战略为终点。从过程角度出发,重要的是随着事项前进,管理判断力递减的范围,从企业及公共政策决策者角度作为潜在的可选物都被放弃。

从以上分析可知,在事项生命周期的各个阶段,企业的非市场影响力不断变化,且日趋变小,因此企业必须不断改变非市场战略与行为。因此,事项生命周期理论可以较好地解释企业非市场行为随时间变化的情况。事实上,事项管理本质上也认为,在不同的事项生命周期阶段,企业所面临的外部环境差异将促使企业实施不同的非市场战略与行为,以降低外部环境影响的不确定性。

中国正处于经济和社会制度转型时期,中国企业的非市场战略行为选择必然反映这个特殊的转型背景。特别是,当今的中国企业,不仅是在国内复杂多变的政治环境中开展经营活动,而且处在由传统计划经济向市场经济转轨的过程中,更因加入世界贸易组织而面临跨国产业巨头的挑战,因而面对着更多的政治动态变化、更多的复杂性和不确定性。因此,中国企业针对外部非市场政治事项发展的非市场事项战略选择将呈现出更多的动态性,对中国政治事项生命周期进程及相应的企业非市场事项战略行为的过程分析,也许更具代表性,更有意义。

本章以Tombari(1984)提出的事项生命周期模型作为研究的起点,基于图6-3所示的公共政策事项生命周期中的企业非市场行为演变模型,在研究中重点关注中国转型经济背景下非市场政治事项发展的动态性,企业及政府有各种可选择的事项战略及战术。我们首先采纳公共政策角度的研究所强调的公共政策领域中能够推动事项进程的关键事件,来分解政治事项。后而再依据企业战略角度的事项生命周期模型,通过关注并判断以上关键事件所引起的企业及政策决策者等利益相关者的行为或反应对事项进程的影响,试图检验Tombari的事项生命周期理论的几个重要特征在中国转型时期政策演变过程中是否存在,包括事项生命的四个阶段、事项生命的动态延续性、事项结果的动态性等,找到中国经济转型背景下事项生命周期的特殊性,为西方事项生命周期模型提供中国数据的验证及解释,从而为中国企业更好地把握外部政治环境提供理论基础和实践指导。

6.4　研究设计

6.4.1　行业样本

从计划经济向市场经济体制转轨过程中存在的中国政府与地方政府的管制改革、计划经济的制度遗产，以及复杂的社会关系，使得中国企业必须扫描、监控环境并制定相应战略以处理如下 4 个主要的环境事实：①持续的经济体制转型；②对全球舞台的开放；③越来越多的法律及法规的制定与完善；④各级政府对经济发展所起的推动作用。所有这些都构成了对转型经济中具有中国特色的非市场政治事项生命周期及相应的企业非市场事项战略行为进行理论思考和实证研究的丰富背景（Guthrie，1997；Keister，2001，2004；谭力文，田毕飞，2005；武亚军，吴剑峰，2006）。

在转轨时期的中国，中央政府对宏观经济有较大的掌控权，经济政策的微小变化也会对国内经济产生较大影响。而房地产行业因其商品特性（既是奢侈品，又是增值保值的投资品）及公共品特性（"居者有其屋"的必需品）而受到政府、公众的极大关注。特别是 1998 年行业市场化以后，在日益激烈的市场竞争及日益紧缩的宏观调控影响下，中国房地产大致经历了三个阶段：①行业市场化的开始。1997 年的亚洲金融危机使中国经济突然陷于"七上八下"疲软增长态势。房地产便成为政府拉动经济增长的突破口。1998 年，政府出台了包括取消福利分房、消费信贷等在内的许多措施，不遗余力地激活房地产市场，开始了其市场化竞争时代，同时亦开始了政府对从幼稚走向成熟的房地产市场的调控与管制阶段。这期间一系列利好的政策使中国房地产业得到了快速发展。②政府市场化管制的开始。随着房地产业的迅猛发展，越来越多不规范的竞争行为极大地影响了市场的公平性。政府逐渐意识到诸多行业标准不完备的房地产业不能像过去那样高歌猛进，必须进行变革和管制。因此，政府开始对行业进行了力度逐渐加深的市场化管制改革。从 2002 年 5 月开始，中央政府首先对土地买卖制度进行了改革，接着是 2003 年的银行信贷调控等。③政府加大宏观调控的力度。在政府逐渐加大力度调整和改革地产行业的同时，企业也在寻找各种措施规避或回应政府管制，如建大面积住房、炒高房价等。不断出台的政府政策及五花八门的企业反应行为使得各方利益群体对房地产的关注度达到空前高度。因此，2005年，政府为了调整住房结构及回应各界的争议，在短短2个月内连续出台了一系列住房改革政策并摆出了坚决而果断的行政态度。至此，中国房地产事实上已经从草莽时期进入了规范时期。

从1998年到2007年的10年，不仅是中国房地产企业外部政治环境逐步走向成熟的过程，也是地产企业竞争行为逐步规范和公平化的过程。而这个过程中，企业对各种政策的抵抗、回避、顺应也见证了地产企业与政府活跃的博弈。至今，中国房地产行业还存在着部分开发商不费一兵一卒就可以呼风唤雨的现象，其奥秘就在于中国企业努力构建的庞大的"关系网"。因此，房地产行业为本章的研究提供了极好的案例背景。

6.4.2　资料收集

本章的资料收集方法是内容分析法。由于本章聚焦在非市场事项发展的纵向分析上，因此追踪研究长时期的新闻报道有利于避免偶然事件造成的研究误差，同时采取的内容分析法也极适用于收集历史的纵向数据用以解释动态事项及行为如何影响事项发展结果（Cowton，1998；Pentland，1999）。本章的资料来自中国房地产行业的权威期刊《中国地产》、时事报纸《中国房地产周报》（地产要闻及资讯解读版）及专业收费网站"房地产信息网"1996年9月1日到2006年12月31日[①]每一篇有关行业政策的新闻报道。

6.4.2.1　变量界定

（1）非市场政治事项。

根据本著作第四章所描述的企业必须面对的不同层次的非市场环境及事项的影响的相关结论，我们选取了第二类非市场政治事项作为本章研究的主要范围，即表现为诸如行业管制政策的颁布、行业标准的制定与修改等行业政策事项，选择理由在于：第一，中国房地产行业自1998年的房改进入了行业结构及体制改革的快速成长期，这个动态过程的显著特点是政府对行业政策及标准的持续调整与变革，使得行业政策变得尤为复杂和多变，地产企业必须特别关注外部行业层的政治环境的变动。因此，非市场政治环境的快速变化成为地产行业的一个显著标志，也为我们的研究提供了一个颇具特色的样本。第二，根据本著作第四章关于非市场事项战略及

[①]　尽管1998年的房改政策是中国房地产行业的转折点，但为了便于更好地描述事项从开始到结束的生命周期进程，本章的资料收集以1996年9月1日第一个事项（土地）的开始作为起点，以2006年12月31日三个事项均结束作为终点。

行为的相关研究结论，企业大量运用了桥梁型和缓冲型非市场事项战略应对第二类事项，且两者比例相对一、三类事项更为平均。因此，在本章中选择这类事项作为研究对象，也能为相应的企业非市场事项战略演变路径研究提供更为丰富及一般性的行为数据。

我们进一步将显著影响房地产行业政治环境发展进程的三大典型非市场政治事项（土地、贷款和住房）作为研究对象，选择理由在于：首先，这三个二类事项的生命周期演变代表了中国转型经济时期不稳定但逐渐规范的政策环境，是中国企业外部非市场环境演变过程的典型代表，是具有转型经济特色的非市场事项生命周期案例。其次，这三个二类事项的生命周期过程中包含了一系列影响深远的重要行业政策，其对企业的经营活动有着极为关键的影响，得到了企业的充分重视和高度关注，并促使企业通过大量的非市场事项战略加以应对。

通过相关关键词，研究小组[①]对新闻报道进行了事项划分和篇数统计（见表6-3）。

表 6-3　中国房地产行业的典型非市场事项

事项	事项的界定	事项的影响	关键搜索词	篇数
土地	政府针对地产企业获得土地资源的方式进行了修改，由过去的地方政府协议出让方式逐步转变为公开的招标拍卖制度。	该非市场事项带来的土地市场的规范，行业市场竞争程度的进一步提高，政府工作效率的改善等彻底改变了行业竞争格局，深化并公开了企业间的土地储备竞争。由于购地成本提高，企业融资压力增大，综合实力面临严峻考验。	"协议出让"、"招标"、"拍卖"、"挂牌"、"土地储备"、"圈地"、"8·31大限"等	734
贷款	政府严格限制地产企业的贷款融资渠道以防范信贷风险（121号文件）。随后政府又确认了房地产行业的国民经济支柱地位（18号文件）。	121号文件缩减了银行对企业的贷款额度，加大了企业的项目资金压力及投资风险。而18号文件则是企业针对121号文件的高调反应行为的政策修改结果，其暂时缓解了企业的贷款压力，并使政府明确了大力发展房地产行业的态度。	"121号文件"、"18号文件"、"银行贷款"、"自有资金"、"房产泡沫"、"信贷"、"国民经济支柱地位"等	762
住房	政府严格规定了地产企业不同规格的住房开发面积的比例，保障了特别是中低收入居民的住房需求。	该非市场事项极大地影响了地产企业的规划计划，缩减了地产企业的盈利空间，使其必须承担更多的保障居民基本生活等的社会责任。	"旧国八条"、"新国八条"、"90平方米"、"30%"、"房价"等	681

根据统计，我们共得到与这三个事项相关的 2 177 篇新闻报道。

（2）企业非市场事项战略。

在本著作第四章的相关研究结果中，将企业应对各类非市场事项的非市场事项

①　由一位战略管理领域的资深教授和两位企业管理专业的博士研究生组成。

战略分为了 12 种策略，在本章的研究中，按这 12 种非市场事项策略各自所包含的具体行为方式的特征（显著性、突出性），可将之进一步概括为 6 大类，探讨它们在事项生命周期过程中的演变路径：见表 6-4 所示：

表 6-4 非市场战略及其行为方式特征

非市场事项战略类型	行为方式特征	包含的非市场事项策略
缓冲型	沟通交流类	政治邀请、公关沟通
	防御引导类	政治公关、公关引导
	影响控制类	政治参与、公关组织
桥梁型	顺从遵守类	政治学习、社会习惯
	适应表率类	政治响应、社会慈善
	维系合作类	企政建设、社会认可

1）沟通交流类行为：指企业寻找一切途径与利益相关者接触，并向其交流企业对事项的解释与补充以及可能的对应方式，包括政治邀请策略和公关沟通策略；

2）防御引导类行为：指企业通过沟通、建议及游说等方式与事项利益相关者讨价还价，试图改进事项要求，包括政治公关策略和公关引导策略；

3）影响控制类行为：指企业更积极地出席地方政策、行为规则的制定过程，并提出有利的意见，努力掌握并塑造事项的发展及影响，试图独享关键资源，包括政治参与策略和公关组织策略；

4）顺从遵守类行为：指企业主动遵从与事项相关的政策规则与广泛认同的行为准则，包括政治学习策略及社会习惯策略；

5）适应表率类行为：指企业学习并接纳事项影响，提高分析及预测事项动态的能力，包括政治响应策略和社会慈善策略；

6）维系合作类行为：指企业暂时维持事项现状，继续观望其发展，并在可能情况下与事项利益相关者建立关系，包括企政建设策略和社会认可策略。

同时，Getz（1997）及 Hillman & Hitt（1999）等学者将企业非市场行为按其行为动机分为反应性（指企业仅在外部环境变化后如事项或政策出台后制定被动或主动的反应策略）及前摄性（指企业将外部环境分析纳入企业的战略过程中，积极预测未来可能的变化如新政策，并制定影响策略）。这里，根据我们的界定，可将缓冲型非市场事项战略，即沟通交流类行为、防御引导类行为及影响控制类行为归为前摄性策略；而桥梁型非市场事项战略，即顺从遵守类行为、适应表率类行为及维系合作类行为归为反应性策略。

6.4.2.2　**数据收集与描述**

（1）事项生命周期。

根据 Tombari（1984）的模型，我们通过在新闻报道中搜寻能显著影响事项发展进程的关键事件（或报道）来描述各事项的进程（见表 6-5）。我们首先统计每个事项中发生的关键事件及其被报道时间，然后以两两事件的时间间隔作为一个单位时间跨度，统计期刊在这期间内对该事项的报道篇数并以此作为事项关注的衡量指标，然后根据关注度的高低划分出各事项的生命周期阶段，描绘出事项生命周期线并在图中标出每时段的主要特点（见图 6-5）。

表 6-5　转型经济背景下的典型房地产非市场事项生命周期相关属性描述

事项	事项进程中的关键事件及其被报道时间	各关键事件对事项进程的影响
土地	1、1996 年 8 月我国第一家土地储备机构的诞生标志着我国土地储备制度的建立。（1996.9.1）	标志着地方政府完全垄断土地一级市场，土地事项开始。
	2、住房制度市场化改革的深化（1998.7.3）	土地资源竞争市场化改革的深化扩大了事项的受关注度
	3、土地协议出让渐成地方政府"寻租"与企业暗箱操作的制度保障（1999.2.4）	事项讨论及争议范围从地方向全国扩展。
	4、国土资源部办公厅发布《关于土地使用权拍卖有关问题的函》（1999.8.16）	土地出让制度改革首先在江浙、广东等先进城市试行。
	5、国土资源部发布《关于建立土地有形市场促进土地使用权规范交易的通知》（2000.1.6）	中央政府发布正式的政策信号
	6、国土资源部发布《招标拍卖挂牌出让国有土地使用权规定》（2002.5.9）	中央出台原则性政策，事项进入正式立法阶段
	7、四川、河南、云南、广东等地拿出具体措施治理整顿土地市场（2003.4）	地方政府制定具体实施细则
	8、北京市国土房管局发布停止土地协议出让的相关规定（2004.1.31）	地方解释性政策出台
	9、国土资源部发布《关于继续开展经营性土地使用权招标拍卖挂牌出让情况执法监察工作的通知》（2004.3.30）	中央强制政策出台，彻底结束土地出让方式改革的非市场事项

续表 6-5

事项	事项进程中的关键事件及其被报道时间	各关键事件对事项进程的影响
贷款	1、住房体系改革的确定（由单位分房向个人自主购房转变）（1998.7.3）	大量住房建设项目的涌现开启了房地产银行信贷事项
	2、中央决定加大住房信贷投入，支持住房建设及消费（1998.10.30）	自此房地产贷款增长率逐年迅速递增（1999年：35%；2000年：117%），引起广泛关注
	3、中国人民银行发出通知整顿住房金融市场秩序（2001.6.27）	政府发出改革房地产金融市场的政策信号
	4、中国人民银行发布《关于进一步加强房地产信贷业务管理的通知》（2003.5.9）	央行发布原则性政策，使事项进入正式立法阶段
	5、国务院总理温家宝主持召开的国务院常务会议（2003.7.30）、国务院召开全国进一步治理整顿土地市场秩序电视电话会议（2003.8.1）	随后召开政府细则讨论会议使事项进入细则实施阶段
	6、国务院发布《关于促进房地产市场持续健康发展的通知》（2003.8.31）	对央行文件的修改，使事项进入新的立法阶段
	7、国家发改委、中国人民银行、银监会联合发布《关于进一步加强产业政策和信贷政策协调配合控制信贷风险有关问题的通知》（2004.4.30）	出台配套政策，深化对金融市场的宏观调控
	8、国家发改委、建设部、中国人民银行等五部联合发布《关于加强宏观调控，整顿和规范各类打捆贷款的通知》（2006.4.25）	对政策实施过程中出现的问题进一步规定和整顿，事项生命周期延续
住房	1、经济适用房的出现（1998.7.3）	标志着以解决中低收入家庭住房问题、平抑房价等为目标的住房事项的开始
	2、关于经济适用房户型过大社区豪华等怪现象的评论（2001.2.17）	对北京地区经济适用房购买情况的某次调查结果引发了社会对住房面积、房价等问题的广泛关注
	3、贷款买房要首付五成的传言（2003.3.13）	中央对限制高价房、大面积房的非正式的初步试探
	4、建设部部长汪光焘："我国将限制高档和大户型住房建设"（2004.12.28）	重要官员发布政策信号
	5、国务院发布《关于切实稳定住房价格的通知》（2005.3.26）	政府颁布原则性政策，事项进入正式立法阶段
	6、七部委发布《关于稳定住房价格的八条意见》（2005.5.13）	政府部委对国务院政策的解释性政策
	7、国务院常务会议提出六条指导方针，被称为"国六条"（2006.5.17）	政府会议对住房政策细则的调整
	8、国务院办公厅《关于调整住房供应结构稳定住房价格意见的通知》（2006.5.24）、建设部发布《关于落实新建住房结构比例要求的若干意见》（2006.7.13）及建设部、发展改革委、人民银行等六部联合发布《关于规范房地产市场外资准入和管理的意见》（2006.7.24）	政府机构迅速出台有效的后续支撑性政策，缩短了事项的生命周期

（2）企业非市场事项战略。

依据相关关键词在关于各事项的新闻报道的范围内筛选并统计与各事项相关的战略行为总数及其典型事例（见表 6-6）。

表 6-6　六类企业非市场事项战略行为方式及其与各事项的关联描述

行为	关联事项	判断依据（典型的关键词）	典型例子	总数
沟通交流类	土地	"新住宅运动"、"土地储备"、"各级城市地价"等	上海地产企业准备联合上书有关部门，就现行的土地招标制度提出包括"书面招标"等在内的行业建议。（2003.8.19）	45
	贷款	"金融报告"、"集体上书"、"信贷比例调查"、"万言书"、"工商联"等	121 号文件颁布后，一些大型地产企业集体向中共中央上万言书以反映业界声音。（2003.8.1）	83
	住房	"建设部工作汇报"、"工商联"、"反馈信息"、"国六条"、"国八条"等	"国六条"发布后，各地开发商们纷纷通过房地产协会、工商联向更高层传达自己的政策意见。（2006.6.16）	79
防御引导类	土地	"新一轮土地革命"、"地价泡沫"、"土地资源紧缩"、"8.31 大限"等	"土改"政策出台前后，北京等重点城市的开发商通过制造"政府土地资源紧缩"舆论气氛加快土地储备的步骤。（2002.6.14）	82
	贷款	"地产行业的冬去春来"、"公开博弈"、"房地产泡沫"等	121 号文件出台后，各地房地产企业迅速作出了积极的公开回应（批评）。（2003.5.23）	103
	住房	"和谐地产"、"执行难"、"一刀切"、"因地制宜"、"国六条"等	"国六条"出台后，华远集团董事长任志强发表："中国住宅产品结构不合理之说无从谈起"的言论。（2006.4.4）	88
影响控制类	土地	"土地管理"、"国土资源部"、"土地协会"、"土地政策论坛"、"国土改革座谈会"等	针对土改政策，武汉部分地产企业高管以政协代表身份参与了市政府相关部门的政府工作会议，共同讨论中央政策的落实。（2003.9.9）	21
	贷款	"央行"、"国务院"、"银监会"、"信贷政策研讨会"、"贷款比例"、"拓宽融资渠道"等	作为十届全国政协委员之一的河南建业集团董事长胡葆森就与会代表提出的："应提高商品房银行按揭贷款首付比例至 40%~50%，同时取消期房预售制度"的议案表达了反对意见。（2006.6.9）	32
	住房	"中国房地产及住宅研究会"、"全国住房保障会议"等	由万科牵头，众多地产企业参与的中城联盟举办"中城联盟高层闭门会议"讨论如何应对"国八条"相关措施。（2005.6.14）	24
顺从遵守类	土地	"土地价格"、"土地招标"、"土地开发模式"、"（土地）政策商讨"、"招拍挂机制"等	土地政策（11 号文件）出台后，许多地产企业纷纷就新的"招拍挂机制"举行了各种形式的学习讨论会。（2002.6.1）	16
	贷款	"融资渠道"、"投资风险"、"房贷新政"、"融资武器"等	武汉福星惠誉在贷款政策颁布后的第一时间内与相关人员进行了政策磋商和学习，并制定紧急应对措施。（2003.5.31）	31
	住房	"城市规划"、"中小型"、"和谐生态"、"住房政策动向"等	早在 2004 年，万科已将 90 平方米以下的中小户型项目作为未来的主推产品。（2005.6.12）	36

续表 6-6

行为	关联事项	判断依据（典型的关键词）	典型例子	总数
适应表率类	土地	"土地紧缺"、"政治觉悟"、"制度创新"等	保利调整土地战略，重点向中低端自住需求尚未释放的城市投资倾斜。（2006.9.2）	47
	贷款	"（信贷政策）积极回应"、"政策预测（预言）"等	万科在贷款政策颁布后以"央行的121号文件对于规范房地产健康发展是有利的"等积极响应的态度公开回应事项发展。（2003.8.7）	69
	住房	"住房预测"、"新政评说"、"加强调控"等	响应国务院出台的解决中低收入住房问题的新政背景下，万科决定出资50万元巨奖征集"中低收入人群住房解决方案"，并最终征集了13个优秀方案作为住宅项目投资与建设的参考。（2006.7.20）	71
维系合作类	土地	"旧城改造"、"地标建设"、"土地政策优惠"等	武汉开发商投资建设学生公寓回应国务院、湖北省政府出台的高校后勤社会化改革政策，从而获得低廉的土地价格及优惠政策。（2001.7.17）	56
	贷款	"银企关系"、"诚信房贷"、"危楼拆迁"、"政企合作"等	在日益严峻的贷款压力下，京城开发商制定新的房地产开发企业联席会议制度，加强政府与企业沟通，与朝阳区政府一同将朝阳打造成为全国精神文明区。（2003.7.8）	64
	住房	"企业社会责任建设"、"政府公关"、"和谐居住环境"等	面对中央新政频出，各地产企业纷纷自觉改善公众形象，强调企业社会责任在建设"和谐地产"中的重要作用。（2005.7.7）	82

在统计过程中，若单个报道内容并未阐明，小组成员还通过深入搜索其他公开资料及根据访谈所获信息的确认与补充以确保数据的完整性及有效性。且每篇文章只对一个非市场事项及战略行为进行编码，如果出现两个或两个以上的事项及行为，小组成员最终确定一个主要的事项、行为及结果（目的）作为编码的依据。编码工作是从 2008 年 4 月份开始的，一共花了 2 个月的时间。小组成员首先浏览新闻报道的题目，如果文章题目就可以识别出我们需要的信息，则直接对其进行编码。如果题目不够清晰，小组成员将进行二次资料查找，阅读文章本身找出对应的信息进而对其进行编码。我们总共收集了与三个非市场政治事项相关的文章共 2 177 篇。在这些信息资料的收集过程中，大概有 56.3% 的文章仅仅通过题目就可以进行编码了，而剩余的文章则需要进行二次查阅，另外有大约 2% 的文章的信息是模糊的，这一部分被排除在我们的研究之外。

6.4.2.3 资料验证

为了保证内容分析的有效性与可靠性，在正式研究之前我们进行了预研究。研究小组的两位组员分别独立地对 100 条信息进行了预研究，主要分析事项类型及相应企业战略行为类型的判断结果。在进行第一次汇总时，我们发现一致的程度是77.57%。根据 Nunnaly（1978）的观点，信度程度在 0.7 以上时表示前期的研究足够可信。为此，我们联合中国房地产指数研究院华中分院的两位专家共同对标准进行修正和确认，达成了一致率为 97.4% 的结果。

6.5　研究结果

6.5.1　转型经济背景下非市场事项生命周期的特殊性

我们在表 6-4 中列举了每个事项中的关键事件及其对事项进程的影响。根据其被报道的时间及时间跨度中的报道篇数描绘了每个事项的生命周期曲线，如图 6-4a、6-4b、6-4c 所示：

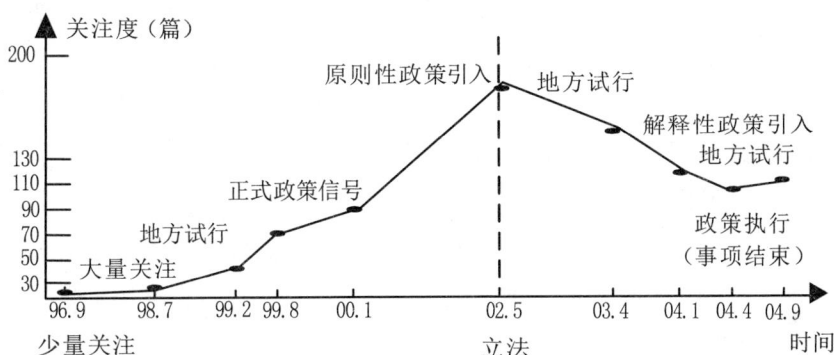

图 6-4a　土地事项生命周期曲线

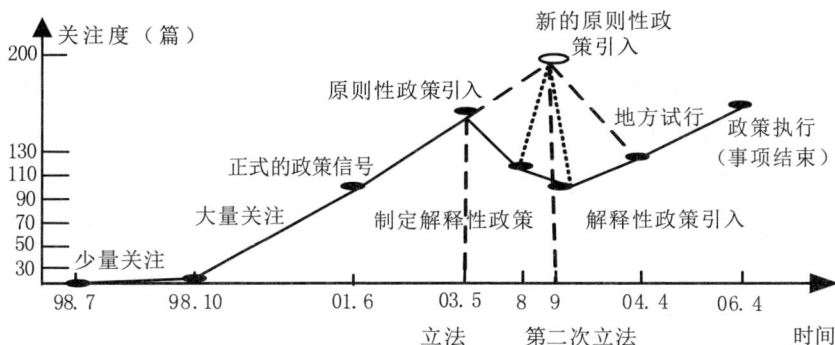

图 6-4b　贷款事项生命周期曲线

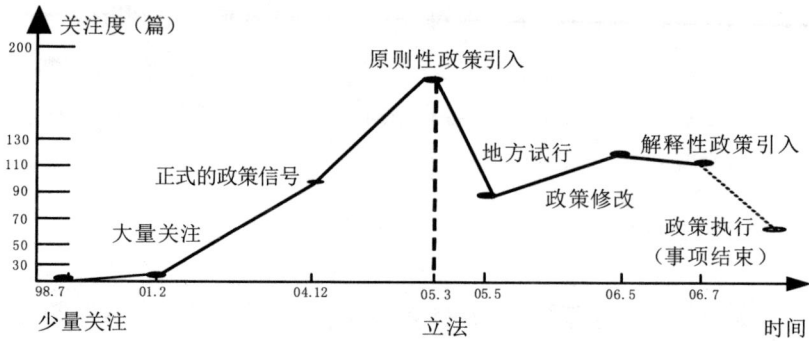

图 6-4c　住房事项生命周期曲线

（1）基于图 6-4a、6-4b、6-4c 及表 6-4，我们可以描述三个非市场政治事项的生命周期进程，特别是大量关注期之后，从立法到执行的重要阶段：

1）土地事项。土地储备制度的建立开启了土地事项，而随之产生了部分地方政府利用土地垄断权寻租的现象，引起了公众及中央对土地划拨制度的大量关注。随后，中央在个别先进城市率先试行改革政策。在收集了地方对政策的反馈意见后，中央政府对政策进行了调整并发出正式的政策信号再次试探市场反应。然后事项进入立法阶段，中央政府出台了原则性政策，并在重点城市试行，同时展开了全国范围内的土改政策的调查工作。随后，地方政府相继出台了解释性政策具体落实土地改革政策并从北京开始试行然后逐步推广到全国各地。最后，中央出台了强制性政策彻底结束了该土地非市场事项。

2）贷款事项。银行自营贷款制度的建立则开启了贷款事项，而随着企业贷款增长率逐年迅速递增，使事项进入大量关注期。于是，央行直接发布了正式的政策信号来试探市场反应并在很长一段时间内收集了各方意见后出台了原则性政策。随后事项并未如土地事项般再次进行政策试验，而是在经历了两次政府工作会议的讨论后直接进入了政策执行期。在该政策执行初期即遭到了业界的强烈反对和社会的广泛争议，这迫使国务院不得不出面做出解释并制定了新的政策以回应这些争议。随后，中央各部委联合制定了新政的解释性政策并在试行后做了部分的调整。新政的引入延长了贷款事项的生命周期。

3）住房事项。经济适用房制度的深化是住房事项的开始。但是，本应是低收入居民住房保障的经济适用房却因为其越来越大的住房面积而引起了公众的极大争议及高度关注。为了尽快回应各界争议，政府通过发布非正式及正式政策信号的试探来收集社会对政策的反馈意见。随后，在很短的时间内住房事项的原则性政策及解释性政策相继出台。在经历了短暂的试验期调整后，住房事项进入了政策细则落实的正式执行期。

（2）由图 6-4a、6-4b、6-4c，我们可以比较事项进入立法阶段后的动态性：

1）当原则性土地政策引入后，事项关注度虽逐年减少但维持了很长时间。

2）原则性贷款政策的引入并没有达到政府预期目的。政府制定的新政策使得事项关注度达到一个新的锋值，延缓了事项生命。

3）原则性住房政策引入后，政府在极短的时间内连续出台多个支撑性政策细则加速了事项生命的结束。

6.5.2　事项生命周期的不同阶段中企业非市场事项战略的频率分布

我们以事项中所包含的每个时间跨度为一个统计周期，统计出与各事项相关的 1 029[①] 个企业非市场事项行为在每个周期内的分布情况（即六类事项战略在各生命阶段中的被实施频率（百分比）），如表 6-7 所示：

表 6-7　企业在非市场事项生命周期各阶段实施非市场事项战略的频率

事项	非市场事项战略时间跨度	沟通交流类	防御引导类	控制影响类	顺从遵守类	适应表率类	维系合作类	政策颁布机构
土地	1996.9.1—1998.7.2	0.19	0.02	/	0.49	0.22	0.08	/
	1998.7.3—1999.2.3	0.22	0.07	0.03	0.37	0.31	/	国务院
	1999.2.4—1999.8.15	0.24	0.09	/	0.30	0.29	0.08	/
	1999.8.16—2000.1.5	0.28	0.18	0.02	0.21	0.31	/	中央政府部委
	2000.1.6—2002.5.8	0.34	0.13	0.07	0.16	0.21	0.09	中央政府部委
	2002.5.9—2003.3.31	0.32	0.21	0.07	0.09	0.26	0.05	中央政府部委
	2003.4.1—2004.1.30	0.20	0.29	0.19	0.08	0.13	0.11	地方政府部委
	2004.1.31—2004.3.29	0.16	0.24	0.26	0.06	0.09	0.19	地方政府部委
	2004.3.30—2004.9.1	0.11	0.22	0.31	/	0.09	0.27	中央政府部委

---

① 事项相关的报道篇数（表 6-3）与企业在事项中的非市场战略行为的篇数（表 6-5）不相等的原因在于部分关于事项的报道仅仅是对该事项进程的介绍或分析，并未涉及业内企业的实际反应和行为等内容，故不作为企业战略行为统计的范围之类。

续表 6-7

贷款	1998.7.3—1998.10.29	0.03	/	/	0.62	0.35	/	/
	1998.10.30—2001.6.26	0.14	0.06	/	0.37	0.38	0.05	中央政府部委
	2001.6.27—2003.5.8	0.27	0.10	0.02	0.21	0.36	0.04	中央银行
	2003.5.9—2003.7.29	0.29	0.24	0.03	0.11	0.33	/	中央银行
	2003.7.30—2003.8.30	0.31	0.29	0.12	0.07	0.21	/	国务院
	2003.8.31—2004.4.29	0.25	0.21	0.19	0.07	0.13	0.15	国务院
	2004.4.30—2006.4.24	0.24	0.29	0.24	0.03	0.08	0.12	中央部委、中央银行
	2006.4.25—2006.12.31	0.16	0.20	0.28	/	0.09	0.27	中央部委、中央银行
住房	1998.7.3—2001.2.16	0.11	0.03	/	0.48	0.32	0.06	/
	2001.2.17—2003.3.12	0.14	0.09	/	0.33	0.39	0.05	/
	2003.3.13—2004.12.27	0.19	0.11	0.04	0.22	0.41	0.03	/
	2004.12.28—2005.3.25	0.25	0.13	0.08	0.18	0.32	0.04	/
	2005.3.26—2005.5.12	0.34	0.07	/	0.11	0.36	0.12	国务院
	2005.5.13—2006.5.16	0.16	0.22	0.24	0.07	0.17	0.14	中央政府部委
	2006.5.17—2006.5.23	0.15	0.19	0.26	0.09	0.16	0.24	国务院
	2006.5.23—2006.12.31	0.10	0.21	0.21	0.06	0.17	0.25	国务院、中央部委等

　　从表 6-7 的统计结果可看出：①在事项开始后，土地、贷款及住房事项中，顺从遵守类非市场策略被实施的比重较大（土地：0.49；贷款：0.62；住房：0.48）；②随着事项关注度的逐渐提高，事项从少量关注期进入了大量关注期，各事项中企业实施适应表率类非市场策略的比重也随之增大（土地：0.31；贷款：0.38；住房：0.39），且行为影响对象主要是中央级政府机构（如国务院及中央各部委）；③当事项进入立法讨论阶段后（即发布政策信号或非正式政策试探），企业在三个事项中均频繁地使用适应表率类非市场策略（土地：0.31；贷款：0.36；住房：0.32），同时沟通交流类非市场策略的比重也显著加大（土地：0.28；贷款：0.27；住房：0.25），且行为影响对象主要也是中央级政府机构；④在事项进入正式立法阶段后（即原则性政策的出台及调整），企业在三个事项中除继续实施适应表率类非市场策略（土地：0.26；贷款：0.33；住房：0.36）和沟通交流类非市场策略（土地：0.32；贷款：0.29；住房：0.34）来回应中央政策外，同时土地及贷款事项中的防御引导类非市场

策略的实施比例也明显增多（土地：0.21，贷款：0.24），且行为影响对象主要是中央级政府机构及部分地方级政府机构；⑤在中央及地方制定政策细则（即解释性政策的出台），三个事项中影响控制类非市场策略的实施比重明显增大（土地：0.26，贷款：0.24；住房：0.24），同时防御引导类非市场策略的实施频率也始终较高（土地：0.24，贷款：0.29；住房：0.22），且行为影响对象主要是部分中央级政府机构及地方级政府机构；⑥在事项进入政策细则调整及具体执行期时，三个事项中维系合作类非市场策略的实施比重明显增大（土地：0.27，贷款：0.27；住房：0.25），同时影响控制类非市场策略的实施频率也始终较高（土地：0.31，贷款：0.28；住房：0.21），且行为影响对象主要是地方级政府机构。

6.6　结果分析

6.6.1　转型经济时期非市场事项生命周期进程的特殊性

本章的研究结果表明，中国转型经济背景下的事项生命周期经历的阶段，Tomabari（1984），Ullmann（1985），Post（1978）和 Buchholz（1988）等学者的研究基本一致，但政治事项表现出了更为反复的复杂过程。这个复杂性表现为事项生命周期的不同阶段中出现了转型经济时期特有的政策试验期。具体来看，土地政治事项中有四次政策试验期，它们分别出现在大量关注期后（先进城市试行），原则性政策制定前（政策信号），原则性政策实施初期（重点城市试行）及解释性政策实施初期（重点城市试行）。政策试验期的反复出现充分反映了中国房地产行业发展初期的幼稚及政府"摸着石头过河"的政策不确定性。而贷款政治事项有两次政策试验期，它们分别出现在大量关注期后（政策信号）及新政的解释性政策实施初期（重点城市试行）。相比土地事项，该事项中政策试验期的显著减少反映了中国政府迫切期望加快对房地产行业管制的步伐，但由于转型时期行业环境的复杂及政府管制水平的尚待提高使得政府的这种强制性管制的尝试宣告失败。住房政治事项也有两次政策试验期，它们分别出现在大量关注期后（政策信号）及解释性政策实施初期（重点城市试行）。但相比前两个事项而言，住房事项的试验期维持的时间较短。这反映了中国政府管制水平在 2004 年以后的快速成熟及行业的成长。同时，我们也发现转型经济时期的事项生命周期中政府政策有中央原则性政策及地方或中央解释性（细则）政策之分，这样我们可以将各事项的政策引入期分为前期的中央原则性政策引入期及后续的地方或中央解释性政策引入期两个阶段。因此，中国经济转型期事项生命周期的特点表现为图 6-5 中的椭圆型和菱形部分：

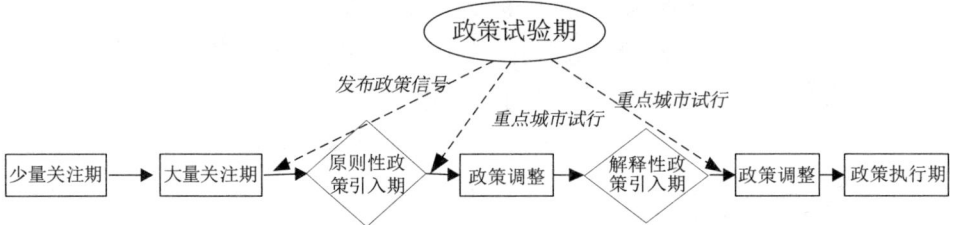

图 6-5　转型经济时期事项生命周期的阶段演进过程

从 20 世纪 70 年代开始，美国政策科学界形成了两种政策制定过程分析模式：理性模式和渐进模式。其中渐进模式的多元主义认为，决策不是分析的结果而是互动的结果，即政治决策过程是各党派、利益集团及垄断资本集团相互斗争、相互妥协让步的过程（陈振明，2003）。而中西方政治体制的差异也使得政治决策渐进过程有了些微差别。西方普遍实行两党制和多党制，"互相竞争、轮流执政"。各党派间激烈的竞争及利益冲突，使得西方每个政策的出台必须经历来自包括在野党在内的各利益集团的激烈讨论及利益斗争并最终得出权衡的政策结果，这保证了政策执行的有效性。而一旦在政策执行中出现利益分配不均，各利益集团便会迅速采取各种措施导致其失效。而中国实施的是共产党领导下的多党合作制。因此，在政策制定过程中，各种利益的综合表达主要还是由政府部门及其官员来承担。因此，在共产党与其他党派通力合作、共同参政议政的体制下，各类事项主要是在政策不断调整修改的过程中得以完善，而不是像西方那样存在着激烈的利益冲突。即是说，政府必须通过政策试验来收集更多的市场信息，并分两个阶段落实政策以保证管制最终的执行效力。从纵向纬度看，渐进模式强调的是循序渐进；从横向纬度看，渐进模式强调的是由点带面的协调发展，抓典型搞试点。

也即是说，转型经济时期不成熟的政府管制使事项生命周期产生了特有的试验期，且政策引入期分为了原则性政策引入期及解释性（细则）政策引入期。随着管制的成熟及行业的发展，政策试验期在事项生命周期中逐渐减少且时间跨度缩短。

6.6.2　转型经济时期事项发展的可能结果

本著作研究的三个非市场政治事项的结果正好分别与 Tombari（1984）在其事项生命周期模型中描述的事项的三个可能结果相关。本章的研究发现，贷款事项的结果是与其所描述的第一个事项结果一致的，即政策失效，政府采纳事项利益相关者意见，重新制定并实施政策。而其他两个事项结果的出现方式却因为中国转型经济时期政府政策管制及行业环境的发展程度而产生了细微差别。在土地事项中，政府首先在个别先进城市进行政策试行的做法充分反映了其对土地政策管制缺乏足够的执行信心，同时也没有政策制定所需的足够的行业信息。但该事项却并未如 Tombari（1984）模型中所描述的那样进入到冷漠阶段，而是通过政府对政策的反复试验及调整，使土地政治事项保持了长期的关注度，最终得以落实。而住房事项的政策引入后并未使业界的关注焦点转移，而是在逐渐成熟的政府管制下，短期内通过政府追加解释性政策增强了政策的执行信心和力度，使事项始终保持着较高的关注度并提前结束生命周期。因此，我们可以得出：转型经济时期，政策引入后通常仍会引起争议，这样非市场事项有下面的三种结果：①政府通过反复试验及调整，使政策完善并使得事项受到长期关注，政策最后得到落实；②出台的政策很快失效，政府重新制定并实施新政策，使得事项出现第二次政策生命周期；③政府在短期内以一系列解释性政策增强原则性政策引入后的执行力度，导致事项伴随着高度的关注度提前完成生命周期。

图 6-6 描述了转型经济时期事项发展的可能结果，椭圆形部分代表了中国的特殊性。在中国，地方各级政府及相关部门是中央政府管制与行业及企业回应之间的桥梁和缓冲层。而企业事项战略的实施和政府管制水平及行业发展程度是两个重要的影响因素，可能促使事项产生不同的结果。

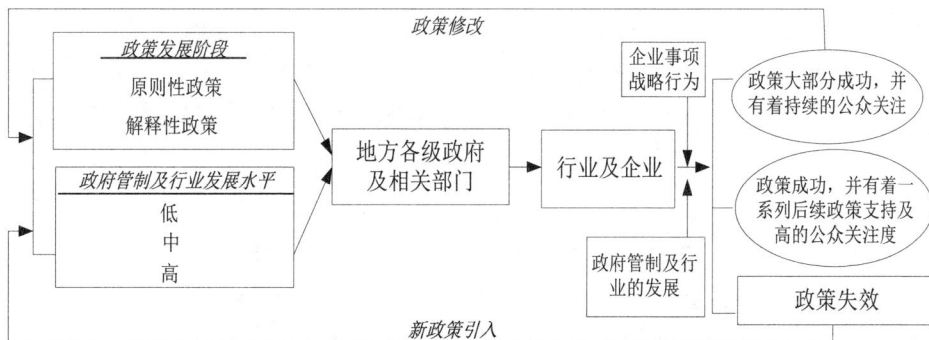

图 6-6　转型经济时期非市场事项的可能结果

6.6.3　企业影响非市场事项发展的非市场事项战略及其动态性

部分西方学者探讨了企业在事项生命周期过程中实施的影响事项发展的企业战略，其结论是：在事项政策出台前，企业通过信息咨询战略影响公众舆论的政策偏好；事项立法后，企业一般采取财务刺激、政治行动委员会（PACs）及信息咨询等战略围绕着政府政策的决策者展开相关的政治活动，以影响事项政策的制定过程；事项政策执行期时，由相关的行政机构最终确定一系列政策法规并要求企业严格遵守或执行。但是，企业仍然能够通过选民培养、游说等战略证明政策执行过程中的不足并最终得到政府与公众的认可，从而引发新的事项（Buchholz，1992；Mahon & Waddock，1992；Getz，1997）。

本章基于中国房地产行业资料的分析结果与西方研究结论相似但有一些差别。处于转型经济的中国，政府对许多市场准则、法规及其细则的制定还处于探索和修正阶段，需要不断试验和调整，因此在整个事项过程中从中央到地方出台的各种政策包括试行政策、原则性政策、解释性政策等比较频繁，使得事项也被分割为更复杂的不同阶段。同时我们从表6-6也可看出，中国政府管制房地产行业的部门特别多，从国务院、央行到各大中央、地方部委等。这些都加剧了制度环境的不确定性，使得中国企业不得不针对不同的管制机构采取差异性的事项影响行为。因此，本章的结果表明，中国企业在事项的少量关注期十分重视顺应遵守类非市场事项战略，以通过各种渠道收集更多事项信息加以分析和解释，培养企业对事项发展态势的前瞻眼光和预测能力。随着事项影响范围的扩大，中国企业不仅通过顺应遵守类非市场事项战略为利益相关者提供事项信息及有利的事项解释来间接引导关键利益相关者的事项偏好，还显著地增强了适应表率类非市场事项战略的力度，争取通过率先响应中央部委发布的相关政策信号，进一步提高事项的受关注度，强占事项先机。这也是转型时期特有的事项生命周期给企业实施非市场事项行为提供的空间。

而随着事项进入立法讨论及正式立法阶段后，中国企业非市场事项战略更呈现出了与西方的相关研究所不同的复杂的演变路径。由于中国幅员辽阔，而且地方差异较大，中央政府不可能制定一个放之四海而皆准的政策。因此，当事项进入第一次政策的制定及引入期时，此时的政策仅是中央政府针对事项发布的观点性、方向性的原则性管制决策，并不如西方政策出台时那般业已成熟，这些政策需要各级地方政府的进一步解释及细化。因此，在这个特殊的生命阶段中，中国企业是以适应表率类及沟通引导类非市场事项战略为主。同时，中国实施的是共产党领导下，其他党派共同参政议政的体制。因此在西方比较流行的选民培养及政治行动委员会战略（Getz，1997）不适应中国的国情（田志龙，高勇强，2003；赵东荣，乔均，2000）。共产党长期坚持的"从群众中来，到群众中去"的原则在全国人民代表大会制度上得到了具体体现。人大代表发挥了在党组织和政府与人民间沟通信息、反映情况的"桥梁"和"纽带"作用。处于体制转型及管制改革阶段的中国政府在把

握市场现状并制定相关行业法规及细则时，必须与各党派及社会各界代表反复地协
商与讨论。因此，少数大型企业能够以高管或关联人士的人大代表、政协代表等身
份直接参与到政策制定过程中（即影响控制类非市场事项战略），影响事项的发展，
促使政策的调整，甚至更有利的解释性政策（政策细则）的出台。原则性政策的存
在为地方政府提供了较大的空间来具体细化和解释政策。地方政府有权根据企业的
实际情况来进一步调整和细化政策。

而企业在事项进入解释性政策制定、调整和最终的执行阶段后加大了防御引导
类、影响控制类及维系合作类非市场事项战略的运用，既能引导政府朝着有利于企
业的方向来调整、细化原则性政策，减少政策对企业的束缚，也能通过直接的影响
获得独有的竞争资源和优势，创造一个宽松的竞争环境。特别在事项进入政策执行
期时，维系合作类非市场事项战略的实施比重明显增大的统计结果，也验证了 Li &
Zhou（2005）认为中国文化对企业战略行为有广泛影响的结论。中国文化特有的含
蓄内敛及凡事讲求关系的特点使得企业更愿意借助于社会关系网络寻找代言人或通
过关系渠道提出意见等方式影响政策执行机构的相关具体措施，而不愿直接出面发
表看法。在统计结果中还发现，随着行业环境的发展，在关于事项的解释性政策制
定后的试验及具体执行期，维系合作类非市场事项战略在事项进程中所占比重越来
越大。这一方面是由于政府对转型经济时期的制度环境把握愈发成熟，使得企业必
须逐渐采取更多的间接影响行为；另一方面也是由于中国式的信息传达趋向于间接
性，即倾向于通过社会认可，以强大的社会力量间接影响政策决策者，企业愿意花
大量时间、精力通过企政建设策略与决策者建立关系以获得影响政策的资源。

综上，图 6-7 描绘了随着事项生命周期的演进，中国转型时期企业非市场事项战
略的演变路径，其中圆形部分体现了中国的特殊性。

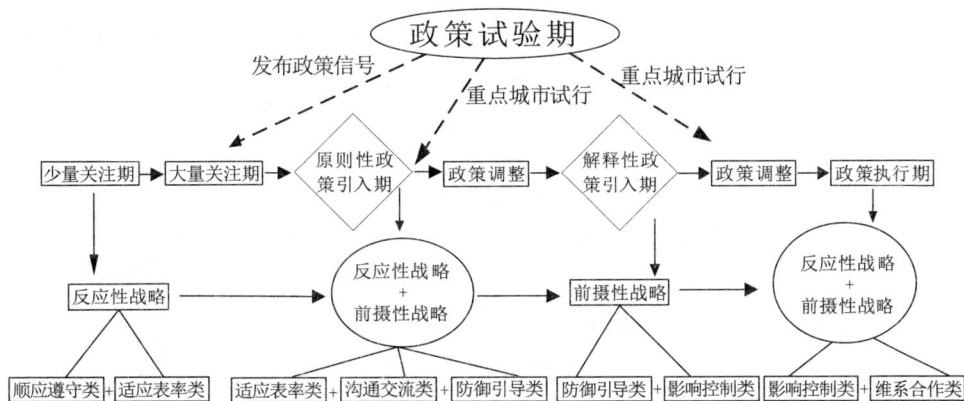

图 6-7 转型经济时期事项生命周期中企业非市场事项战略的演变路径

6.6.4 政府利益主体的学习过程

本章的结果还体现了政府在整个行业环境发展过程中不断提高的学习能力。我们发现，不管是单个事项生命周期中，还是三个事项为代表的行业环境发展过程中，企业非市场事项战略数量及效力都有递减的趋势，且维系合作类非市场事项战略等间接影响方式在事项生命周期中所占比重越来越大，这都与事项中的政策决策者——政府部门的适应性学习能力不断提高有关。适应性学习行为可以定义为环境主体不断调整和修改其行为，并在变化的环境中不断改善处境的动态过程（Hakan & Lindfors，1998）。从行业政策出台及调整的情况可以看出，转型时期的中国政府及相关机构对宏观环境的把握度、政策制定和修改的成熟度等方面都是一种逐步适应环境的学习过程。早期，由于政府对政策把握程度不够，致使企业能通过大量的非市场行为发挥其直接影响力。而随着政府对政策及环境适应学习能力的增强，提高了出台政策的成熟度，使得企业更倾向于采取构建关系等间接影响行为。

6.7 结论与启示

中国从计划经济向市场经济转轨的特点，对中国行业结构乃至企业管理实践都产生了巨大而深远的影响。外部环境的不确定性和动荡性加剧了企业行为决策的复杂性和易变性。企业应对非市场环境的思路是，将外部非市场环境看成是一个个非市场事项，并通过过程研究的视角，将外部非市场环境视为动态的，基于事项生命周期理论进行事项管理。同时，中国转型经济背景导致的企业外部非市场环境的动态性，也使中国企业必须更加注重非市场事项战略特别是其动态的演变规律在构建有利的经营环境中的显著效用。

本章的贡献在于：①基于中国政治环境特殊性的分析，总结出事项生命周期在转型经济背景下不同于西方研究结论而出现的特殊阶段——政策试验期及两阶段政策引入期，补充了 Tombari（1984）等西方学者的研究结论。②基于内容分析法所获的纵向历史性数据，直观的描述了转型经济时期的非市场政治事项生命周期演变过程，所得出的结论显示了中国的特殊情况，为分析企业非市场事项战略及行为的演变路径提供理论基础，同时也更清晰地描绘出转型背景下企业外部非市场环境的变化，为企业实践提供指导。③以事项生命周期的过程视角描述转型经济时期中国企业外部政治环境的演变过程，能够更为动态地勾勒出相应地具体非市场事项行为的变化路径。在事项进程中，企业非市场事项战略及行为的演变规律受到了中国特殊的政治体制、社会文化等因素的极大影响。因此，研究具有中国特色的企业非市场事项战略及行为的演变规律是转型经济环境下企业获得核心竞争优势的有效途径之一。④我们还发现，不单是企业能力及行为水平在提高，与非市场事项直接关联的政府机构的适应性学习能力也随着事项发展和行业演变日趋成熟。这说明企业的关键利益相关者能够与企业在外部环境的发展过程中形成良性的互动双赢关系。因此，基于转型经济背景下的研究数据则更多地反映了该时期的特殊情况，有效地满足了研究所需的动态性、一般性及特殊性，为总结过去规律，预测未来趋势提供良好依据。

本章的研究结果对企业有重要的启示：①企业应该关注于事项生命周期的不同阶段，调整自己的战略行为来延续企业对事项进展的影响力。这种事项管理的方法是企业获取竞争优势的有效手段，它能够在一定程度上降低非市场事项对企业的影响程度，加强企业把握环境、适应环境的能力。②企业应时刻关注环境中利益相关者及其与自身关系的变化，特别是在中国这样政府对企业影响力量比较大的特殊环境内，应针对政府机构适应性学习能力的提高而相应采取应对措施，同时提高自身的适应能力和学习能力，调动一切资源和行为，提高事项管理的能力和相应战略行为的效力。特别是，在中国特殊的经济体制、政治背景及文化氛围中，企业不仅要关注市场行为在竞争中的作用，更应重视非市场行为对企业外部政治、社会环境的影响作用，将两者结合起来，作为构建有利经营环境的重要手段。

本章研究结果对政府也有重要的启示：了解转型经济背景下各行业复杂的环境演变过程及业内企业在这个过程中的行为动态性是中国政府制定行业政策的必要条件。政策的试验期既能够增强政府政策执行的信心，又能有效提高政府市场化管制水平。因此，中国政府应充分把握转型时期的非市场事项生命周期的特殊演进规律，增强政策执行力度。

当然，由于数据样本及研究方法等方面的单一性，本著作也存在一定的研究局限。未来的研究可以加入更多不同行业的数据样本的横向比较，或不同经济体制背景下数据的纵向分析。同时，第 4 章提出的其他非市场事项（如环境事项、社会公益事项及社会舆论事项）；第一、三类非市场事项的生命周期特征及企业相应的非市场事项战略行为的演变规律，以及这些非市场事项战略如何与动态的市场战略整合等问题也有待后续更大范围的数据追踪和深入探讨。

6.8　本章小结

本章主要采取了过程研究的视角，为过去相对静态的企业非市场环境、战略及其与市场环境、战略的整合研究提供了连续性的研究数据和动态性的研究结论，这是本著作的对第 4 章及第 5 章研究结论的进一步延承和拓展。本章主要探讨并归纳了两个方面的内容：第一，本章是基于事项生命周期角度研究企业外部非市场环境的演进，特别是中国背景下典型的政治环境的发展。通过数据分析，我们提出了事项生命周期在转型经济背景下不同于西方研究结论而出现的特殊阶段——政策试验期及两阶段政策引入期，这为企业更清晰地分析与应对复杂的非市场环境提供了理论及实践指导。第二，本章进一步地剖析了在以事项为表现形式的非市场环境的不同生命周期中，企业相应的非市场事项战略及行为变化，这不仅为传统的企业非市场战略研究提供了纵向的过程研究方法，同时也为企业的经营实践提供了可供参考的战略路径。总之，本章在战略整合研究中，基于事项生命周期角度研究企业外部非市场环境的演变，并相应地加入了企业非市场事项行为的动态分析，能更全面地描绘企业在转型经济环境下的战略行为变化，为整合研究提供了动态的研究思路，并补充了传统企业战略分析的研究变量。

第 7 章　研究总结与展望

　　企业面临的外部环境包括市场环境和非市场环境。随着非市场环境对企业经营的影响越来越大，许多企业不再只是被动地适应外部环境，而是积极地通过非市场战略影响或改变环境以求得更有利的地位。因此，企业如何将这样的非市场活动及其决策纳入到企业战略管理层面进行管理，如何整合实施非市场战略与市场战略以提高企业的竞争力便成为战略管理研究领域出现的一种新趋势，同时也是一个重要的研究主题（Baron，1995，1997；Salorio，Boddewyn & Dahan，2005 等），成为本著作的主要研究问题。

　　特别是，从计划经济向市场经济转型的过程中，中国企业面临的市场环境和非市场环境具有较高的不确定性（包括复杂程度和动荡程度较高两个方面）（贺远琼，2006），这较大程度地影响了中国企业的生存和发展。因此，本著作从理论层面分解了中国企业非市场环境的影响和特征，阐述了相应非市场战略构成及其与市场战略的关系，并以中国企业的实际数据作为研究样本，从战略分析、战略选择与战略实施三个层面将非市场因素融入到传统的战略管理框架中，探讨了在中国经济转型过程中，企业非市场战略与市场战略的整合管理模式。具体来讲，本著作旨在回答以下关键性问题：中国企业如何在传统的以市场为核心的战略管理过程中分析与评估非市场环境的不同影响，并整合相应的非市场战略决策？企业如何在实际的竞争中进行战略整合的选择与实施？企业的非市场战略决策如何随着外部环境的演变而动态发展？本著作的研究既丰富了有关市场战略与非市场战略整合的研究内容，也从理论上拓展了以市场为核心的经典战略管理理论。

7.1 研究内容

本著作的研究是基于企业资源理论、竞争理论等经典战略管理理论及非市场战略、市场环境与非市场环境的整合、市场战略与非市场战略整合等相关理论探讨企业非市场战略与市场战略的整合互动行为模式。具体来说主要包含以下几个内容：

（1）以事项识别的中国非市场环境特征及相应的非市场事项战略构成。本著作的研究不仅在西方学者的相关理论研究基础上发展了企业战略管理与事项管理的整合思路，而且试图将企业外部非市场环境的整体影响以事项识别的方式进行具体的分解。同时，本著作还界定并描述了具有中国特色的非市场事项种类及相应的非市场事项战略和行为特征，从而为企业实际的战略整合提供整体的指导。

（2）事项管理导向的战略管理整合研究。为了探讨企业非市场因素与市场因素的整合及其对传统战略管理规划过程的影响，本著作以事项管理作为研究的一个切入点，旨在分析企业在传统的以市场为核心的战略管理过程中如何纳入非市场环境及相应战略行为的分析（包括战略环境的分析、整合战略的制定、评价、实施等方面的内容），为进一步探讨企业整合市场战略与非市场战略的具体行为模式提供了框架性的研究基础。研究实质上探讨的是战略事项管理系统与战略规划系统整合对非市场环境影响的适用性，并构建了一个中国转型经济背景下的具有现实指导意义的企业战略管理与事项管理的整合模型。

（3）资源导向的竞争互动研究。本著作的研究基于经典的竞争理论及企业资源理论，从竞争观与资源观融合的角度进一步探讨了在企业实际的竞争中，各类市场行为与非市场行为的整合互动问题，从而将现有的以市场为核心的竞争互动研究有效地拓展到非市场领域，并清晰地描述了企业在实际的竞争活动中整合市场战略与非市场战略的具体行为模式。

（4）环境与战略的动态演进研究。在对企业在传统战略管理过程中整合非市场环境及非市场战略的具体实施方式的相关讨论之后，我们基于共同演进理论，旨在以更为动态的视角反映企业实际经营中的环境发展与战略变化的演进过程。因此，本著作以事项生命周期作为描述外部非市场环境发展的切入点，探讨在环境演变的生命周期过程中，相应的企业战略及行为如何随之动态地变化。研究结果构建了一个环境生命周期与对应的企业战略行为的演变路径模型，为企业在战略管理中整合市场、非市场环境与战略提供一个动态视角。

7.2　研究结论

本著作的研究结论与创新之处主要包括以下四方面：

（1）以事项管理视角分析与评估企业外部非市场环境的整体影响并进一步描述不同层次非市场环境的事项特征及相应的战略决策行为。

1）非市场环境对企业战略规划的不同层次的影响。

本著作通过典型中国企业的案例研究，清晰地对存在于企业外部非市场环境中并显著影响企业战略管理及经营实践的非市场事项进行了描述与分类，并相应地将外部非市场环境以事项识别的方式，按其对企业战略规划过程的不同影响分解为三个层次。在过去的相关文献研究中，学者们在关于企业外部非市场环境的相关研究中，主要聚焦于对非市场环境的组成部分及重要性进行描述与分析，视其为企业外部环境中与市场环境同等重要的一个整体（Baron，1997）。然而，随着企业外部环境日益复杂和不确定（贺远琼，2006），非市场环境对企业管理和经营的影响已不能一概而论，而是在不同阶段、不同层次会产生不同的影响，这需要学者进一步的分解和剖析（Steiner，1979；Bronn & Bronn，2002；Porter & Kramer，2006）。

本著作以事项管理的角度出发，将企业外部非市场环境以非市场事项进行识别，通过对不同类非市场事项的进一步分析与归纳，以及对非市场事项对企业战略管理各层次的影响描述，试图分解和具体化非市场环境的整体影响，为企业实际的战略规划活动提供更为具体的理论指导和思路梳理。

在西方的相关研究中，学者们将非市场事项划按其影响企业战略管理的层次笼统地概括为了三类。这些研究仅仅停留在对不同类非市场事项的简单描述上，并没有进一步细化这些非市场事项的内容及相关特征。本著作通过中国典型行业中不同性质企业的案例分析，发现：

首先，在中国转型经济背景下，企业外部的非市场环境可被分解为宏观事项环境层、行业竞争事项环境层及企业经营事项环境层，每个层次分别对应企业战略规划过程中的战略目标设定层、战略制定层及战略实施层。

其次，在西方学者对非市场事项的划分中，第一类事项在中国转型经济背景下主要表现为诸如国家宏观法律、政策在内的政治事项及包括全球社会价值观在内的环境事项，它们对企业战略目标有着相对稳定的影响力；第二类事项在中国转型经济背景下主要表现为诸如行业管制政策的颁布、行业标准的制定与修改等的政治事项、行业层环境管理事项及企业战略性慈善公益事项；第三类事项在中国转型经济背景下主要表现为企业所面临的地方政府与社会环境，如地区性政策法规及国家政策的实施方式等政治事项、地方政府和社会公众关注的环境事项及社会公益事项和诸如公共事件与舆论在内的社会舆论事项等。

最后，在中国典型行业——房地产行业中，每类事项又有其具体的典型内容，包括：一，宏观事项环境层中的政治事项主要表现为国家宏观政策事项，而环境事项则主要表现为可持续发展环境事项；二，行业竞争事项环境层中的政治事项主要表现为行业政策事项，环境事项主要表现为环保建筑事项，而新增的社会公益事项则主要表现为企业慈善公益事项；三，企业经营事项环境层中的政治事项主要表现为地方政策事项，环境事项主要表现为社区环境建设事项，社会公益事项主要表现为企业捐款资助事项，而新增的社会舆论事项则主要表现为公开言论事项。

本著作的研究结果进一步细化了企业外部非市场环境对企业战略管理的显著影响，通过典型的中国企业案例数据验证了西方学者关于显著影响企业战略规划过程的三类非市场事项划分的有效性，并进一步清晰地描述了在中国转型经济背景下，企业必须面对的不同层次的非市场环境及事项与西方背景下不同的具体特征，从理论上为企业在战略规划过程中整合非市场环境分析及非市场事项战略提供实例支持及理论补充，从实践上为中国企业更好地应对外部非市场环境显著影响指明方向。

2）相应的非市场战略行为划分。

本著作进一步在分析和描述了不同层次非市场环境影响的基础上，描述与归纳了企业应对各层环境影响及各类非市场事项而采取的相应非市场战略行为及其特征。这类战略行为在本著作的研究中被统称为非市场事项战略（issues-oriented corporate nonmarket strategies）。

在西方的相关研究中，学者们在分析了非市场事项的类型后，并没有进一步地探讨企业必须采取哪些相应的非市场战略行为来应对或影响这些事项，企业战略规划过程的各个层次如何整合相应的战略以应对不同类非市场事项的影响等关键问题。基于 Meznar & Nigh（1995）、Fennell & Alexander（1987）及 Blumentritt（2003）等学者按功能界限将非市场战略分为桥梁型（bridging）及缓冲型（buffering）的研究，本著作通过中国企业的案例数据，总结出：

首先，企业面对不同层次的非市场事项影响的非市场战略被归纳为相应的 6 种缓冲型策略包括：政治公关、政治参与、政治邀请、公关沟通、公关引导、公关组织，及 6 种桥梁型策略包括：政治学习、政治响应、企政建设、社会慈善、社会习惯及社会认可。

接着，本著作进一步地将 12 种非市场事项战略分类为 69 个具体的行为方式。

最后，本著作将企业应对不同层次非市场环境及事项的战略行为特征进行了描述：第一，企业应对宏观事项环境层影响的桥梁型非市场事项战略的特征为：通过政治学习及社会习惯策略将这类事项对企业提出的要求与企业的战略目标、企业使命（愿景）相结合，并体现在项目及产品的开发与建设过程中；而少量缓冲型非市场事项战略的特征为：通过政治邀及公关沟通策略对政治、环境事项的影响做出积极的反应。第二，企业应对行业竞争事项环境层影响的桥梁型战略的特征归纳为：通过政治响应及社会慈善策略将事项影响作为其目前及未来项目投资与开发的重要考虑因素；而缓冲型非市场事项战略的特征为：通过政治公关及公关引导策略与事项利益相关者讨价还价，试图改进事项要求，以达到阻碍事项干扰或调整事项影响的目的。第三，企业应对企业经营事项环境层影响的缓冲型非市场事项战略的特征为：通过政治参与及公关组织策略改变或控制包括舆论环境、社区环境在内的非市场事项的发展，使其更有利于公司发展。而桥梁型非市场事项战略的特征为：通过企政建设及社会认可策略维持事项现状，继续观望其发展，并在可能情况下在企业项目实施中纳入非市场事项要求。

（2）构建了一个基于非市场事项管理的企业战略管理整合模式。

在对非市场环境影响进行分解，并归纳了相应的非市场战略类型的基础上，本著作基于资源理论、制度理论及企业战略选择理论，探讨了企业将非市场环境分析以及非市场战略融入战略管理过程的必要性及可行性，并从事项管理与战略管理整合的思路出发，试图构建一个非市场事项管理的企业战略管理整合模式。

西方学者们提出的关于事项管理与战略管理的整合思路仅仅是基于西方的研究背景，它在不同的制度背景下所产生的差异与变化等问题是本著作需要进一步的讨论。因此，本著作以中国转型经济背景下的典型房地产企业为案例试图回答企业在战略管理中整合非市场事项及战略的具体方式，主要表现在：

1）战略目标设定层的整合：即在宏观事项环境层中的影响下，企业的战略目标设定同时体现了企业对获利性、成长性及效率性等的市场目标及对政治性、责任性及公众认知性等非市场目标的关注。通过经济利益与社会利益的统一，为随后的战略制定提供指导及原则。

2）战略制定层的整合：即在行业竞争事项环境层的影响下，企业的战略制定层不仅要考虑各类市场经营战略，更要重视各类应对非市场事项影响的非市场事项战略的制定和评估。

3）战略实施层整合：即在企业经营事项环境的影响下，企业在实际的竞争及经营活动中，既要采取以"4P"为代表的市场竞争行为，也要关注非市场竞争行为（如本著作归纳的 69 种具体行为方式）。

本著作利用中国转型经济背景下的历史性数据明确地提出了一个关于事项管理与战略管理的整合模型，补允了西方学者的相关研究，并对中国企业提高战略管理水平有重要理论价值及指导作用。

（3）基于资源的视角探讨了企业市场战略与非市场战略在实际竞争中整合互动的行为方式及规律。

本著作基于资源理论及竞争理论，以竞争互动研究为切入点，通过分析中国转型经济背景下典型地产企业的市场与非市场竞争行为的动态互动规律，来探讨企业市场与非市场的整合互动行为在竞争中的具体实施方式和规律。

竞争互动（Competitive Action-Reaction）的研究是动态竞争（Competitive Dynamics）领域的重要分支之一，是 20 世纪 90 年代以来战略管理学领域讨论最热烈的问题之一（Baum & Korn，1999），主要探讨企业竞争行为之间的互动关系与规律（Smith，Grimm & Gannon，1992；Chen，1996，2001）。不过迄今为止，这一研究的线索主要集中于市场行为，在相当大的程度上忽视了政治行动与其他非市场行为的重要性与价值（Quasney，2003）。因此，传统竞争互动研究的缺陷在于，其研究基点还仅仅是基于市场方面的竞争行为，而越来越多地包括为政府会议、政策决策者提供意见信息、游说、组织新闻发布会或公开广播节目、发起"绿色"运动、慈善捐赠、主办教育奖学金等涉及政治、社会层面但仍然对企业竞争环境产生重大影响的非市场行为则没有被考虑进来（Shaffer，1995；Quasney，2003）。特别是像中国这样处于经济体制转轨的不稳定环境下，企业采取了哪些非市场行为？这些行为能像过去文献中对市场竞争行为及反应那样归类吗？它们如何与市场行为互动？这都是我们需要探讨的问题。

本著作将非市场竞争行为加入传统的以市场行为为焦点的竞争互动研究中去，是基于企业资源理论及竞争理论的整合，在本著作中被称为"资源导向的竞争互动研究"。资源导向的竞争互动研究聚焦于竞争企业如何通过获得独有资源或影响其对手资源的行为创造并维持竞争优势。实际上，以市场及产品为核心的传统竞争互动研究所忽略的，正是企业通过非市场竞争行为能够获取的包括政治、社会及立法等领域内的更广泛的核心竞争资源及能力。因此，在本著作的研究中，将传统竞争互动研究中所强调的产品与服务、顾客等竞争焦点视为下游需求方的竞争领域，而同时界定了现代企业竞争所关注的三类资源环境，并视其为上游供给方竞争领域，包括：①生产资料市场；②政治市场；③公共市场。与此对应的，本著作按扩展的竞争领域将市场与非市场竞争行为统一划分为三类：①明显针对各类资源的上游供给方的竞争行为；②明显针对产品及顾客的下游需求方的竞争行为；③混合的竞争行为。最后，进攻行为与反应行为的互动关系也相应地增多为四种：①针对市场进攻行为的市场反应行为；②针对非市场进攻行为的非市场反应行为；③针对市场进攻行为的非市场反应行为；④针对非市场进攻行为的市场反应行为。

同样的，本著作遵循传统竞争互动研究的研究路径，以中国房地产行业主要企业作为研究对象，探讨了这三类企业竞争行为的动态特征，尤其是其中市场竞争行为与非市场竞争行为之间的互动规律，试图将现有的以市场为核心的竞争互动研究拓展到非市场领域，并进一步发展资源观与竞争观的整合，本著作的主要结论如下：①中国企业在关注资金、土地及市场等资源争夺的同时，也非常注重利用非市场行为与地方政府及公众维系良好的关系来支撑激烈的市场竞争；②企业的竞争领域不仅包括传统竞争互动研究所聚焦的产品及顾客领域更应涵盖企业的资源（包括有形、无形及关系资源等）供给领域；③企业市场与非市场竞争行为之间、针对上游资源层的非市场竞争行为及针对下游产品顾客层的非市场竞争行为之间存在着较显著的相关关系，这反映了它们在竞争中越来越紧密的互动关系；④企业一方面对市场进攻行为的反应速度明显高于其对非市场进攻行为的反应，另一方面也越来越倾向于依赖非市场行为回击对手的进攻；⑤传统竞争互动的相关研究结论基本适用于针对下游需求方的市场与非市场竞争行为。但是，在行为量级、企业处理复杂环境的能力及其对资源的依赖程度等因素的影响下，针对上游供给方的市场与非市场竞争行为及其反应行为的相关属性均与传统研究结论有部分差异，包括：① 尽管非市场进攻行为对对手的威胁较大，但对手仍表现出了观望或犹豫态度，未在短期内予以迅速回应；执行要求较高的针对上游供给方的市场进攻行为仍会引发较多的反应行为。②部分能产生集体受益结果的非市场行为也会产生无反应现象，反映了企业在非市场环境中特殊的"竞合关系"。本著作的结论为进一步研究企业的竞争互动提供了理论补充和实例支持。

（4）基于环境与战略共同演进的视角研究了企业非市场环境与战略的动态性。

本著作基于共同演进理论，深入地探讨了在将非市场环境分析与非市场战略整合到以市场为中心的传统战略管理的过程中，企业非市场环境与相应战略的动态关系和演进规律，试图弥补过去相对静态的非市场战略及整合研究，包括：企业在战略管理过程中通过什么方式（或视角）动态地分析并评估外部复杂的非市场环境（特别是转型经济背景下不稳定的制度环境）的发展？企业相应的战略行为又如何随之发生变化？以及企业环境发展与战略变革间呈现了怎样的共同演进规律及相应路径等问题都是本著作需要回答的内容。

为了保证论文研究的前后一致性，我们仍然选择了房地产行业为研究样本，通过内容分析法，以事项生命周期的研究视角，描述了企业外部非市场环境随事项生命周期的演进而发展的路径，并进一步地探讨了企业的非市场战略在中国转型经济时期复杂的外部非市场环境中动态的演变过程，主要结论包括：

首先，转型经济时期不成熟的政府管制使非市场事项生命周期产生了特有的试验期，且政策引入期分原则性政策引入期及解释性（细则）政策引入期。随着管制的成熟及行业的发展，试验期在事项生命周期中逐渐减少且时间跨度缩短。也即是说，由于中国制度环境的特殊性，使非市场事项生命周期在转型经济背景下产生了不同于西方研究结论而出现的特殊阶段——政策试验期及两阶段政策引入期，这补充了Tombari（1984）等西方学者的研究结论。

其次，转型经济时期，政策引入后通常仍会引起争议，这样非市场事项有下面的三种结果：①政府通过反复试验及调整，使政策完善并使得事项受到长期关注，政策最后得到落实；②出台的政策很快失效，决策者重新制定并实施新政策，使得事项出现第二次政策生命周期；③决策者在短期内以一系列解释性政策增强原则性政策引入后的执行力度，导致事项伴随着高度的关注度提前完成生命周期。

再次，中国企业在非市场事项的关注期，主要采取反应性非市场事项战略，包括顺应遵守类和适应表率类战略；在非市场事项的原则性政策引入及调整期，企业综合实施了反应性非市场事项战略及前摄性非市场事项战略，但以反应性战略为主，包括适应表率类战略、沟通交流类战略及防御引导类战略；在非市场事项的解释性政策引入及调整期，企业主要聚焦前摄性非市场事项战略，包括防御引导类战略和影响控制类战略；最后，在非市场事项进入政策执行阶段直至最后结束，企业则在实施前摄性非市场事项战略的基础上，加入了越来越多的反应性战略，包括影响控制类战略和维系合作类战略。

最后，不单是企业能力及行为水平在提高，与非市场事项直接关联的政府机构的适应性学习能力也随着事项发展和行业演变日趋成熟。这说明企业的关键利益相关者能够与企业在外部环境的发展过程中形成良性的互动双赢关系。

本著作基于内容分析法所获的纵向历史性数据，以事项生命周期的过程视角描述了转型经济时期中国企业外部制度环境的演变过程，能够更为动态地勾勒出相应的具体非市场战略的变化路径。在事项进程中，企业非市场事项战略的选择与实施受到了中国特殊的政治体制、社会文化等因素的极大影响。因此，研究具有中国特色的企业非市场战略及行为的演变规律是转型经济环境下企业获得核心竞争优势的有效途径之一。

7.3　研究启示

上述研究对企业如何在战略管理过程中分析与评估外部非市场环境的影响，进而采取哪些战略应对这些影响有较大启示。同时，这些战略在竞争中如何实施，如何随着外部环境的发展而变化等内容也为企业的实践提供了必要参考。因此，本著作的研究启示主要表现在以下方面：

（1）企业应在战略管理活动中持续地关注非市场环境不同层次的影响。

中国企业面临的外部环境包括市场环境和非市场环境。在中国转型经济体制下，非市场环境对企业战略管理的影响尤为突出。因此，中国企业应在战略规划过程中同时重视市场环境和非市场环境，应该从长远的角度来看待企业整合市场环境和非市场环境的目的和行为，从而避免短视行为。

外部环境分析是战略管理的第一步。非市场环境是通过事项来影响企业的。因此，在中国转型时期，面临非市场环境越来越显著的影响，企业应该以事项管理的视角将非市场环境的影响以事项识别的方式分解为不同层次、不同类型的非市场事项，并依次将之与企业战略管理各阶段活动结合。

特别是，在中国转型经济环境下，企业需要关注的最重要的非市场事项仍然是政治事项，它仍然是影响企业经营和管理的头等大事，这也与中国的特殊国情有关。同时，曾几何时不受国人重视的环境保护问题如今也成为了企业战略管理及竞争的重大事项。我们可以看到，近年来，国家颁布并实施了一系列环境保护法规，对企业经营行为进行了强制性约束；同时，社会公众环保意识不断增强，要求企业履行环境保护责任的呼声越来越高；来自市民、环保团体、工商业机构内的股东、投资者、客户、监管机构、往来银行及保险公司的种种压力，也迫使企业不得不从战略的高度妥善处理盈利与环境保护的关系。

然而，与西方不同的是，社会公益事项在中国转型时期仍然处于相对的弱势。尽管部分行业领导型企业已将社会责任、公益意识提到企业使命或战略目标的高度，但更多的中国企业在应对这类事项时仍然采取的是事项驱动型战略或行为（邓新明，田志龙，陈煜，2008）。据中国企业家调查系统 2007 年的最新统计，七成企业履行社会责任主要动因是为了提升企业品牌形象，获得公众及政府好感。Porter & Kramer（2006）认为，积极主动地将企业社会公益战略与其他商业战略整合，能改善和发展企业的商业和制度环境，直接提升企业竞争优势，快速改善企业绩效。因此，在企业社会公益、责任备受关注的今天，社会责任运动已不仅仅是"社会期待企业应履行的责任"，而是企业获得消费者认同和创造竞争优势的源泉。因此，中国企业应从根本上改变对企业社会公益的看法和参与社会公益、责任运动的动机，从目标高度将企业社会公益事项整合到战略规划中，使企业获得更多市场机会及持续的竞争优势。

（2）企业应重视制定和实施各类非市场战略以应对外部环境的影响。

企业在持续地关注非市场环境的影响基础上，应重视制定和实施各类非市场战略以应对这种影响，具体包括：

第一，如何针对中国特有的市场环境和政治经济体制建立系统的非市场战略，指导中国企业的战略决策，帮助企业应对存在于非市场环境中的包括政府政策、社会公众、新闻媒体等各利益相关者的影响。欧美发达国家经济发展水平，市场体系发育的程度都比中国要高，中国企业在制定非市场战略时不能硬搬西方的做法，要抓住其实质有所选择和变化。因此，必须在分解环境影响的基础上，针对具体的、不同影响程度的非市场事项灵活运用相应的战略战术予以应对。

第二，随着中国市场体制的改革和社会变革，企业需要建立整体的应对各类非市场事项影响的非市场事项战略体系，相对于研究较多的企业政治战略及行为而言，针对环境事项、公益事项及舆论事项等涉及社会公众的非市场事项战略的制定与实施需求更加紧迫和必要，可以更快提升企业的竞争力和整体绩效。

最后，市场战略与非市场战略的结合应用，重视市场战略与非市场战略的整合研究。由于中国传统文化的影响和转型经济的背景，中国企业更容易接受市场战略与非市场战略的整合，因此也容易在此方面获得创新。

（3）以市场为中心的战略管理活动应在各阶段均加入非市场组成部分。

以市场为中心的战略管理活动应在战略目标设定、战略制定及战略实施等各阶段均加入非市场组成部分，也即是说，企业应该关注市场战略与非市场战略的整合运用与实施。"整合战略"这一概念首先是由 Baron 在 20 世纪中期提出来的，尽管很多学者都通过了实证研究证实了 Baron（1995a，1995b，1997）关于企业整合市场战略与非市场战略的提议，但充其量只是一种验证性的研究，只是回答了"是什么"与"为什么"等问题，即告诉企业在制定战略时应该综合考虑市场环境与非市场环境，从而对市场战略与非市场战略进行整合。而并没有回答"如何做"等问题，比如企业如何有效地对市场战略与非市场战略进行整合；战略整合的具体方式是什么等问题。因此，本著作所构建的战略整合模型对转型经济背景下企业实施战略整合具有一定意义的实践启示：第一，持续地关注各类非市场事项的影响，并通过前瞻性的事项战略及行为显著地提高企业应对事项影响的预警能力和反击能力。第二，从战略高度整合。在激烈的竞争中，企业不仅要关注越来越多的非市场因素的动态影响，更应从战略高度将这些非市场因素整合到战略管理中，使企业获得更多市场机会及持续的竞争优势。第三，经济绩效与社会绩效的统一。我们的研究表明，企业通过整合主动影响外部环境及变革内部战略规划的过程中，不能仅仅局限于单一的经济绩效，还包括提升企业的经营合法性等问题。

（4）企业应将竞争领域拓展到上游资源供给层。

在传统的竞争分析中，竞争就是企业之间（特别是同行业企业之间）针对市场上的最终消费者而开展的各种针对对手的生产经营和管理活动（魏宇，赵波，2002）。学者们更多地关注企业在产品或服务以及顾客等领域的竞争，也即是基于企业竞争市场的下游领域（Smith，Grimm，Gannon & Chen，1991）。随着竞争越来越动态化，这种观点严重制约了企业对现代竞争领域、竞争概念的深入认识。作为一个开放系统，现代企业的竞争应在更广阔的领域内与供应商、竞争者、政府机构及社会公众等多方利益相关者建立关系并相互影响（魏宇，赵波，2002）。近些年来，以 Porter 为代表的竞争理论和以 Wernerfelt、Barney 等人为代表的资源能力理论正互相吸纳对方的观点并逐渐走向融合（贺小刚，2002；Barney，2001）。传统的竞争互动研究忽略了一个事实，即部分竞争资源是嵌入在非市场环境（包括政府政策、社会关系等）中的（Oliver，1997），而非市场环境强烈地影响了企业的生存和竞争成功（Bresser & Millonig，2003），企业可以通过针对非市场环境实施的非市场战略来获得资源并参与竞争。因此，企业应将基于企业产品（服务）、顾客或技术本身的传统竞争领域扩大到包括企业资源配置及整合在内的更为广泛的领域构建，使融入了非市场行为的战略性竞争行为能够通过优化、整合企业的资源结构产生整体竞争优势。这些资源既包括资金、土地、市场等有形资源，又包括政府提供的优惠政策、企业美誉度、企业的公众信赖程度等无形资源以及企业与政府部门和相关利益者（如银行、非政府组织、公众等）的关系资源（福斯·J & 克里斯第安·克努森，1998）。

（5）企业应重视非市场竞争行为与市场竞争行为的互动关系。

在竞争互动过程中，企业竞争策略的选择不应仅局限于市场行为，而应拓展到非市场领域，关注非市场行为对企业竞争优势的重要性与价值。

在传统的竞争互动研究中加入被企业常规地用于赢得竞争优势的非市场行为分析后，企业竞争的领域、行为类型及行为互动关系都发生了变化。实际上，关于市场行为与非市场行为之间竞争互动的研究是整合市场及非市场战略及行为在实际竞争中的一个实施范例。我们认为将竞争领域扩大到资源端后，将引发企业在两类资源环境（市场资源及非市场资源）中的竞争扩大（尽管未来的研究还需要探讨两个环境中竞争互动的差异性）。

特别是，作为具有代表性的转型经济社会，中国在从计划经济向市场经济转轨的过程中，中央政府对各行业仍然保持着持续的政策干预并掌握资源分配，加上中国源远流长的独特文化，使得中国企业的非市场行为（如针对行业管制、立法、公共关系、媒体及政府关系等）在竞争中显得尤为重要（Guthrie，1997；Peng，1996）。因此，中国企业必须：第一，重视非市场行为在竞争中的重要作用，提高其与市场行为的互动和协同程度；第二，关注市场与非市场进攻对应的反应时间，增强预测竞争对手反应速度的能力；第三，充分利用非市场竞争领域中企业间"竞合"关系的集体影响力量。

（6）把握外部非市场环境的发展阶段并采取相应的战略行为。

首先，企业应该关注于事项生命周期的不同阶段，调整自己的战略行为来延续企业对事项进展的影响力。这种事项管理的方法是企业获取竞争优势的有效手段，它能够在一定程度上降低非市场事项对企业的影响程度，加强企业把握环境，适应环境的能力。

其次，企业应时刻关注环境中利益相关者及其与自身关系的变化，特别是在中国这样政府对企业影响力量比较大的特殊环境中，应针对政府机构适应性学习能力的提高而相应采取应对措施，同时提高自身的适应能力和学习能力，调动一切资源和行为，提高事项管理的能力和相应战略行为的效力。特别是，在中国特殊的经济体制、政治背景及文化氛围中，企业不仅要关注市场行为在竞争中的作用，更应重视非市场行为对企业外部政治、社会环境的影响作用，将两者结合起来，作为构建有利经营环境的重要手段。

最后，政府也应当了解转型经济背景下各行业复杂的环境演变过程及业内企业在这个过程中的行为动态性是中国政府制定行业政策的必要条件。政策的试验期既能够增强政府政策执行的信心，又能有效提高政府市场化管制水平。因此，中国政府应充分把握转型时期非市场事项生命周期的特殊演进规律，增强政策执行力度。

7.4　研究的局限性及进一步研究的方向

虽然本著作得出了许多对企业管理理论与实践都非常重要的结论与启示，但是不可否认，本著作的研究也存在着局限性：

首先，本著作的研究数据部分来源于行业公开数据，这可能会遗漏一些内部信息及数据，尤其是一些非市场行为的隐秘性。但是，我们在收集数据的过程中不仅对案例企业的中高层管理人员进行了深度访谈，也多次得到了中国房地产指数研究院几位专家的帮助，加上企业及研究院内部的完整一手资料及专业数据库，相信已尽可能地弥补了这一缺憾。

其次，本著作在对房地产行业竞争行为进行结构化内容分析时，只选取了万科等十家主要企业，有一定的局限性。尽管我们严格按照结构化内容分析法的步骤（比如变量界定、编码、初始研究等）来进行数据的收集与整理，但由于数据较多以及时间的周期性较长，难免有疏漏之处，但相对而言还是具有一定的普遍意义。

再次，本著作构建的中国转型经济背景下基于非市场事项管理的企业战略管理的整合模式仅仅基于理论研究与案例分析，还缺乏更多实证数据的验证。

最后，本著作的研究数据均来源于整合重要程度适中的房地产行业，尽管该行业 10 年来的市场环境发展及非市场环境的变化特别显著，将其作为研究对象能够部分地回答本著作需要研究的问题，但是，不可否认，本著作仍然存在着行业单一的局限，可能忽视了市场政府控制程度较高的行业特征，如电力、金融等，及市场控制程度较高的行业特点，如手机、食品饮料等。

有缺点就会有进步的机会。以上所提到的研究局限性，也正暗示着进一步有价值的研究方向。正如 Baron（1997）所说的，"整合战略是战略管理领域的新发展趋势，这个领域的研究仍然处于婴儿期"。沿着本著作的研究思路，我们认为进一步的研究可以在以下几个方面继续展开：

第一，本著作仅基于典型企业的深度访谈及公开数据分析归纳企业外部非市场环境的事项特征和内容，下一步应选择来自不同行业制度环境下的企业进行跨行业的深度案例比较研究，比如电信、汽车与家电行业，更全面、完整地描述企业外部非市场环境的不同影响。

第二，基于大样本调查等实证数据来验证本著作提出的战略整合模型的适用性及有效性。

第三，通过更多的典型研究样本的探讨深入分析企业非市场战略与市场战略在战略管理过程中整合的具体实施过程及可能的影响因素。比如战略目标的整合如何决策？事项管理部门如何运作？非市场战略的制定与实施的过程中相关非市场部门（如公共关系部门、政府事务部门、综合办公室等）的作用如何发挥？非市场目标及战略与市场目标及战略的制定与实施在企业内部管理过程中的协同关系及程度如何？等等。

第四，用实证的方法研究市场与非市场行为的竞争互动对企业绩效的长期影响，或是基于更长的发展周期，关注市场及非市场战略间的内在关系。这被许多学者称为整合，其中对政治市场的分析更为普遍（相比其他领域的竞争，该领域的分析具有显著的受关注度）。未来的研究应在生产资料及政治市场等非市场竞争环境中研究资源导向竞争行为的协同性或危害性。为了使竞争更具动态性，其在市场环境中实施的行动必须与其在非市场环境中保持持续的互动或一致。

第五，除了关注企业非市场环境中的政治事项生命周期演变规律外，还应进一步地探讨环境事项、公益事项及舆论事项等的发展路径，同时，也应重点研究市场战略及行为如何随着外部非市场环境发展而变化的动态规律。

第六，随着实力的增强和市场全球化的发展，当前中国企业海外投资逐渐增多，而国际市场竞争的经验表明，相对于一国市场而言，非市场战略对企业国际竞争的影响要大得多。中国企业在国际市场上遇到的非市场问题更加突出，像海尔、中海油海外收购等案例均说明，如何建立适合于国外市场规范和国际竞争环境的非市场战略也是重要的挑战。中国企业必须建立适合于海外市场环境的非市场战略体系，使市场战略与非市场战略有效结合。这方面的研究亟待开展。

参考文献

[1] Abrahamson, E & Fombrum, C. Macrocultures: Determinants and consequences [J]. Academy of Management Review, 1994, 19（4）:728-761.

[2] Aggarwal, V. Corporate market and non-market strategies in Asia: A conceptual framework[J]. Business & Politics, 2001, 3（2）: 89-108.

[3] Aldrich, H.E. Organizations and environments [M]. Prentice-Hall, Englewood Cliffs, NJ, 1979.

[4] Aldrich, H.E & Mueller, S. The evolution of organizational forms: Technology, coordination and control. in B.M. Staw and L.L. Cummings （Eds）[C]. Research in Organizational Behaviour. Greenwich, C.T.: JAI Press. 1982, 4: 33-87.

[5] Andrews K. R. The concept of corporate strategy [M]. Homewood Ill：Dow Jones-Irwin, ch3, 1987.

[6] Annandale, D., Morrison-Saunders, A & Bouma, G. The impact of voluntary environmental protection instruments on company environmental performance [J]. Business Strategy and the Environment, 2004, 13（1）: 1-12.

[7] Ansoff, I. Corporate strategy [M]. McGraw-Hill, New York, NY, 1965.

[8] Ansoff, I. Managing strategic surprise by response to weak signals [J]. California Management Review, 1975, 18（2）:21-33.

[9] Ansoff, I. Strategic issue management [J]. Strategic Management Journal, 1980, 1:131-148.

[10] Ansoff, I. Implanting strategic management [M]. Prentice/ Hall International （Englewood Cliffs, N.J）, 1984.

[11] Ansoff, I. General management in turbulent environments [J]. Practising Manager, 1990, 11（1）: 6-27.

[12] Aplin, J & Hegatry, H. Political influence: Strategies employed by organizations to impact legislation in business and economic matters [J]. Academy of Management Journal, 1980, 23（1）:438-450.

[13] Arcelus, F & Schaeffer, N. V. Social demands as strategic issues: Some conceptual problems [J]. Strategic Management Journal, 1982, 3（2）:347-357.

[14] Armstrong, J.S., & Collopy, F. Competitor orientation: Effects of objective and information on managerial decisions and profitability [J]. Journal of Marketing Research, 1996, 33（2）:188.

[15] Arrington, C.B & Sawaya, R.N. Managing public affairs: Issue management in an uncertain environment [J]. California Management Review, 1984, 26（4）: 148-160.

[16] Ashforth, B.E & Gibbs, B.W. The double-edge of organizational legitimization [J]. Organization Science, 1990, 1: 177-194.

[17] Axelrod, R. The evolution of cooperation [M]. New York: Basic Books, 1984.

[18] Axelrod, R & Cohen, M.D. Harnessing complexity [M]. New York: The Free Press, 1999.

[19] Bada, A. O., Aniebonam, M. C & Owei, V. Institutional pressures as sources of improvisations: A case study from a developing country context [J]. Journal of Global Information Technology Management, 2004, 7（3）:27-39.

[20] Bain, J.S. Barriers to new competition [M]. Cambridge, MA: Harvard University, 1956.

[21] Bain, J.S. Industrial Organization [M]. New York, John wiley.1959.

[22] Eanerjee, E., Easwar, S & Kashyap, R. Corporate environmentalism: Antecedents and influence of industry type [J]. Journal of Marketing, 2003, 67:106-122.

[23] Barnett, W.P & Burgelman, R.A. Evolutionary perspectives on strategy [J]. Strategic Management Journal, 1996, 17（Special Issue）:5-20.

[24] Barney, J.B. Firm resources and sustained competitive advantage [J]. Journal of Management, 1991, 17（1）: 99-120.

[25] Barney, J.B & Hansen, M. Trustworthiness as a source of competitive advantage

[J]. Strategic Management Journal, 1994, 15:175-90.

[26] Barney J.B. Is the resource-based view a useful perspective for strategic management research? [J]. The Academy of Management Review, 2001, 26: 643-650.

[27] Barney J.B. Gaining and sustaining competitive advantage（2Eds）[M]. New Jersey: Prentice Hall, 2002.

[28] Baron, D.P. Integrated strategy: Market and non-market components [J]. California Management Review, 1995a, 37（2）: 47-65.

[29] Baron, D.P. The non-market strategy system [J]. Sloan Management Review, 1995b, 37（1）: 73-86.

[30] Baron, D.P. Integrated strategy, trade policy, and global competition [J]. California Management Review, 1997, 39（2）: 145-169.

[31] Baron, D.P. Integrated market and non-market strategies in client and interest group politics [J]. Business and society, 1999, 1（1）: 7-34.

[32] Baron, D.P. Private politics, corporate social responsibility, and integrated strategy [J]. Journal of Economic & Management Strategy, 2001, 10（1）:7-45.

[33] Baron, D.P. Private politics [J]. Journal of Management Strategy and Economics, 2003, 21（1）: 31-66.

[34] Baron, D.P. Business and its environment[M], 5th Ed. Upper Saddle River, NJ: Prentice Hall, 2006.

[35] Baum, J.C & Korn, H.J. Dynamics of dyadic competitive interaction [J]. Strategic Management Journal, 1999, 20:251 -278.

[36] Biglow, B., Fahey, L & Mahon, J.F. Political strategy and issues evolution: A framework for analysis and action[M]. In K. Paul （Eds.）, Contemporary Issues in Business and Politics. Lewiston, NY: Edwin Mellen Press, 1991:1-26.

[37] Bigelow, B., Fahey, L & Mahon, J.F. A typology of issue evolution [J]. Business & Society, 1993, 32（1）:18–29.

[38] Blumentritt, T., & Nigh, D. The integration of subsidiary political activities in multinational corporations [J]. Journal of International Business Studies, 2002, 33: 57-77.

[39] Blumentritt, T. Foreign subsidiaries' government affairs activities: The influence of managers and resources [J]. Business & Society, 2003, 42（1）:202-233.

[40] Bourgeois, L.J. Strategy and environment: A conceptual integration [J]. Academy of Management Review, 1980, 5: 25-39.

[41] Boddewyn, J. Political aspects of MNE theory [J]. Journal of International Business Studies, 1988, 3（6）: 341-363.

[42] Boddewyn, J & Brewer, T. International business political behavior: New theoretical directions [J]. Academy of Management Review, 1994, 19（5）: 119-143.

[43] Boddewyn, J. Understanding and advancing the concept of "nonmarket" [J]. Business & Society, 2003, 42 （3）:297- 327.

[44] Boisot, M & Child, J. Organizations as adaptive systems in complex environment: The case of China [J]. Organizational Science, 1999, 5: 237-252.

[45] Bonardi, J.P. Market and nonmarket strategies during deregulation: The case of british telecom [J]. Business & Politics, 1999, 1（2）:203-231.

[46] Bonardi, J.P. Political resources and markets in international business: Beyond Porter's generic strategies [J]. Research in Global Strategic Management, 1993, 4:119-143.

[47] Bonardi, J.P. Global and political strategies in deregulated industries: The asymmetric behaviors of former monopolies [J]. Strategic Management Journal, 2004, 25 （3）: 101-120.

[48] Bonardi, J.P., Hillman, A.J & Keim, G.D. The attractiveness of political markets: Implications for firm strategy [J]. Academy of Management Review, 2005, 30（2）:397-413.

[49] Bower, J. Strategy process research [C]. Symposium presented at the annual meeting of the Academy of Management, Boston, 1997.

[50] Brad, H.E. Issues management an overview [J]. Public Relations Review, 1990, 16（1）:489-498.

[51] Brandenburger, A.M & Stuart, H.W. Value-based business strategy [J]. Journal of Economics and Management Strategy, 1996, 5（1）:5-24.

[52] Brenner, T. Corporate political activity: An exploratory study in a developing industry [J]. Research in Corporate Social Performance and Policy, 1988, 2:197-236.

[53] Bresser, R.K.F & Millonig, K. Institutional capital competitive advantage in light of the new institutionalism in organization theory [J]. Schmalenbach Business Review, 2003, 55:220-241.

[54] Bronn, P.S & Bronn, C. Issues management as a basis for strategic orientation [J]. Journal of Public Affairs, 2002, 2（4）: 247-258.

[55] Buchanan, J.M. Marginal notes on reading political philosophy [D]. In Buchanan and Tullock （1962）, The Calculus of Consent, Ann Abor: The University of Michigan Press, 1962:308-322.

[56] Buchanan, J.M. The constitution of economic policy [J]. American Economic Review, 1987, 77（3）:243-250.

[57] Buchholz, R. A., Evans, W. D & Wagley, R. A. Management response to public issues: Concepts and cases in strategy formulation [M]. Englewood Cliffs, NJ: Prentice-Hall, 1985.

[58] Buchholz, R. Intraorganizational ecology of strategy making and organizational adaptation: Theory and field research [J]. Organization Science, 1991, 2（3）:239-262.

[59] Buchholz, R. Business environments and public policy [M]. Englewood Cliffs, NJ: Prentice-Hall, 1992.

[60] Buchholz, R. Fading memories: A process theory of strategic business exit in dynamic environments [J]. Administrative Science Quarterly, 1994, 39（1）:24-56.

[61] Buchholz, R. A process model of strategic business exit: Implications for an evolutionary perspective on strategy [J]. Strategic Management Journal, 1996, 17:193-214.

[62] Burgelamn, R.A. A process model of corporate venturing [J]. Administrative Science Quarterly, 1983, 28:223-244.

[63] Caldeira, G. A., Jojnacki, M & Wright, J. R. The lobbying activities of organized interests in Federal judicial nominations [J]. Journal of Politics, 2000, 62（1）:51-69.

[64] Calori, R.M., Lubatkin, P., Very, J.F & Veiga. Modelling the origins of nationally bound administrative heritages: A historical institutional analysis of French and British firms [J]. Organization Science, 1997, 8（6）:681-696.

[65] Camillus, J.C & Datta, D.K. Managing strategic issues in a turbulent environment [J]. Long Range Planning, 1991, 24（1）:67-74.

[66] Carroll, A.B & Hoy, F Integrating corporate social policy into strategic management [J]. Journal of Business Strategy, 1984, 4（3）: 48-57.

[67] Chandler, A. Strategy and structure [M]. Cambridge M A: MIT Press, 1962.

[68] Chase, H. Public issues management: The new science [J]. Public Relations Journal, 1977, 33（10）: 25-26.

[69] Chase, W. Issue management: origins of the future [M]. Stamford, Connecticut, USA: Issue Action Publications, 1984.

[70] Chen, M.J. Competitive strategic interaction: A study of competitive actions and responses [D]. Ph.D. diss., University of Maryland, 1988: 24-37.

[71] Chen, M.J., Smith, K & Grimm, C. Action characteristics as predictors of competitive responses [J]. Management Science, 1992, 38（4）: 439-455.

[72] Chen, M.J & MacMillan, I. Nonresponse and delayed response to competitive moves: The roles of competitor dependence and action irreversibility [J]. Academy of Management Journal, 1992, 35: 359-370.

[73] Chen, M. J & Miller, D. Competitive attack, retaliation and performance: An expectancy-valence framework [J]. Strategic management journal, 1994, 15:85-102.

[74] Chen, M. J & Hambrick, D.C. Speed, stealth, and selective attack: How small firms differ from large firms in competitive behaviour [J]. Academy of Management Journal, 1995, 38（2）:453-482.

[75] Chen, M. J. Competitor analysis and interfirm rivalry: Toward a theoretical integration [J]. Academy of Management Review, 1996, 21（1）: 100-134.

[76] Chen, M. J. Inside Chinese business: A guide for managers worldwide [M]. Boston, Massachusetts: Harvard Business School Press, 2001

[77] Clements, B. Changing environmental strategies over time: An empirical study of the steel industry in the United States [J]. Journal of Environment Management, 2001, 62:221-231.

[78] Clements, B & Douglas, T. Understanding strategic responses to institutional pressures [J]. Journal of Business Research, 2005, 58:1205-1213.

[79] Child, J. Organizational structure, environment, and performance: The role of strategic choice [J]. Sociology, 1972, 6（1）: 2-22.

[80] Child, J& Tsai, T. The dynamic between firms' environmental strategies and institutional constraints in emerging economies: Evidence from China and Taiwan [J]. Journal of Management Studies, 2005, 42（1）:95-125.

[81] Child, J & Tse, D. K. China's transition and its implications for international business [J]. Journal of International Business Studies, 2001, 32（1）: 5-22.

[82] Christensen, C., Andrews, K.R., Bower, J.L., Hamermesh, R.G & Porter, M.E. Business policy: Text and cases [M]. Richard D. Irwin, Inc., 1982.

[83] Cobb, R.W & Elder, C.D. Participation in American politics: The dynamics of agenda building [M]. Baltimore, MD: Johns Hopkins University Press, 1972.

[84] Cohen, M.D & Sproull, L Organizational Learning [J]. Special issue of Organization Science, 1991.

[85] Cook, R & Barry, D. Shaping the external environment: A study of small firms' attempts to influence public policy [J]. Business & Society, 1995, 34: 317-344.

[86] Cowton, C.J. Research in real worlds: The empirical contribution to business ethics [D]. Business Ethics: Perspective on the Practice of Theory, Oxford: Oxford University Press, 1998: 97-115.

[87] Creyer, E & Ross, W.T. Jr. The impact of corporate behavior on perceived product value [J]. Marketing Letters, 1996, 7（2）:173-85.

[88] Daft, R.L & Weick, K. Toward a model of organizations as interpretation systems [J]. Academy of Management Review, 1984,9:284-296.

[89] Dacin, M.T., Goodstein, J & Scott, W.R. Institutional theory and institutional change: introduction to the special research forum [J]. Academy of Management Journal. 2002, 45（1）: 45-57

[90] David, C & Cynthia, A. M. Competing on resources: Strategy in the 1990s [J]. Harvard Business Review, 1995, 73:118-128.

[91] Davies H., Leung T. K. P., Luk S. T. K & Wong Y-H. The benefits of Guanxi: The value of relationships in developing the Chinese market [J]. Industrial Marketing Management, 1995, 24: 207-214.

[92] Dechant, K & Altman, B. Environmental leadership: From compliance to competitive advantage [J]. The Academy of Management Executive, 1994, 8（3）: 7-27.

[93] Deephouse,D.L. Does isomorphism legitimate? [J]. Academy of Management Journal, 1996, 39: 1024-1039.

[94] Dierick, I & Cool, K. Asset stock accumulation and sustainability of competitive

advantage [J]. Management Science, 1989, 35: 1504-1511.

[95] DiMaggio, P.J & Powell, W.W. The iron cage revisited: Institutional isomorphism and collective rationality in organization field [J]. American Sociological Review, 1983, 48 （2）:147-160.

[96] Douglas, T.J. & Judge, W. Q. Jr. Integrating the natural environment into the strategic planning process: An empirical assessment [J]. Academy of Management Journal, Best Papers Proceedings, 1995: 475-479.

[97] Dowling, J & Pfeffer, J. Organizational legitimacy: Social values and organizational behavior [J]. Pacific Sociological Review, 1975, 18 （1）: 122 - 136.

[98] Dutton, J., Fahey, L & Narayanan, V.K. Toward understanding strategic issue diagnosis [J]. Strategic Management Journal, 1983, 4:307-324.

[99] Dutton, J & Ottensmeyer, E. Strategic issues management systems forms functions and contexts [J]. Academy of Management Review, 1987, 12 （2）:355-365.

[100] Dutton, J.E & Jackson, S.B. Categorizing strategic issues: Links to organizational action [J]. Academy of Management Review, 1987, 12:76-90.

[101] Eisenhardt, K. M. Building theories from case study research [J]. Academy of Management Review, 1989, 14 （4）: 532-550.

[102] Epstein, E. M. Rationality, legitimacy, responsibility: Search for new directions in business and society [J]. Santa Monica, CA: Goodyear, 1978.

[103] Eyestone, R. From social issues to social policy [M]. New York: John Wiley & Sons, 1978

[104] Faby, J. A Resource-Based Analysis of Sustainable Competitive Advantage in a Global Environment" [J]. International Business Review, 2002, 11: 57-78.

[105] Fan Y. Guanxi's consequences: personal gains at social cost [J]. Journal of Business Ethics, 2002, 371-380.

[106] Fennell, M & Alexander, J.A. Organizational boundary spanning in institutionalized environments [J]. Academy of Management Journal, 1987, 30 （2）: 456-476.

[107] Ferrier, W., Smith, K & Grimm, C. The role of competitive action in market share erosion and industry dethronement: A study of industry leaders and challengers [J]. Academy of Management Journal, 1999, 42: 372-388.

[108] Fischer, D.W. Strategies toward political pressures: A typology of firm responses [J]. Academy of Management Review, 1983, 8（1）: 71-78.

[109] Fombrun, C & Shanley, M. What is a name? Reputation building and corporate strategy [J]. Academy of Management Review, 2001, 33（2）:233-258.

[110] Furrer, O & Thomas. H. The rivalry matrix: Understanding rivalry and competitive dynamics [J]. European Management Journal, 2002, 18（6）.619-637.

[111] Furubotn, E.G., & Richtcr, R.. Institutions and economic theory: The contribution of the new institutional economics [D]. Ann Arbor: University of Michigan Press, 1997.

[112] Gale, J & Buchholz, R. The political pursuit of competitive advantage: What business can gain from government [M], in A. A. Marcus, M. Kaufman, & D.R. Bean （Eds）, Business Strategy and Public Policy, New York: Quorum, 1987:31-41.

[113] Galunic, D.C & Eisenhardt, K.M. The evolution of intracorporate domains: Divisional charter losses in high-technology [J]. multidivisional corporations. Organization Science, 1996, 7（3）:255-282.

[114] Gao, Y.Q & Tian, Z.L. How firms influence the government policy decision-making in China [J]. Singapore Management Review, 2006, 28（1）:73-85.

[115] Gardner, T.M. In the trenches at the talent wars: Competitive interaction for scarce human resource [J]. Human Resource Management, 2002, 41（2）:225-237.

[116] Gardner, T.M. Interfirm competition for human resource: Evidence from the software industry [J]. Academy of Management Journal, 2005, 48（2）:237.

[117] George, S.D & David J.R. Wharton on dynamic competitive strategy [M]. The Free Press, First Edition, 1996:86-135.

[118] Getz, K. A. Corporate political tactics in a principal-agent context: An investigation in ozone protection policy [J]. Research in Corporate Social Performance and Policy, 1993, 14（1）: 242-273.

[119] Getz, K. A. Research in corporate political action: Integration and assessment [J]. Business & Society, 1997, 36: 32-77.

[120] Govindarajan, V & Fisher, J. Strategy, control systems, and resource sharing: Effects on business-unit performance [J]. Academy of Management Journal, 1988, 33（2）:259-285.

[121] Grant R M., The resource-based theory of competitive advantage: Implications for strategy formulation [J]. California Management Review, 1991, 33（3）: 114-135.

[122] Greenwood, R. & C.R. Hinings. Understanding radical organizational change: Bringing together the old and the new institutionalism [J]. Academy of Management Review, 1996, 21（1）: 1022-1054.

[123] Grier, K.B., Munger, M.C & Roberts, B.E.. The determinants of industry political activity, 1978-1986 [J]. American Political Science Review, 1994, 88: 911-926.

[124] Griffin, J. J., Fleisher, C.S., Brenner, S. N & Boddewyn, J. J. Corporate public affairs research: Chronological reference list: 1985- 2000 [J]. Journal of Public Affairs. 2001, 1（1）: 9-32.

[125] Grimm, C & Smith, K. Strategy as action: Industry rivalry and coordination [M]. Cincinnati: South-Western College Publishing, 1997:21-36.

[126] Guthrie, D. Between market and politics: Organizational responses to reform in China [J]. American Journal of Sociology, 1997, 102:1258-304.

[127] Hakan, B & Lindfors, J. Management for change: On strategic change during recession [J]. Journal of Business Research, 1998, 41:57-70.

[128] Hammer, M & Champy, J. Reengineering the Corporation: A manifesto for business Revolution [M]. Harper Business, New York, 1993.

[129] Harnel, G. Competition for competence and interpartner learning within international strategic alliances [J]. Strategic Management Journal, 1991, 12:83-103.

[130] Hayes, R. H. Strategic planning-forward in reverse [J]. Harvard Business Review, 1985, 63（6）: 111-119.

[131] He, Y.Q., Tian, Z.L & Chen, Y. Performance implications of nonmarket strategy in China [J]. Asia Pacific Journal of Management, 2007, 24（1）:151-169.

[132] He, Y.Q & Tian, Z.L .Government-oriented corporate public relation strategies in transitional China [J]. Management and Organization Review, 2008, 4 （3）:367-391.

[133] Heath, R.L & Nelson, R.A. Issues management: Corporate public policymaking in an information society [M]. London: Sage,1986.

[134] Hedberg, B. How organizations learn and unlearn [M]. In P. Nystrom & W. Starbuck （Eds.）, Handbook of organizational design. New York: Oxford University

Press,1981.

[135] Hillman, A., & Keim, G. International variation in the business-government interface: Institutional and organizational considerations [J]. Academy of Management Review, 1995, 20（5）: 193-214.

[136] Hillman, A. The choice of corporate political tactics: The role of institutional variables [C]. In Denis Collins and Douglas Nigh （eds.）, Proceedings of the 6th Annual Meeting of the International Association for Business and Society, Madison, WI, 1995.

[137] Hillman, A., & Hitt, M. Corporate political strategy formulation: A model of approach, participation and strategy decisions [J]. Academy of Management Review, 1999, 24（1）: 825-842.

[138] Hillman, A., Zardkoohi, A & Bierman, L.. Corporate political strategies and firm performance: Indications of firm-specific benefits from personal service in the US government [J]. Strategic Management Journal, 1999, 20（3）: 67-81.

[139] Hillman, A. Determinants of political strategies in US multinationals [J]. Business & Society, 2003, 42（4）: 455-484.

[140] Hillman, A & Wan, W. The determinants of MNE subsidiaries' political strategies: Evidence of institutional duality [J]. Journal of International Business Studies, 2005, 36（4）: 322-340.

[141] Hirschman, A.O. The strategy of economic development [M]. New Haven, CT: Yale University Press, 1958.

[142] Hitt, M. A., Lee. H. U., Yucel, E. The Importance of social capital to the management of multinational enterprises: Relational networks among Asian and western firms [J]. Asia Pacific Journal of Management, 2002, 19（23）:353-372.

[143] Holtbrugge, D & Berg, N. Knowledge transfer in multinational corporations: evidence from German firms [J]. Management International Review, 2004, 44（3）:129-45.

[144] Hoskisson, R.E., Eden, L., Lau, C.M & Wright, M. Strategy in emerging economies [J]. Academic of Management Journal, 2000, 43: 249-267.

[145] Huygens, M. Co-evolution of capabilities and competition: A study of the music industry [M]. Rotterdam School of Management 1999（33）. Rotterdam, The Netherlands.

[146] Hwang, K. K. Face and favor: The Chinese power game [J]. American Journal of

Sociology, 1987, 92（4）:945-974.

[147] Illnitch, A.Y., D' Aveni, R.A & Lewin, A.Y. New organizational forms and strategic for managing in hypercompetitive markets [J]. Organization Science, 1996, 7:211-221.

[148] Jacobson, R. The "Austrian" School of Strategy [J]. Academy of Management Review, 1992, 17（4）:782-807.

[149] Jauch, L.R., Osborn, R.N & Martin, T.N. Structured content analysis of case: complementary method for organizational research [J]. Academy of Management review,1980,5:517-526.

[150] Jones, B. L & Chase, W. H. Managing public policy issues [J]. Public Relations. Review, 1979, 5（2）: 3-23.

[151] Karnani, A & Wernerfelt, B. Research note and communication: Multiple point competition [J]. Strategic Management Journal, 1985, 6（1）:87-96.

[152] Keim,G.D. Foundations of a political strategy for business [J]. California Management Review, 1981, 3（1）:41-48

[153] Keim,G.D., Carl R.Z & Barry D.B. New directions for corporate political strategy [J]. Sloan Management Review, 1984, 25（3）:53-62.

[154] Keim,G.D & Carl R.Z Corporate political strategy and legislative decision making: A review and contingency approach [J]. Academy of Management Review .1986, 11:828-843.

[155] Keim, G.D., & Baysinger, B. The efficacy of business political activity: Competitive considerations in a principal agent context [J]. Journal of Management, 1988, 14（2）: 163-180.

[156] Keim, G.D & Zardkoohi, A looking for leverage in PAC markets: Corporate and labor contributions considered [J]. Public Choice, 1988, 58（2）: 21-34.

[157] Keim, G.D. Managing business political activities in the USA: Bridging theory and practice [J]. Journal of Public Affairs, 2001, 1（1）: 362-375.

[158] Keister. L.A. Capital structure in transition: The transformation of financial strategies in China's emerging economy [J]. Organization Science. 2004, 15:145-58

[159] Keister. L.A. Exchange structures in transition: Lending and trade relations in Chinese business groups [J]. American Sociological Review. 2001, 66:336-360

[160] Kieser, A. Why organization theory needs historical analyses and how this should be performed [J]. Organization Science, 1994, 5（4）:608-620.

[161] Kindon, J.W. Agendas. alternatives, and public policies [M]. Boston: Little, Brown, 1984.

[162] King, W.R. Using strategic issue analysis [J]. Long Range Planning, 1982, 15（4）:45-49.

[163] Kotha, S & Nair, A. Strategy and environment as determinants of performance: Evidence from the Japanese machine tool industry [J]. Strategic Management Journal, 1995, 16（1）: 497-518.

[164] Kotler, P. Megamarketing [J]. Harvard business review,1986,3:117-124.

[165] Kotler, P. It's time for total marketing [J]. Business Week Advance Executive Brief, 1992.

[166] Koza, M.P & Lewin, A.Y. The co-evolution of strategic alliances [J]. Organization Science, 1998, 9（3）:255-264.

[167] Lamberg, J.A.., Skippari, M & Makinen, S. The evolution of corporate political action [J]. Business and Society, 2004, 43 （4）:335 – 365.

[168] Langley, A., Strategies for theorizing from process data [J]. Academy of Management Review, 1999, 24（4）: 691-710.

[169] Lapavitsas, C. Commodities and gifts: Why commodities represents more than market relations [J]. Science & Society, 2004, 68（1）:33-56.

[170] Laurence, C & Olivier, C. Competitors' resource-oriented strategies: Acting upon competitors' resources through interventions in factor markets and political markets [J]. Academy of Management, 2007, 9（1）:1-53.

[171] Lenway, S.A & Rehbein,K. Leaders, followers and free riders: An empirical test of variation in corporate political involvement [J]. Academy of Management Journal, 1991, 34（1）:893-905.

[172] Lerner, J., Tirole, J & Strojwas, M. Cooperative marketing agreements between competitors: Evidence from patent pools [C]. National Bureau of Economic Research, Working paper 2003.

[173] Levinthal, D.A. Random walks and organizational mortality [J]. Administrative

Science Quarterly, 1991, 36（3）:397-420.

[174] Levinthal, D.A & Myatt, J. Co-evolution of capabilities and industry: The evolution of mutual fund processing [J]. Strategic Management Journal, 1994,15（Special Issue）:45-62.

[175] Levitt, B & March, J.G. Organizational learning [C]. W.R.Scott,ed. Annual Review of Sociology. 14 Annual Reviews, Palo Alto, CA. 1988:319-340.

[176] Levy, A., Long C & Carroll, T. The co-evolution of new organization forms [J]. Organization Science, 1999, 10（5）:535-550.

[177] Levy, D.L & Egan, D. A neo-gramscian approach to business-society relations: Conflict and accommodation in the climate change negotiations [C]. Academy of Management Annual Meeting: Toronto, 2000, August.

[178] Lewin, A. Y & H. W. Volberda. Prolegomena on coevolution: A framework for research on strategy and new organizational forms [J]. Organization Science, 1999, 10（5）:519-542.

[179] Lewin, A. Y & Weigelt, C. Co-evolution of the U.S. commercial banking industry: A longitudinal analysis of mergers as a strategy of wealth creation （1982-1997）[C]. Annual Meeting of the Academy of Management, 1999, August6-11, Chicago.

[180] Li, C.W & Lii, P. The impact of Guanxi on Chinese managers' transactional decisions : a study of Taiwanese SMEs [J]. Human Systems Management, 2005, 4（18）: 1-8.

[181] Li, M & Zhou, H. Knowing the business environment: The use of non-market-based strategies in Chinese local firms [J]. Ivey Business Journal, 2005, 12（1）:.1-6.

[182] Li, S., Li. M. & Tan, J. Why do firms diversify in a transition economy? A theoretical exploration [J]. Journal of Applied Management Studies, 1998, 7（1）:77-98.

[183] Lindsay, W. M & Rue, L. W. Impact of the organization environment on the long-range planning process: A contingency view [J]. Academy of Management, 1980, 23: 385-404.

[184] Logsdon, J. Organizational responses to environmental issues. In Research in Corporate Social Performance and Policy（Preston, L., ed.）[M], 1985: 25-46. Greenwich, CT: JAI Press.

[185] Lord, M. Corporate political strategy and legislative decision-making [J].

Business & Society, 2000, 3（1）:76-93.

[186] Lousbury, M & Glynn, M. Cultural entrepreneurship: Stories, legitimacy and the acquisition of recourses [J]. Strategic Management journal, 2001, 22（1）: 109-140.

[187] Luo, Y. Toward a cooperative view of MNC-host government relations: Building blocks and performance implications [J]. Journal of International Business Studies, 2001, 32: 401-419

[188] Luo, Y. Industrial dynamics and managerial networking in an emerging market: The case of China [J]. Strategic Management Journal, 2003a, 24（1）: 1315–1327.

[189] Luo, Y. Market-seeking MNEs in an emerging market: How parent-subsidiary links shape overseas success [J]. Journal of International Business Studies, 2003b, 34（3）: 290–309.

[190] Luo, Y. Political behavior, social responsibility and corrupt environment: a structuration perspective [J]. Journal of International Business Studies, 2006, 37（6）: 747-766.

[191] MacMillan, I. Strategy formulation: Political concepts [M]. St. Paul: West Publishing, 1978.

[192] MacMillan, I., McCaffrey, M & Van Wijk, G. Competitor's responses to easily imitated new products: Exploring commercial banking product introductions [J]. Strategic Management Journal, 1985, 6: 75–86.

[193] Mahon, J., Bigelow, B & Fahey, L. Political strategy: Managing the political and social environment [M]. In L. Fahey and R. M. Randall, eds., The Portable MBA in Strategy. John Wiley & Sons, Inc, 1994.

[194] Mahon, J & McGowan, R. Industry as a player in the political and social arena: Defining the competitive environment [M]. Quorum Books, Westport, Conn. 1996.

[195] Mahon, J & McGowan, R. Modeling industry political dynamics [J]. Business & Society, 1998, 37（1）: 390-413.

[196] Mahon, J & Waddock, S. Strategic issues management: An integration of issue life cycle perspectives [J]. Business & Society, 1992, 31（1）: 19-32.

[197] Maijoor, S & van Witteloostuijn, A. An empirical test of the resource-based theory: Strategic regulation in the Dutch audit industry [J]. Strategic Management Journal, 1996, 17（7）:549-569.

[198] Makadok, R. Toward a synthesis of the resource-based and dynamic-capability views of rent creation [J]. Strategic Management Journal, 2001, 22（5）:387-401.

[199] Masters, M.F & Keim,G..D. Determinants of PAC participation among large corporations [J]. Journal of Politics, 1985, 47（1）:1158-1173.

[200] McKelvey, B. Quasi-natural organization science [J]. Organization Science. 1997, 8（4）:352-380.

[201] Mescon, T. S & Tilson, D. J. Corporate philanthropy: A strategic approach to the bottom-line [J]. California Management Review, 1987, 29（2）, 49-61.

[202] Meyer, A.D. Mingling decision-making metaphors [J]. Academy of Management Review, 1984, 9:6-17.

[203] Meyer A.D., Brook, G. & Goes, J.B. Environmental jolts and industry revolutions: Organizational responses to discontinuous change [J]. Strategic Management Journal, 1990, 11:93-110.

[204] Meyer, K. E & Peng, M. W. Probing theoretically into central and eastern Europe: Transactions, resources and institutions [J]. Journal of International Business Studies, 2005, 36（6）: 600-621.

[205] Mezias, S.J & Lant, T.K. Mimetic learning and the evolution of organizational populations [M]. J.A.C. Baum, J.V. Singh, eds. Evolutionary Dynamic of Organizations. Oxford University Press, New York, 1994.

[206] Meznar, M. B & Nigh, D. Managing corporate legitimacy: Public affairs activities, strategies and effectiveness [J]. Business and Society, 1993, 32（1）:20-44.

[207] Meznar, M.B & Nigh, D. Buffer or bridge? Environmental and organizational determinants of public affairs activities in American firms [J]. Academy of Management Journal, 1995, 38（4）: 975-996.

[208] Meznar, M.B. The theoretical foundations of public affairs and political strategy: Where do we go from here? [J]. Journal of Public Affairs, 2002, 4（1）: 330–335.

[209] Miles, R. E & Snow, C. C. Organizational strategy, structure, and process [M]. McGraw-Hill .New York, 1978.

[210] Miles, R. E & Snow, C. C. Fit, failure and the Hall of. Fame: How companies succeed or fail [M]. New York: The Free. Press,1984.

[211] Miller, D. Strategy making and structure: Analysis and implications for performance [J]. Academy of Management Journal, 1987, 30（1）: 7-32.

[212] Miller, C & Cardinal, L.B. Strategic planning and firm performance: A synthesis of more than two decades of research [J]. Academy of Management Journal, 1994, 37: 1649-1665.

[213] Miller, D & Chen, M. J., The causes and consequences of competitive inertia [J]. Administrative Science Quarterly, 1994, 39. 1-23.

[214] Miller, K. Issues management: The link between organization reality and public perception [J]. Public Relations Quarterly, 1999, 44（2）: 5-11.

[215] Mintzberg, H. The nature of managerial work [M]. Prentice-Hall, Inc., 1973.

[216] Mintzberg, H. Rounding out the manager's job [J]. Sloan Management Review, 1994, 3:1-26.

[217] Mintzberg, H., Ahlstrand, B.W & Lampel, J. Strategy safari: A guided tour through the wilds of strategic management [M]. New York, Free Press, 1998.

[218] Mitnick, B. The strategic uses of regulation and deregulation [J]. Business Horizons, 1981, 24: 71-83.

[219] Moore, R. Planning for emerging issues [J]. Public Relations Journal, 1979, （November）:42-46

[220] Nelson, R.R & Winter, S.G. An evolutionary theory of economic change [M]. Belknap, Cambridge, MA, 1982.

[221] Oberman,W.D. Strategy and tactic choice in an institutional resource context [M]. In B.M.Mitnick（ed.）,Corporate Political Agency: the Construction of Competition in Public Affairs,Newbury Park,CA:Sage,1993:213-241.

[222] Oliver, C. Strategic responses to institutional processes [J]. Academy of Management Review, 1991, 16（1）: 145-179.

[223] Oliver, C. Sustainable competitive advantage: Combining institutional and resource-based views [J]. Strategic Management Journal, 1997, 18（9）: 697-713.

[224] Oliver, C & Holzinger, I. The effectiveness of strategic political management: A dynamic capabilities framework [J]. Academy of Management Review, 2006, 33（2）: 496-520.

[225] Olson, M. The logic of collective action [M]. Cambridge, MA: Cambridge University Press, 1965.

[226] Oriel, J & Mark, G. Managing time: The effects of personal goal setting on resource allocation strategy and task performance [J]. The Journal of Psychology, 2001, 135（4）:357-368.

[227] Palese, M. & Crane, T.Y. Building an integrated issue management process as a source of sustainable competitive advantage [J]. Journal of Public Affairs, 2002, 2（4）: 284-292.

[228] Paterson, W. E. Regulatory change and environmental protection in the British and German chemical industry [J]. European Journal of Political Research, 1991,19（2/3）:307-327.

[229] Pearce II, J. A & Robinson, R. B. Cultivating Guanxi as a foreign investor [J]. Strategy Business Horizons, 2000, 31-39.

[230] Peng, M. W. Firm growth in transition economies: Three longitudinal cases from China, 1989–1996 [J].Organization Studies, 1997, 18（3）: 385–413.

[231] Peng, M. W. Business strategies in transition economics [M]. Thousand Oaks, CA: Sage, 2000.

[232] Peng, M. W. Towards an institution-based view of business strategy [J]. Asia Pacific Journal of Management, 2002, 19: 251–267.

[233] Peng, M.W. Institutional transitions and strategic choices [J]. Academy of Management Review, 2003, 28（2）: 275-286.

[234] Peng, M. W & Luo, Y. Managerial ties and firm performance in a transition economy: The nature of a micro–macro link [J]. Academy of Management Journal, 2000, 43（3）: 486–501.

[235] Peng, M. W & Zhou, J. Q. How network strategies and institutional transitions evolve in Asia [J]. Asia Pacific Journal of Management, 2005, 22: 321–336.

[236] Penrose, E. The Theory of Growth of the Firm [M].Oxford: Basil Blackwell, 1959.

[237] Perreault, W & Leigh, L. Reliability of nominal data based on qualitative judgments [J]. Journal of Marketing Research, 1989, 26 （5）:135-148.

[238] Peteraf, M.A. The cornerstones of competitive advantage: A resource-based view [J]. Strategic Management Journal, 1993, 14:170-181.

[239] Peteraf, M.A & Barney, J.B. Unraveling the resource-based tangle [J]. Managerial and Decision Economics, 2003, 24（4）:309-323.

[240] Pettigrew, A.M. Longitudinal field research on change: Theory and practice [J]. Organization Science, 1990, 1（4）: 267-292.

[241] Pettigrew, A.M. The character and significance of strategy process research [J]. Strategic Management Journal, 1992, 13: 5-16.

[242] Pettigrew, A.M. What is a processual analysis? Scandinavian [J]. Journal of Management, 1997, 13（4）: 337-348.

[243] Philip, G & Jeff, O. Issues management revisited: A tool that deserves another look [J]. Public Relations Review, 1995, 21（3）:199-210.

[244] Porter, M. E. Competitive strategy: Techniques for analyzing industries and competitors [M]. New York: Free Press, 1980.

[245] Porter, M. E. Competitive advantage: Creating and sustaining superior performance [M]. New York: Free Press, 1985.

[246] Porter, M. E. From competitive advantage to corporate strategy [J]. Harvard Business Review, 1987, 5: 43-59.

[247] Porter, M.E. Towards a dynamic theory of strategy [J]. Strategic Management Journal, 1991, 12: 95-117.

[248] Porter, M. & Kramer, M. The competitive advantage of corporate philanthropy [J]. Harvard Business Review, 2002, 12: 57-68.

[249] Porter, M. & Kramer, M. Strategy and society: The link between competitive advantage and corporate social responsibility [J]. Harvard Business Review, 2006, 12: 1-15.

[250] Poole, A & Van De Ven, K. D & Holmes, M. Organizational change processes [M] .New York: Oxford University Press, 2000.

[251] Post, J. Corporate behavior and social change [M]. Reston,V A: Rseton Publishing,1978.

[252] Preston, L.E & Post, J.E. Private management and public policy: The principle of public responsibility [M]. Englewood Cliffs, NJ: Prentice-Hall, 1975.

[253] Priem, R.L & Butler, J.E. Tautology in the resource-based view and the implications of externally determined resource value: Further comments [J]. Academy of Management Review, 2001, 26（1）:57-66.

[254] Quasney,T. Competitive interaction: A study of market, non-market and integrated competitive behavior [M]. NY:Sage,2003.

[255] Quazi, H.A.. Sustainable development: Integrating environmental issues into strategic planning [J]. Industrial Management Data Systems, 2001, 101（2）: 64-74.

[256] Rao, H & Drazin, R. Overcoming resource constraints on product innovation by recruiting talent from rivals: A study of the mutual fund industry, 1986-1994 [J]. Academy of Management Journal, 2002, 45（3）:491-507.

[257] Reeves, P.N. Issues management: The other side of strategic planning [J]. Journal of Healthcare Management, 1993, 38（2）: 229-241.

[258] Regester & Larkin. Risk issues and crisis management [M]. Kogan Page, 2002.

[259] Rehbein,K.A & Schuler,D.A. The firm as filter: A conceptual framework for corporate political strategy [C]. In D.P.Moore（ed.）,Academy of Management Best Paper Proceedings, South Carolina:The Citadel,1993:406-410.

[260] Russo, M.V & Fouts, P.A. A resource-based perspective on corporate environment performance and profitability [J]. Academy of Management Journal, 1997, 40（3）:534-559.

[261] Rust, R & Cooil, B. Reliability measures for qualitative data: Theory and implications [J]. Journal of Marketing Research, 1994, 19（2）:1-14.

[262] Ryberg, R.J. Defining the social issue concept [C]. In R.W. Griffin （Ed.）, 1982 Proceedings （pp.230-234）. Dallas: Academy of Management, Southwest Division.

[263] Salorio, E., Boddewyn, J & Dahan, N., Integrating business political behavior with economic and organizational strategies [J]. Studies of Management and Organization, 2005, 35（2）:28-565.

[264] Schelling, T.C. The strategy of conflict [M]. Harvard University Press, Cambridge, MA ,1960.

[265] Scherer, F & Ross, D. Industrial market structure and economic performance [M]. Boston: Houghton-Mifflin, 1990.

[266] Scott, W. R. The adolescence of institutional theory [J]. Administrative Science Quarterly, 1987a, 32（4）:493-511.

[267] Scott,W Richard. Institutions and Organizations [M]. Thousand Oaks,CA:Sage,1995.

[268] Scott, W. R. Organizations: Rational, natural and open systems （2nd ed.）[M]. Englewood Cliffs, NJ: Prentice Hall, 1987b.

[269] Schuler, D. Corporate political strategy and foreign competition: The case of the steel industry [J]. Academy of Management Journal, 1996, 39（5）: 720-737.

[270] Schuler, D., Rehbein, K & Cramer, R.. Pursuing strategic advantage through political means: A multivariate approach [J]. Academy of Management Journal, 2002, 45（1）: 659-672.

[271] Schwenk, C. The use of participant recollection in the modeling of organizational processes [J]. Academy of Management Review, 1985, 10:496-503.

[272] Sen,S & Bhattacharya,C.B. Does doing good always lead to doing better? Consumer reactions to corporate social responsibility [J]. Journal of Marketing Research, 2001, 38.

[273] Shaffer, B. Regulation, competition and strategy: the case of automobile fuel economy standards, 1974-1991 [J]. Research in Corporate social performance and policy, 1992, 13（1）: 191-218.

[274] Shaffer, B. Firm-level responses to government regulation: Theoretical and research approaches [J]. Journal of Management, 1995, 21（2）: 495-514.

[275] Shaffer, B., Quasney, Thomas J. & Grimm, Curtis M. Firm level performance implications of non-market actions [J]. Business & society, 2000, 39（2）: 126-143.

[276] Shaffer, B. & Hillman, A. The development of business-government strategies by diversified Firms [J]. Strategic Management Journal, 2000, 21（3）: 175-190.

[277] Shesadri S. & Mishra R. Relationship marketing and contract theory [J]. Industrial Marketing Management, 2004,33:513-526.

[278] Shrivastava, P. The greening of business [M]. In Smith, D.（Chapter 2）（edited）, Business and Environment: Implications of the New Environmentalism, Chapman, London, 1993.

[279] Silverman, B.S & Baum, J.A.C. Alliance-based competitive dynamics [J]. Academy of Management Journal, 2002, 4: 791-806.

[280] Simmons, L. C & Munch, J. M. Is relationship marketing culturally bound: a look at guanxi in China [J]. Advanced in Consumer Research, 1996, 92-96.

[281] Smith, C. The new corporate philanthropy [J]. Harvard Business Review, 1994, 72（5）:106-116.

[282] Smith, K.S., Grimm, C., Gannon, M & Chen, M. Organizational information processing, competitive responses and performance in the U.S. domestic airline industry [J]. Academy of Management Journal, 1991, 34: 60–85.

[283] Smith, K.S & Grimm, C.M. Environmental variation, strategic change and firm performance: A study of railroad deregulation [J]. Strategic Management Journal, 1987, 8: 363-376.

[284] Smith, K.S., Grimm, C & Gannon, M. Dynamics of competitive strategy [M]. Newbury Park, CA: Sage, 1992.

[285] Standifird, S. S & Marshall, R. S. The transactional cost advantage of Guanxi-based business practice [J]. Journal of World Business, 2000, 21-42.

[286] Steiner, G. Strategic planning: What every manager must know [M]. New York: Free Press, 1979.

[287] Stinchcombe, A.L. Organizaitons and social structure [J]. J.G..Marck, ed. Handbook of Organizations, Rand McNally, Chicago.1965, 142-193.

[288] Tan, J & Litschert, R.J. Environment- strategy relationship and its performance implication: An empirical study of the Chinese electronic industry [J]. Strategic Management Journal, 1994, 15（1）:1-20.

[289] Tan, J & Peng, M. Organizational slack and firm performance during economic transitions: Two studies from an emerging economy [J]. Strategic Management Journal, 2003, 24:1249-1263.

[290] Tan, J. & Tan, D. Environment-strategy co-evolution and co-alignment: A staged model of Chinese SOEs under transition [J]. Strategic Management Journal, 2005, 26（1）:141-157.

[291] Tan, J.& Xia, J. Managing startup risk and performance in a transitional

environment: An exploratory study of Chinese domestic and overseas-based venture capital firm [J]. Journal of Small Business Management, 2008,46 （2）: 263-285.

[292] Thompson, A & Strickland, A. Strategic management: concepts and cases [M]. （9Eds）. Chicago: Irwin, 1996.

[293] Tian, Z & Fan, S. Competitive interaction: A study of corporate market and nonmarket Behaviors in Chinese transitional environment [J]. Journal of Chinese Economic and Foreign Trade Studies, 2008a,1 （1）;36-48.

[294] Tian, Z. & Fan, S. The public issue life cycle and corporate political actions in China's transitional environment ： A case of real estate industry [J]. Journal of Public Affairs, 2008b, 8 （3）:135-151.

[295] Tian, Z. & Fan, S. Integrating the nonmarket strategies into the strategic management process: Case study in China [C]. 2008 Annual Meeting of Academy of Management, California, PA, 2008c.

[296] Tian, Z., Hafsi, T. & Wei, W. Institutional determinism and political strategies: An empirical investigation: An Empirical Investigation [J]. Business & Society, 2007, 18 （2）: 54-81.

[297] Tolbert, P. S & Zucker, L.G. Institutional sources of change in the formal structure of organizations: the diffusion of civil service reform, 1880-1935 [J]. Administrative Science Quarterly, 1983, 28 （1）:22-39.

[298] Tombari H. Business and Society [M]. .New York: Dryden Press, 1984.

[299] Tornikoski, E.,&Newbert, S..Exploring the determinants of organizational emergence: A Legitimacy Perspective [J]. Journal of Business Venturing, 2007, 22:311-335.

[300] Tsai, T. S & Child, J, Institutional theory and corporate environmentalism: Strategic responses of multinational corporations [J]. Journal of General Management, 1997, 23 （1）:419-427.

[301] Ulmann, A. A. The impact of the regulatory life cycle on corporate political strategy [J]. California Management Review, 1985, 28:140-154

[302] Van den Bosch, F., Van Prooijen, A & Porter, M. E. The competitive advantage of European nations: a missing element in Porter's analysis? A note on culture and competitive advantage: response to Van Den Bosch and Van Prooijen [J]. European Management

Journal, 1994, 10（2）:17-178.

[303] Van Den Bosch, F., Frans, A. J & de Man, A. Government's impact on the business environment and strategic management [J]. Journal of General Management, 1994, 19（3）:50-59.

[304] Van de Ven, A. H. Suggestions for studying strategy process: A research note[J]. Strategic Management Journal, 1992, 13（Special issue）: 169-191.

[305] Van de Ven, A.H & Huber, G.P. Longitudinal field research methods for studying processes of organizational change [M]. Thousand Oaks: Sage Publications, 1995.

[306] Van de Ven, J & Poole L. Explaining development and change in organizations [J]. Academy of Management Review, 1995, 20（13）:510-540.

[307] Vietor, R. Contrived competition: regulation and deregulation in America [D]. The Belknap Press of Harvard University Press.1994.

[308] Vogel, D. The study of business and politics [J]. California Management Review, 1996, 38（3）:146-165.

[309] Wartick, S.L. What is an issue?—A look at the literature [D]. Center for Issues Management Research Paper 1987-2. University Park, PA: Pennsylvania State University.

[310] Wartick, S.L & Mahon, J. Toward a substantive definition of the corporate issue construct: A review and synthesis of the literature [J]. Business & Society, 1994, 33（3）:293-311.

[311] Weber, P. W. Basic content analysis [M]. Beverly Hill: Sage.1985.

[312] Weidenbaum, M. Business, government and public （4Eds）[M]. Englewood Cliffs, NJ: Prentice-Hall, 1980.

[313] Wengraf, T. Qualitative research interviewing: biographic narrative and semi-structured method [M]. London: Sage Publications,2001.

[314] Wernerfelt, B. A resource-based view of the firm [J]. Strategic Management Journal, 1984, 5:272-280.

[315] Wong, A.S.H., Tjosvold, D & Zhang, P. Supply chain relationships for customer satisfaction in China: Leadership, interdependence, and cooperative goals [J]. Asia Pacific Journal of Management, 2005, 22:179-199.

[316] Xin, K.R & Pearce, J.L. Guanxi: Connections as substitutes for formal

institutional support [J]. Academy of Management Journal, 1996,39（6）:1641-1658.

[317] Yeung, I. Y. M & Tung, R. L. Achieving business success in confucian societies: the importance of Guanxi [J]. Organizational Dynamics, 1996, 25 （2）:54-65.

[318] Yin, R.K. Case study research: design and methods （1Eds） [M]. Thousand Oaks: Sage, 1994.

[319] Yin, R.K. Case study research: design and methods （3Eds） [M]. Sage Publication: 2003, Thousand Oaks.

[320] Yin, R. K. Research design issues in using the case study method to study management information systems [M]. In the Information Systems Research Challenge: Qualitative Research Methods, Cash, J. I. Jr. and Lawrence, P. R. （eds.）, Boston: MA, Harvard Business School Press, 2004:1-6.

[321] Yoffie, Q. Corporate strategy for political action: A rational model [M]. In A. Marcus, A. Kaufman, & D. Beam （Eds.）, Business strategy and public policy, 1987: 92-111. New York: Quorum Books.

[322] Ziedonis, R.H. Don't fence me in: Fragmented markets for technology and the patent acquisition strategies of firms [J]. Management Science, 2004,50（6）:804.

[323] 苍靖．企业环境管理策略与其经营业绩的关系分析 [J]. 工业技术经济，2001,113（1）：40-42.

[324] 陈富良，万卫红．企业行为与政府规制 [M]. 北京：经济管理出版社．2001

[325] 陈宏辉．战略性慈善捐赠探析 [J]. 现代管理科学，2007，2：38-40.

[326] 陈剩勇，马斌．温州民间商会：自主治理的制度分析——温州服装商会的典型案例研究 [J]. 管理世界，2004，12：21-35.

[327] 陈振明．公共政策分析 [M]. 北京：中国人民大学出版社，2003.

[328] 邓新明，田志龙．西方企业非市场策略与行为的过程研究述评 [J]. 外国经济与管理，2007，1：15-22.

[329] 邓新明，田志龙，陈煜．事项整合、经营合法性与组织绩效 [J]. 管理科学，2008，21（1）：22-31.

[330] 冯雷鸣，黄岩，邸杨．跨国经营中的市场与非市场战略 [J]. 中国软科学，1999，（4）：43-45.

[331] 樊帅，田志龙．基于事项管理的企业市场与非市场行为研究 [J]. 经济与管理，

2007，21（9）：69-73.

[332] 樊帅，田志龙. 转型经济时期中国企业市场与非市场行为研究 [J]. 商业经济与管理，2008，195（1）：38-44.

[333] 费显政. 新制度学派组织与环境关系观述评 [J]. 外国经济与管理，2006，8（1）：12-20.

[334] [美] 福斯·J，克里斯第安·克努森. 面向企业能力理论 [M]. 大连：东北财大出版社，1998

[335] 高海涛. 企业非市场行为的规范及其治理研究 [D]. 华中科技大学，2006.

[336] 高勇强，田志龙. 西方公司政治战略与战术述评 [J]. 外国经济与管理，2003，9：34-38.

[337] 高勇强，田志龙. 政治环境、战略利益与公司政治行为 [J]. 管理科学，2004，17（1）：2-6.

[338] 高勇强. 转型时期中国商政关系研究 [D]. 华中科技大学，2004.

[339] 郭沛源，于永达. 公私合作实践企业社会责任 [J]. 管理世界，2006，4（1）：41-47.

[340] 何静，谭劲松，陆园园. 组织环境与组织战略关系的文献综述及最新研究动态 [J]. 管理世界，2006，（11）：144-151.

[341] 贺小刚. 企业持续竞争优势的资源观阐释 [J]. 南开管理评论，2002，4：32-37.

[342] 贺远琼，田志龙，高勇强，西方企业政治行为研究述评 [J]. 外国经济与管理，2002，8：13-20.

[343] 贺远琼. 企业整合市场环境与非市场环境的行为模式研究 [D]. 华中科技大学，2006.

[344] 黄忠东. 一种嵌入式的企业政治战略模型 [J]. 华东经济管理，2003，（5）：44-46.

[345] 黄忠东. 美国企业的政治战略研究及其对我国的启示 [J]. 管理现代化，2004，（3）：61-64.

[346] 胡旭阳. 民营企业家的政治身份与民营企业的融资便利——以浙江省民营百强企业为例 [J]. 管理世界，2006，5：107-141.

[347] 贾生华，陈宏辉. 基于利益相关者共同参与的战略性环境管理 [J]. 科学学研究，2002，4：209-213.

[348] 蓝海林 . 迈向世界级企业——中国企业战略管理研究 [M]. 企业管理出版社，2001.

[349] 李新春 . 企业家过程与国有企业的准企业家模型 [J]. 经济研究，2000，6（1）：51-57.

[350] [美] 尼尔·保尔森，托·赫尼斯 . 佟博等（译）. 组织边界管理——多元化观点 [M]. 北京：经济管理出版社，2005.

[351] 刘洪军 . 论政治企业家 [J]. 经济评论 . 2002，6：14-25.

[352] 刘勇 . 黎婷 . 动态竞争环境下企业竞争行为及其理论研究 [J]. 情报杂志，2005，7：64-66.

[353] 潘焕学 . 从"4P"到"10Ps"——营销组合理论的发展 [J]. 中国科技信息，1997，16：35.

[354] 秦颖，武春友，孔令玉 . 企业环境战略理论产生与发展的脉络研究 [J]. 中国软科学，2004，11：105-109.

[355] [美] 乔治·斯坦纳 . 李先柏（译）. 战略规划 [M]. 北京：华夏出版社，2001.

[356] [美] 乔治·斯蒂纳 . 企业、政府与社会 [M]. 北京：华夏出版社，2002.

[357] 饶立军，邵冲 . 46 家国内企业使命陈述的实证分析 [J]. 南开管理评论，2005，8（1）：54-68.

[358] 孙贵 . 国外企业的"政治经营"[J]. 中国乡镇企业，2002，（8）：32-33.

[359] 孙明贵 . 国外企业的"政治经营"及其效果分析 [J]. 外国经济与管理 . 2002，1：24-31.

[360] 谭力文，田毕飞 . 战略视角下企业与环境的关系 [J]. 经济管理，2005，4：13-19.

[361] 唐更华，许卓云 . 西方策略性企业慈善行为理论、实践与方法评介 [J]. 外国经济与管理，2005，27（9）：39-45.

[362] 田志龙，邓新明 . 企业政治策略形成影响因素：中国经验 [J]. 南开管理评论，2007，1：21-38.

[363] 田志龙，邓新明，Taïeb Hafsi. 企业市场行为、非市场行为与竞争互动：基于中国家电行业的案例研究 [J]. 管理世界，2008，8：116-128.

[364] 田志龙，高勇强，卫武 . 中国企业政治策略与行为研究 [J]. 管理世界，

2003，12（1）：24-41.

[365] 田志龙，贺远琼，高海涛 . 中国企业非市场策略与行为研究 [J]. 中国工业经济，2005，9（1）：31-46.

[366] 田志龙，张泳，Taïeb Hafsi. 中国电力行业的演变：基于制度理论的分析 [J]. 管理世界 .2002，12：65-77.

[367] 王爱武，田志龙，白瑞征 . 转型时期我国企业管理模式及其评价 [J]. 中国软科学，1999，11：57-61.

[368] 王凌云，刘厚学，张龙 . 论外部利益相关者对企业战略成功的影响及其启示 [J]. 软科学，2003，6（1）：29-32.

[369] 汪伟，史晋川 . 进入壁垒与民营企业的成长——吉利集团案例研究 [J]. 管理世界，2005，7：87-113.

[370] 卫武，田志龙，刘晶 . 我国企业经营活动中的政治关联性研究 [J]. 中国工业经济，2004，4（1）：24-35.

[371] 卫武 . 企业政治策略与企业绩效的关联性研究 [D]. 华中科技大学，2004.

[372] 卫武 . 中国环境下企业政治资源、政治策略和政治绩效及其关系研究 [J]. 管理世界，2006，2：95-110.

[373] 魏宇，赵波 . 现代企业竞争及竞争效能描述新探 [J]. 南开管理评论，2002，6：28-31.

[374] 吴宝仁，刘永行 . 华西对话 [J]. 中国企业家，1999（8）：22-23.

[375] 武亚军，吴剑峰 . 转型经济中的战略规划与企业绩效 [J]. 南开管理评论，2006，9（2）：58-63.

[376] [日] 小野丰广著，吕梦仙，戎积（译）. 日本企业战略和结构 [M]. 北京：冶金工业出版社，1990.

[377] 谢洪明，蓝海林，叶广宇，杜党勇 . 动态竞争——中国主要彩电企业的实证研究 [J]. 管理世界，2003，4：44-57.

[378] 谢洪明，蓝海林，刘钢庭，曾萍 . 动态竞争理论的研究评述 [J]. 科研管理，2003，6：28-35.

[379] 薛中文 . 重视公共关系在企业管理中的作用 [J]. 福建税务，1998，7：15-16.

[380] 杨东宁，周长辉 . 企业环境绩效与经济绩效的动态关系模型 [J]. 中国工业

经济，2004，4：43-50.

[381] 杨锡怀. 企业战略管理 [M]. 沈阳：东北大学出版社，1994.

[382] 杨锡怀，段晓强. 企业战略规划系统的有效性研究 [J]. 东北大学学报（自然科学版），1997，18（4）：449-453.

[383] 张建军，张志学. 中国民营企业家的政治战略 [J]. 管理世界，2005，7：94-105.

[384] 张建军. 政府权力、精英关系和乡镇企业改制：苏南和温州的不同实践 [J]. 社会学研究，2005，5：23-34.

[385] 张维迎. 企业寻求政府支持的收益、成本分析 [J]. 新西部，2001，8（1）：55-56.

[386] [美] 詹姆斯·E·波斯特，安妮·T·劳伦斯，詹姆斯·韦伯. 张志强，王春香，张彩玲，张倩（译）. 企业与社会：公司战略、公共战略、公共政策与伦理（第十版）[M]. 北京：中国人民大学出版社，2005.

[387] 赵宝春. 中国消费者伦理行为研究：基于社会性的视角 [D]. 华中科技大学，2008.

[388] 赵宝春，田志龙. 善因营销中的消费者感知和反应研究 [J]. 经济与管理，2007，2：70-73.

[389] 赵德志. 利益相关者：企业管理的新概念 [J]. 辽宁大学学报（哲学社会科学版），2002，9（1）：144-147.

[390] 赵东荣，乔均. 政府与企业关系研究 [M]. 成都：西南财经大学出版社，2000.

[391] 赵锡斌. 企业环境研究的几个基本理论问题 [J]. 武汉大学学报（哲学社会科学版），2004，1：12-17.

[392] 中国企业家调查系统. 中国企业经营者队伍制度建设的现状与发展 [J]. 管理世界，2000，4（1）：92-102.

[393] 邹鹏，田志龙. 战略事项管理 [J]. 外国经济与管理，2001，23（8）：2-6，10.

附录　访谈提纲

访谈部门： 总经理办公室、战略规划部、行政部、政治部、公关部（公共事务部）、宣传部、市场规划部等

访谈对象： 总经理、副总经理、各部部长、副部长等

访谈背景：

我们都知道企业生存的环境包括外部和内部，在外部环境中有包括企业同行、顾客等在内的市场环境，也有包括社会公众、政府、媒体及公共机构在内的，我们称之为非市场环境。那么在市场环境中，企业所采取的应对竞争者、同盟者、顾客、供应商等主体的行为称之为市场行为，也就是通常我们讲的为提高企业的经济绩效包括销售收入、利润、市场份额等方面的行为。相反，针对社会公众、政府、媒体等主体的行为就可以称之为非市场行为，特别是在中国的环境下，政府、舆论、社会大众对企业的影响是方方面面的。企业时刻都必须关注政府关于行业政策、法规的颁布动态，关注舆论媒体、专家对企业的评价，关注企业在社会公众眼中的形象和心中的地位。

访谈目的：

本次访谈主要是为了了解近 10 年以来中国房地产企业所面临的外部非市场环境的特征及发展情况？其中有哪些值得关注的事件或现象，给企业的经营带来了怎样的影响？企业采取了哪些方式、战略行为应对这些影响？结果如何？企业内部的战

略管理由此产生了哪些变革或调整，如何分析及整合这些非市场因素？通过本次的访谈内容，能够以一手资料进一步确认及完善基于二手资料的内容分析数据，更为准确地概括或描述房地产企业外部环境、战略、结果及内部整合方式，从而为模型构建提供指导。

本次研究是定性研究，在研究问题比较敏感的前提下，通过深度访谈所获得的文字资料①的真实性、深刻性与丰富性是定量研究所无法比拟的。访谈将采取半结构化的方式，事先拟定采访提纲，对同一行业内的所有样本企业都问及相似的问题b。

访谈原则：我们的访谈目的主要是了解房地产企业对我们研究内容的想法及实际操作情况，访谈内容仅用于国家自然科学基金的学术研究，访问中所涉及的信息、资料将仅作为学术研究参考而不会外泄，企业真实名称及相关人员信息也会在研究中被隐去。

访谈问题③：

1. 您觉得近 10 年来，房地产行业受到政府的管制多吗？主要表现在哪些方面？（比如这几年对土地、房价的管制加重）政府管制的范围、程度的变化情况如何？这对于企业来说意味着什么？或者说对企业的影响表现在哪些方面？

2. 政府许多部门对房地产业企业都有很大的影响，并有着千丝万缕的联系，我们划分与房地产行业有直接关系的政府机构包括：房管局、建设部、国土局、国资委等；与房地产行业有间接关系的政府机构包括：如银监会、证监会等，贵企业哪些部门分别负责与这些机构打交道？您认为哪些部门对企业的影响力比较大？为什么？请举一、二个典型事例说明。

3. 非市场环境中的主体包括社会公众、政府、媒体、公共机构、专家学者等，贵部门与哪些主体的接触、联系较频繁？为什么？请举一、二个典型事例说明。

---

① 在访谈过程中，除了对访谈对象进行实地的访问外，也尽可能地获得了一些有用的企业内部（非公开性）的相关一手资料，为研究数据的进一步真实性和丰富性提供了基础。

② 我们事前对不同企业的资料进行了搜索整理，在具体询问过程中，针对不同企业的具体情况和曾发生的事例进行了有针对性的访问，以便获得更为深入及丰富的信息数据。

③ 以上所列举的访谈问题是针对所有访谈企业设置的一般性问题，在访谈过程中，我们根据访谈对象的具体回答内容进行了不同程度不同方式的追问和探究，并未严格按照预设的问题进行，以便获得更为真实有效的数据。

4. 我们知道土地对房地产企业来说是生存之本，但现在国家对土地资源的供给管制非常严，贵企业是如何处理这个问题的？其他企业的方式又是怎样的？

5. 现在很多开发商在宣传时都打上了节能、环保的标签，许多环保组织也在呼吁房地产开发要注重环境与人类的和谐统一，对于这类事项贵企业是如何处理的？其他企业的方式又是怎样的？结果如何？

6. 政府对房地产业的调控中要求减少商品房的开发，强调经济房、廉租房，这类可以说是政府保障低收入人群的一种公平事项，贵企业是如何处理这个问题的？其他企业的方式又是怎样的？结果如何？

7. 国家对房地产的政策、法规特别多，出台频率高，企业怎样对这些政策法规保持较高的感知能力或预见能力或应对能力？企业高层怎样把握环境的动荡性，即敏感程度和反应能力？（比如依靠企业家精神）企业内部比如政治部、公关部、市场策划部对这些政策如何建立起预警机制或应对机制？实施的结果如何？

8. 面对激烈的市场竞争，贵企业采取了哪些市场战略？比如，资金是房地产企业面临的重要困难，许多企业采取合资或借助银行的金融产品（信贷等）、信托、金融机构等。还有价格方面，降价促销、一次付清优惠或奖励等，您能否对房地产企业常用的市场战略（包括融资、组织、产品、价格、促销等）做一个介绍？在市场环境的不同时期又各有什么侧重点及创新点？结果如何？

9. 根据以上的介绍，您能否举出贵单位实施过哪些不直接针对企业经济利益及市场效益的行为？比如针对政府？公众？媒体？专家？等。这些行为的决策流程是怎样的？与市场中的产品、价格等行为的关系如何？实施结果如何？

10. 公司 10 年来针对政府、公众、媒体等主体的活动有什么阶段性变化？这些行为在每个阶段与市场行为的联系是什么？实施结果如何？

11. 在贵公司经营中曾发生过哪些非市场行为确实帮助了公司市场部分的赢利或

者是公司获取了市场资源及竞争优势？请举二、三个事例说明。

12. 在贵公司经营中曾发生过哪些市场行为帮助了公司非市场部分的工作？比如由于企业业绩突出或品牌形象好而使得公司更容易与利益主体建立合作关系或更容易获得公众、媒体的认可和谅解等？请举二、三个事例说明。

13. 贵企业在制定战略目标时，是如何将利润、市场占有率等市场目标与员工福利、环境保护等非市场目标进行整合的？为什么要进行整合？在企业发展过程中，您认为这种整合给企业带来了什么好处？

14. 贵企业在选择与评估投资项目时，是如何确保项目与政府产业政策保持一致的？企业是否有意识选择那些政府所鼓励与推荐的项目（比如万科推出的青年置业计划）？

15. 企业对市场与非市场行为是否在整体上有一个考虑？比如目标上保持一致？
　　企业影响社会、政府的行为与企业与顾客、供应商等打交道的行为之间是否有互动？或一个整体的战略规划下进行？公司哪个层次的领导的考虑是什么？面对顾客、供应商的活动如何与影响社会、政府的活动匹配起来，应该如何分配？

16. 以上这些在不同的行业发展时间有什么变化过程？比如开始并没有从战略的高度考虑非市场行为，但因为什么原因，导致公司开始重视之并慢慢进入了公司的战略规划层？

17. 贵企业在制定产品营销策略时，是如何考虑企业社会责任、社会事项（例如节能、环保等）等非市场因素的（例如企业的善因营销行为等）？为何要考虑这些市场以外的因素？这种考虑给企业带来过什么好处？

18. 在您企业，不同职能部门是如何就企业所面临的市场环境、政府政策，以及可能对企业产生影响的重大事项（例如产品价格突然下降、国家相关政策发生重大调整等）进行讨论（非正式或正式）的？讨论的形式与频率如何？企业高层是否参与？

19. 企业处理非市场行为的部门的工作，通过与政府、公众、媒体打交道，这些行为的目的、过程等，与公司其他的战略思路比如产品、市场开发等有什么沟通和联系？比如一个年度，在公司整个经营计划策略方面，在市场方面有一个安排，在非市场这方面的安排是什么？

针对企业处理非市场行为的部门员工的问题：

1. 您过去在公司中是在哪个部门工作？这些工作背景对您现在的工作有哪些作用？比如能更清晰的了解公司在非市场方面的需求、目标等？

2. 站在您工作的角度，您如何体现公司的总体战略目标，包括一些突出的市场战略及非市场战略？

3. 在您工作过程中，有没有与其他部门包括市场的组成一个团队讨论非市场方面的问题？比如通报非市场环境这方面的信息来指导市场策略的制定等？